아이들이 쉬는 숨

아이들이 쉬는 숨

공기, 물, 햇빛이 우리를 아프게 할 때

데브라 헨드릭슨 지음
노지양 옮김

THE AIR THEY
BREATHE

흐름출판

나의 아이들에게

나의 아이들에게

어린이들에게 무슨 일이 일어났는지를 보여주지 않으면,

세상은 알아듣지 못한다.[1]

– 오구라 게이코
(히로시마 원폭 피폭자로 당시 여덟 살이었다)

영웅이 될 수 있다면

내 어린 시절의 추억이 담긴 낡은 상자 속에는 당시에 내가 열광적으로 수집한 슈퍼맨 만화책이 그대로 들어 있다. 초등학생 시절 나는 한 권에 12센트였던 이 만화책을 사기 위해 한 달에 한 번 주머니에 그 주에 받은 용돈을 넣고 반려견 니키와 함께 동네 잡화점으로 향했다. 같은 동네 주민이 운영했던 그 가게는 보통 50대 주인 아주머니가 지키고 있었다. 고양이 눈 모양 안경을 쓰고 푸근한 미소를 짓던 아주머니는 나를 비롯한 동네 꼬마들을 모두 알고 있었고, 돈을 내미는 나에게 혹시 내 주머니에 구멍이 나서 그렇게 용돈이 줄줄 새는 것 아니냐며 농담을 건네곤 했다.

지금 그 만화책들은 추억의 골동품이 되었다. 글씨는 흐릿해지고 가장자리는 누렇게 변하고 종이도 바스락거릴 정도로 얇아졌다. 하지만 나는 그 만화책이 새것이었던 때를 선명하게 기억하고 있다. 나는 슈퍼맨 최신호를 품에 안고 내가 살던 캘리포니아 소도시의 늪지 근처에서 놀고 있을 친구들에게 달려 갔다. 우리는 육포를 씹거나 게를 잡으면서 슈퍼맨 만화책을 돌려 읽었다. 그다음에는 당연한 순서처럼 슈퍼맨 놀이가 시작된다. 수건이나 보자기를 어깨에 두르고 옷핀으로 대강 고정한 다음에 망토를 펄럭이며 바위에서 뛰어내린다(남자애들은 늘 나에게 슈퍼맨의 여자 친구 로이스 레인 역을 하라고 했지만 나는 절대 그 말에 따르지 않았다). 집에 돌아올 즈음이면 새로 산 만화책에 벌써 진흙이 묻고 너덜너덜해지기도 했지만 내용을 처음부터 끝까지 다 외웠으니 상관없었다.

슈퍼맨의 배경에 대해서는 모두가 대체로 잘 알 것이다. 그는 비극 속에서 탄생한 영웅이다. 크립톤 행성의 과학자인 그의 아버지는 행성이 위험에 처해 있으며 이대로 가다가는 멸망할 것이라고 정치인들에게 호소한다. 하지만 아무도 그의 말을 귀담아듣지 않았다. 오히려 조롱당했고 그의 경고는 철저하게 무시되었다. 슈퍼맨의 부모는 하나밖에 없는 아들을 살리기 위해 우주선에 태워 지구로 보내기로 결정한다. 그리고 그들의 말처럼 얼마 안 가 크립톤 행성은 폭발한다.

어린 시절의 나는, 내가 살아 있는 동안 슈퍼맨 행성에서 일어난 일과 거의 흡사한 일이 우리 지구에서 벌어지리라고는 꿈에도 생각하지 못했다. 세계 멸망은 만화책에서나 일어나는 일이었고 멸망에 처한 인류를 구원하는 것은 게임 속 이야기였다. 우리가 사는 행성, 이 아름답고 거대하고 생명으로 가득한 지구가 당연히 영원할 것이라 믿었다. 우리는 늪지에서 소금쟁이와 물뱀과 올챙이와 왜가리 들과 노느라 바빴고, 그때 잠깐 멈춰서 이 생명체 하나하나가 기적이라고 생각하거나 우리 지구가 우주에서 유일하게 생명이 사는 행성일지 모른다고 생각하지도 않았다. 그 누가 이 세상이 끝날 수 있다고 상상했겠는가?

어렸을 적 우리가 알아채지 못한 사실이 또 하나 있다. 우리 역시 그 늪지의 생명체이기에 보이지 않는 수많은 방식으로 우리의 서식지와 불가분하게 얽혀 있다는 점이었다. 우리의 다리는 차가운 진흙탕 물을 헤쳐 나갔고 우리의 손은 작은 생명을 건져 병에 담아 집으로 가져왔다. 우리의 눈은 머리 위로 흘러가는 구름을 바라보았고 우리의 폐는 맑은 공기를 들이마셨다.

하지만 생명의 경이로 가득했던 늪지는 앞으로 인류에게 다가올 불안한 미래를 암시하고 있기도 했다. 늪지는 마치 살아 있는 존재처럼 행동했다. 잔잔하고 온화할 때도 많았지만 가끔은 분노를 폭발하는 것 같기도 했다. 늪지의 물이 불어 우리 집 마당과 길, 집 안까지 밀려들어오는 날이 있었다. 어느 해 크리스마스 아침에 일어나보니 언니와 내 선물들이 거실 바닥에 한 뼘 정도 차오른 물 위에 둥둥 떠 있었다. 현관을 열고 나가니 집 앞의 거리는 이미 강이 되어 있었다. 늪지 근처에 우후죽순 집이 생기고 도로를 낸 다음부터 이렇게 가끔 비가 오면 물난리가 일어났다. 성급한 개발로 인해 상류에서 물을 흡수하는 데 한계가 생긴 탓이었다.

　그날 아침의 일을 이제 와서 떠올리는 이유는 우리에게 너무나 거대하고 불변하다고 여겨져온 이 지구에도 한계가 있다는 생각이 들었기 때문이다. 이미 수십 년 전부터 과학자들은 이산화탄소와 메탄 같은 온실 가스가 대기를 오염시키고 있다고 절박한 목소리로 경고했다. 주로 화석 연료가 연소되며 발생하는 온실 가스는 태양에서 들어온 열을 가두어 지구가 복사열을 우주로 방출하지 못하게 한다. 우리 지구의 대기가 오염 물질을 감당할 수 있는 양에는 한계가 분명하다. 그 임계치를 넘어설 때, 복잡하면서도 대체로 안정적으로 유지되며 생명 체계를 떠받쳐온 강수량과 기온의 체계, 다시 말해 지구의 기후는 불안정하고 위태로워질 수밖에 없다.

　앞서 이야기한 슈퍼맨 신화에서처럼 이 사실이 처음 알려졌을 때 사회 전반적으로 저항이 있었다. 그러나 아무리 현실을 외면한다 해도 현실 자체가 변하지는 않는다. 지구의 평균 기온은 매년 놀라운 속도로 상승했고[1] 새로 맞이한 10년은 이전의 10년보다 더 더워졌다. 2023년까지 8년은 기상 관측 이래 가장 무더웠고[2] 전례 없는 규모와 파괴력을 지닌 자연 재해를 불러왔다. 2023년에 지구의 모든 기온 관련 기록이 다시 한번 깨졌다.[3] 하지만 이 인정사정없어 보이는 지구 온난화도 진행 속도를 완만하게 만들 수는 있으니, 바로 지구의 대기를 탄소로 오염시키는 일을 멈추기만 하면 된다.[4] 우리는 이미 문제의 근본적인 원인도 인지하고 있고 해결책도 파악했다. 그런데도 화석 연료에서 나오는 탄소 배출량은 여전히 상상을 초월한다. 극단적으로 변하는 기후와 해수면 상승으로 인해 수백만 명의 목숨과 수천 종의 동식물과 수십 개 나라 전체가 절체절명의 위기에 처해 있다. 어느 순간 우리는 우리에게 주어진 아름답고 유일한 이 세계를 적대적이고 살벌하고 살기 힘겨운 곳으로 바꿔버릴 선택 앞에 서 있다.

그중에서도 가장 위험에 처한 이들은 앞으로 살아갈 날이 많은 아이들인데, 아이들도 이 사실을 본능적으로 알고 있다. 여러 설문 조사에서 초등학생부터 청소년에 이르기까지 많은 어린이들이 기후 변화를 진심으로 염려하고 있음을 보여준다.[5] 아이들은 이 무시무시한 기후 변화가 자신의 행복과 안녕을 위협한다고 명확히 인식하고 있으며, 그러한 기후 변화의 위협은 아이늘이 꿈꾸는 비래에도 짙은 그림자를 드리울 것이다. 그런데 설문 조사에서 이 시대의 어른들이 위기에 맞서 지구를 구할 것이라고 믿는다고 답변한 청소년의 비율은 참담할 만큼 낮다. 이 사태가 장난이 아니고 게임 속 이야기도 아니라는 것을 아이들은 모두 알고 있다. 이 행성은 현재 심각한 문제에 처해 있다.

2018년 여름 나는 열여섯 살의 여학생을 진료하다가 고등학교를 졸업하면 뭘 하고 싶은지 물었다. 아이는 과학 선생님이 되고 싶다고 했다. "와, 멋지다. 훌륭하네." 내가 이어서 말을 하려는데 아이는 예의 바르게 내 말을 잘랐다. 자기가 미래에 아이들을 가르치고 싶은 이유는 본인이 아이를 낳지 못할지도 모른다고 생각하기 때문이라고 했다. 얼마 전에 지구 온난화를 주제로 한 학교 과제를 하느라 지역 대학의 기후학자를 인터뷰한 적이 있었는데 그다음부터 걱정에 휩싸여 밤에 잠을 잘 이루지 못하고 있다고 했다. "과연 이런 세상에 새로운 생명을 내놓는 게 옳은 일인지 잘 모르겠어요." 아이는 말했다.

내 반응을 보고 싶었는지 아이는 고개를 살짝 들었다. 나는 아이의 맞은편 바퀴 달린 의자에 앉아 있었고 내 무릎 위에는 차트가 펼쳐져 있었다. 나는 방금 그 차트에 '취미는 축구'라고 썼고 '장래 희망'이라고 쓰다가 멈춘 참이었다. 아이의 손이 진찰대의 가장자리를 꽉 붙잡고 있었는데 마치 그 탁자가 갑자기 금방이라도 흔들릴 것처럼 느낀 모양이었다. 아이는 발목을 교차해 가볍게 다리를 흔들고 있었다. 짧은 연갈색 머리는 단정하게 귀 뒤로 넘겨져 있다. 아직 어리고 건강한 청소년이다. 보라색 안경테와 발에 대롱대롱 매달린 슬리퍼마저도 귀엽기만 하다. 그런데 그 순간 아이의 눈에서 눈물 한 방울이 뺨을 타고 흘러내렸다.

내가 이 아이 앞에서 대체 무슨 말을 할 수 있을까?

텔레비전에서는 연일 산불, 허리케인, 폭염 관련 뉴스가 헤드라인을 장식한다. 하지만 내가 소아과 진료실에서 어린 환자를 만나면서 일어나는 이 소소한 순간들은 절대 뉴스에 나올 일이 없다. 그러나 내 진료실에서 일어나는 이런 일들은 이 이상하고 불안한 시대에 관해 또 다른 이야기를 들려준다. 아이들은 무거운 짐을 지고 있다. 우리 어른들이 광기로 만들어낸 세계를 그들의 작은 폐와 심장과 정신으로 온전히 견디고 있다.

나는 미국에서 가장 빠르게 뜨거워지고 있는 도시인 리노[6]에서 일하는 소아과 의사다. 내가 어린 시절을 보낸 습지에서 동쪽으로 차를 타고 네 시간 정도 가야 하는 도시인 리노는 캘리포니아와 네바다의 주 경계선이 보이는 지점에 있다. 리노에는 작은 강이 흐르는 계곡과 세이지브러시가 가득 피는 구릉이 이어져 있고 옆으로는 그레이트베이슨 사막과 시에라네바다산맥이 거대한 대륙의 퍼즐 조각처럼 이어진다. 해마다 나는 병원 통창과 진료실 창문 너머로 온도계의 변화에 따라 매년 달라지는 하늘과 숲의 광경을 바라보면서 이 도시에 사는 어린이들을 진료한다.

내 진료실에서 보이는 습지와 습지에서 놀고 있는 아이들은 절대로 분리된 존재가 아니다. 그들은 같은 직물의 씨실과 날실이고 서로의 운명이 얽힌 관계다. 기후 위기는 곧 건강 위기이며, 특히 어린이들의 건강 위기다.

미국소아과학회는 10년이 넘게 기후 변화가 아이들에게 미치는 위험을 경고해왔다.[7] 전 세계 기후 위기 관련 질병의 약 90퍼센트가 다섯 살 미만의 아이들에게서 발생한다. 나는 매일 어린이 환자의 부모를 만나는데, 아이를 카시트에 정성스레 앉혀 버클을 채우고 매일 아이와 씨름하며 이를 깨끗이 닦이고 예방접종과 정기 검진을 절대 빠트리지 않는 이 다정하고 부지런한 부모들도 이 사실을 인지하지 못한다. 부모들은 이토록 사랑스러운 아이들이 우리가 만든 변화에 가장 결정적으로 영향을 받는 존재들이라는 사실을 실감하지 못한다.

우리가 기후 변화 문제를 실감하지 못하는 이유는 무엇일까? 기후 변화와 연관된 건강 문제가 기후 변화가 일으키는 재난과 마찬가지로 상당히 익숙하고 일상적인 일처럼 보이기 때문이다. 인류 역사 내내 허리케인과 산불과 홍수가 일어나지 않은 시기는 없었고 천식과 알레르기, 열사병, 외상, 감염증, 영양실조 같은 병도 수 세기 동안 존재해왔다. 다만 이제는 이 사건들의 강도와 빈도와 범위가 우리가 알던 수준과는 크게 달라졌다는 점이 문제다.

내가 이 변화를 실감하는 이유는 진료실에서 어린이들을 진료하기 때문일 것이다. 이 변화는 마치 우리 집 문 밑으로 서서히 들어왔던 그 음흉한 물처럼 우리에게 다가온다. 한 엄마는 딸이 사시사철 알레르기 비염에 시달린다는 이야기를 전한다. 어떤 아빠는 보통은 선선해지던 9월 말에 아들이 미식축구 연습 도중 일사병으로 쓰러졌다며 놀란다. 어떤 아이는 사상 최악의 허리케인으로 집을 잃고 가족이 대륙을 횡단해 이사온 뒤 새 학교에 전학을 와서부터 도무지 집중을 하지 못했다. 올해 여름에만 진드기에 물린 환자들이 지난 10년을 합친 것보다 더 많이 병원을 찾아왔다.

이 모든 변화는 우리 주변에서 시시각각 벌어지고 있고 기후 변화의 피해에서 자유로울 수 있는 사람은 한 명도 없다(매캐한 공기 속에서 부모도 기침을 하고 의사인 나도 기침을 한다). 그러나 어떤 연령대에서도 환경이 한 사람의 정신적·신체적 건강을 어린이들만큼 강력하게 좌우하는 경우는 없다. 수정되는 순간부터 성인이 되기까지 아이들의 몸과 마음은 날마다 빚어지고 있다. 돌아가는 물레 위의 젖은 점토처럼 가벼운 손길에도 깊은 흔적이 남는다. 그러나 점토가 서서히 굳어가듯이 인간의 주요 장기가 성장과 발달을 마칠 즈음이면 똑같은 강도의 손길로 만져도 점토에 흔적이 남지 않는다. 아이들은 몸의 크기 때문에도 더 민감하고 쉽게 영향을 받는다. 어른에게 맞춰진 약의 용량이 아이에게는 치명적일 수 있는 것처럼 동일한 '용량'의 대기 오염이나 더위가 어른보다 작은 몸에 훨씬 더 위험한 것이다.

하지만 위기의 한 측면은 특히 이 시대의 아이들에게만 유독 한정되어 있고, 매일 밤 진료실 불을 끄고 집으로 돌아갈 때마다 질문이 내 머릿속에서 떠나지 않는다. 우리 시대의 아이들은 이전 어느 세대도 경험하지 않은 조건에서 자신의 미래를 설계하고 있다. 물론 인간의 아동기는 언제나 위험에 노출되어 있었다. 역사 속에서 수많은 아기와 어린이는 소아마비에 걸렸고 기근도 경험했고 사이클론과 전쟁 같은 재난을 겪었다. 그러나 과거의 어린이들은 이런 방식의 위기를 만날 일이 없었다. 바로 그들에게 미래 자체가 없을지도 모른다는 사실이다.

† † †

나는 열여섯 살 환자의 차트를 내려놓고 티슈 한 장을 뽑아서 조심스럽게 건넸다. 복도에서 의료 보조원이 어린이 환자에게 묻는 소리가 들렸다. 어느 쪽 귀가 아프다고 했지? 그리고 옆의 검사실 문이 닫혔다. 우리는 잠시 가만히 앉아 있다가 내가 먼저 침묵을 깨고 혹시 지금 병원 복도에서 기다리고 있는 엄마한테 이런 불안을 털어놓은 적이 있는지 물었다. 아이는 코를 닦고 손안의 티슈를 내려다보며 말했다. "엄마한테 무슨 말을 하겠어요. 엄마가 어떤 표정을 지으실지 뻔히 아는데."

"어떤 표정을 지으시는데?"

아이는 어깨를 으쓱했다. "두려운 얼굴? 슬퍼하시기도 하고."

"아, 엄마를 걱정시키고 싶지 않아서 말을 안 하는구나."

아이는 조용히 고개를 끄덕였다.

그런데 얘야. 너희들을 걱정하는 게 우리 어른들이 할 일이야. 이 생각이 가장 먼저 떠올랐지만 입 밖에 내지 않았다. 내가 이렇게 말한다 한들 어떤 변명이나 위로가 될 수 있을 것 같지 않았다.

나는 이 아이의 어깨에 망토를 둘러주고 네가 슈퍼맨처럼 지구를 구할 수 있다고 말해주고 싶었다. 절망이란 강한 자들이 손에 쥐고 슈퍼맨을 협박하는 크립토나이트 같은 것뿐이라고, 자기 마음대로 상대를 주무르기 위해 흔드는 무기일 뿐이라고 말해주고 싶었다. 내 목구멍을 치고 올라오려는 울컥한 기분을 같이 느끼고 싶었다.

점점 뜨거워지고 있는 이 세상은 단순히 우리의 건강을 위협하는 정도가 아니고 존재론적인 위협이며, 따라서 이제까지 인류가 마주한 적 없었던 중차대한 도덕적 위기다. 이 어린 소녀는 우연히 어떤 사건에 휘말린 피해자가 아니다. 오늘날 이 땅에 살아 있는 모든 어린이들과 앞으로 태어날 모든 아기들은 한때 이 세상을 지배한 자들이 맡기고 간 짐을 어쩔 수 없이 떠안게 되었다.

현대 산업을 주도한 인물들이 몇십 년 전에 지금 이 순간으로 오는 길을 닦아놓았다고 할 수 있다. 내가 어린 환자의 나이였던 1977년에 석유 회사 엑손의 선임 과학자였던 제임스 F. 블랙은 대기 중 이산화탄소 농도가 증가하고 있으며 이로 인해 지구 평균 기온이 상승하고 있고 화석 연료 사용이 이산화탄소 상승의 주요 원인이라는 점을 밝혀냈다.[8] 그는 엑손의 경영진에게 이 위험을 공식적으로 경고했고, 그가 제출한 보고서에는 만약 앞으로도 이와 같은 속도로 석유와 가스를 계속 사용한다면 몇십 년 안에 지구에 광범위한 피해가 초래될 것이라고 기록되어 있다.

엑손의 경영진은 처음에는 보고서를 보고 충격을 받았다. 그들은 막대한 연구비를 투입해 조사를 실시했고 모든 연구 결과는 이 과학자의 불길한 예측을 뒷받침했다. 그러나 1988년에 미국항공우주국NASA의 기후과학자 제임스 핸슨이 미 의회에서 기후 위기 보고서를 발표했을 때 세계적인 거대 석유·가스 기업인 엑손의 임원들은 이 보고서에 배치되는 결정을 내렸다.[9] 바로 그 순간의 결정이 지금 살아 있는 아이들과 앞으로 태어날 수십억 인구의 미래를 형성했다고도 할 수 있을 것이다.

그들의 회의록이나 메모에는 내 앞에 앉아 있는 환자의 이름이 언급되지 않는다. 그 대기업의 결정권자들이 어느 날 내 진료실에서 눈물을 흘리던 열여섯 살 소녀의 삶에 대해 떠올렸을 리는 없다. 그러나 나는 아이와 마주 앉은 지금 이 순간 그들을 생각한다. 우리가 살면서 한 번도 만날 일 없는 그 권력자들이 이 아이의 운명을 결정했다. 그들은 세상을 위험에 몰아넣을 결정을 내리고 아무 잘못 없는 우리 아이들이 그 대가를 치르게 했다.

그날 오후 메디컬 센터 창밖으로는 역사상 리노에서 가장 덥다고 기록된 달의 한복판이 지나가고 있었다.[10] 지난해 같은 달의 월간 평균 기온을 또 한 번 가뿐히 넘어선 기록이었다.[11] 시에라네바다산맥과 그 너머로 가보면 캘리포니아의 숲이 뜨겁게 달궈지고 있고 수백만 그루의 수목이 가뭄과 나무좀으로 인해 고사했는데, 이 벌레는 따뜻해진 겨울에 얼어 죽지 않고 개체가 폭발적으로 증가해 나무의 성분 이동을 방해한다. 지금 당장에도 어느 송전선에서 발생한 스파크나 아스팔트 도로에서 타이어가 긁히면서 나온 불씨가 바짝 마른 숲을 활활 태울 수 있었다. 그리고 매년 여름 그랬던 것처럼 저 먼 산맥에서는 내가 한때 알았던 장소를 집어삼키는 화재로 인해 시커먼 연기가 피어오를 것이다.

그리고 그 연기는 바람에 실려 지금 내 앞에 앉아 있는 이 학생과 나의 다른 모든 어린 환자들이 공기를 들이마시는 몸으로 들어갈 것이다. 그 연기는 아이들의 눈을 따갑게 하고 가슴을 답답하게 하고 표정도 바꿔놓을 텐데, 평소엔 환하게 웃던 건강한 아이들의 얼굴도 이런 연기 속에서 몇 주를 지내면 표정이 사라지곤 한다. 화재의 연기는 교묘하고 끈질기게 병원의 방어막을 뚫고 신생아실까지 침투하기도 한다. 신생아실에 가서 갓난아기를 조심스레 안아 몸을 뒤집어 등을 살피고 있는데 순간적으로 매캐한 연기 냄새가 느껴진 적도 있었다. 나는 화들짝 놀라 갓난아기를 다시 아기 침대에 눕히고 곤히 잠든 아기의 얼굴을 바라본다. 혹시 이 아기는 태어난 첫날부터 다른 사람들이 남긴 텁텁한 잔해를 들이마시고 있는 것은 아닐까?

그해 최고 기온을 기록한 달에 부모의 손을 잡고 병원을 나서던 아이들은 연기뿐 아니라 연일 이어지던 폭염을 상대해야 했다. 병원의 자동문이 열릴 때면 마치 거인의 거대한 손이

훑고 지나가는 것처럼 폭염이 훅 하고 밀려들었다. 그 뜨거운 손아귀는 아이들의 땀샘과 혈관을 팽창시키고 맥박을 빠르게 뛰게 한다. 밤이면 열대야로 잠을 이루지 못하는데 우리가 사는 고지대 사막 기후에서는 해가 지고 밤이 되어도 예전처럼 기온이 떨어지지 않기 때문이다.[12] 나는 걱정하는 부모들에게 이런 날에는 되도록 외출을 삼가고 아이들을 실내에 머물게 하라는 것 외에는 해줄 말이 없다. 아이들은 나가서 놀아야 한다는 나의 평소 신념과는 완전히 반대되는 조언을 한다. 하지만 내가 굳이 말하지 않아도 모두 알고 있다. 이제 우리가 알던 바깥세상은 너무나도 낯선 미지의 세계가 되어가고 있다. 그곳은 안전하지 않다.

그날 내 진료실에서 그 십 대 소녀와 마주 앉아 있을 때도 가까운 미래에 무슨 일이 일어나게 될지 전혀 몰랐다. 며칠 후에 카 산불과 멘도시노 컴플렉스 산불◆이라는 대형 화재가 휩쓸고 지나가게 된다는 사실을 알지 못했다. 서쪽에서 또 다른 불씨가 패러다이스라는 이름의 마을을 통째로 삼켜버리리라는 것도 예상하지 못했다.◆◆ 그 화재로 인해 누군가의 할아버지와 할머니와 삼촌과 이모와 사촌이 이재민이 되어 우리 도시로 들어오게 되고 내 환자들의 방에서 같이 잠을 청하게 되리라는

◆ 2018년 여름 캘리포니아 역사상 가장 파괴적이고 거대한 산불로 기록된 사건. 당시 캘리포니아의 극심한 가뭄과 폭염이 겹치면서 발생했으며 피해 면적이 각각 서울시 면적의 1.5배, 3배에 달했다.

사실을 그때는 알지 못했다. 아니, 나는 알고 있었다. 우리 모두 알고 있었다. 마침내 그 일이 일어났을 때 나는 그날 만난 소녀를 다시 한번 생각했다.

† † †

맹렬한 무더위와 씨름하던 그해 여름도 결국엔 끝을 향해 가고 더위도 서서히 물러났다. 뿌연 연기에 휩싸였던 도시와 산맥도 원래의 형체를 드러내면서 우리는 우리가 어떤 위기 속에 있었고 어떤 예고편을 봤는지 또다시 잊어버렸다. 두어 달 뒤 머리 위로 축축한 빗방울이 떨어지자 아이들은 신이 나서 바깥으로 달려나갔고 혀를 내밀어 빗방울을 받아먹기도 했다. 우리는 이 아이들을 바라보며 우리가 알고 있던 세상을 다시 본다. 그리고 우리 스스로에게 세상은 여전하다고, 변한 것은 아무것도 없다고 밀한다.

기나긴 가뭄 끝에 오랜만에 비가 내리던 날 나는 사무실이 있는 건물에서 소아과 병동으로 이어지는 유리 통로를 지나고 있었다. 병원 마당에서 놀고 있는 아이들이 눈에 들어왔다. 그

◆◆　2018년 11월에 일어난 캠프 화재(Camp Fire)를 가리킨다. 미국 최대 전력 회사인 PG&E의 노후화된 송전선에서 발생한 불꽃이 가뭄으로 바싹 마른 주변 초목에 옮겨 붙으며 발생한 화재는 마을 건물의 약 95퍼센트를 불태우며 최악의 피해를 남겼다.

중에는 내가 잘 아는 여섯 살짜리 아이도 있었다. 방금 전 걸음마 하는 동생과 엄마와 함께 와서 나에게 진료를 받은 아이였는데 지금은 병원의 1층 마당에서 얼굴을 하늘로 향한 채 입을 벌리고 있다.

나는 잠깐 걸음을 멈추고 그 아이를 바라보았다. 아이는 1분에 한 번씩 폴짝폴짝 뛰고 깔깔 웃으면서 코나 볼에 떨어진 빗방울을 손바닥으로 쓱쓱 훔쳐냈다. 병원의 다른 직원들은 언제나처럼 휴대전화를 보며 바삐 지나갔지만 나는 그 꼬마 환자와 그를 둘러싼 풍경에서 시선을 떼지 못했다. 아이 주변에는 꽃이 피고 벌이 날아다니고 작은 연못이 하나 있고 동쪽으로는 황금빛 언덕이 보인다. 구름 사이를 뚫고 나온 햇살 한 조각이 아이의 빨간 재킷을 비추었을 때 나는 다른 것을 보았다. 내 앞에 보이는 이 광경이 따로따로 떼어진 것이 아니라 커다란 전체의 일부라는 사실이었다.

아이의 몸은 아이가 발 딛고 선 정원과 머리 위 하늘과 수천 번 수만 번 미세한 상호 작용을 하면서 연결되어 있다. 내가 서 있던 자리에서는 눈에 보이지 않을지 몰라도 아이와 환경의 이 연결성이야말로 병원 건물 안의 어떤 최첨단 의료 기술보다 아이의 건강을 지키는 근본이다.

이 아이가 빗방울을 받아먹는다면 어떻게 될까? 구름에게 잠시 빌려온 물을 아이가 삼키면 그 물은 아이 몸을 이루는 모든 세포에 스며든다. 그 물 몇 방울이 몸 구석구석으로 퍼져 아이의 뇌를 보호하는 뇌척수액이 되고 관절을 자유롭고 유연하게 움직이게 하는 윤활액이 되며 위 속의 위산이 되고 온몸을 도는 혈액이 된다.

나는 아이의 혈액이 산소를 운반한다는 것을 알고, 이 산소가 마당의 수풀과 나무에서 나와 허파를 통해 아이의 몸으로 들어간다는 것을 안다. 아이는 집으로 돌아가면 엄마가 만들어주는 샌드위치를 먹을 것이고, 그 샌드위치의 밀가루와 땅콩과 포도 등은 탄소를 포함하고 있을 것이며, 그 탄소는 대기 중 이산화탄소에서 왔을 것이다. 아이가 섭취한 채소는 탄소를 단백질과 탄수화물과 지방으로 전환해 성장을 도울 것이다. 그래서 아이가 매번 진료실에 올 때마다 키가 달라지고 몸무게가 늘어나는 것이다.

지금 아이의 몸속을 순환하는 물과 산소와 영양분의 원자와 분자 같은 것들이 불과 얼마 전에는 나무를 통과했을 것이고 고래나 곤충이나 새의 몸속에 흐르고 있었을 수도 있다. 그 산소와 영양소는 어머니의 자궁 속에서 한 아기를 보호하고 길러냈을 수도 있고 아이가 상상조차 하지 못하는 삶을 사는 지구 반대편 어떤 노년 여성의 몸을 거쳐갔을 수도 있다. 아니면 이 똑같은 물과 공기가 천년 전에 이미 세상을 떠난 누군가의 몸을 스쳤을 수도 있다.

다시 말해서 이 모든 요소는 대기에서 잠시 빌려온 것일 뿐 그 누구의 소유도 아니다. 아이가 뛰노는 동안 내쉬는 숨과 아이의 피부와 입과 폐에서 증발하는 수분 입자들은 공기에 실려 올라가 구름에 흡수되며 바람을 타고 멀리 나아간다. 그날 밤 잠자리에 들기 전 아이가 누는 소변 속의 수분도 결국은 자기 길을 찾아가다 바다로 돌아갈 것이다.

지구를 둘러싸고 있는 바다와 바람 속의 수분과 공기와 열은 우리를 포함한 모든 생명체의 몸속에 흐른다. 진료실과 병원 창밖의 공기는 환자들이 병원에 왔을 때의 배경으로만 보이지만 사실은 그들 몸의 일부다. 어린이들은 이 세상이 창조한 피조물이다. 따라서 우리가 지구에 가하는 모든 일들이 그들에게 가하는 일이 된다.

하지만 어린이들이 그저 물과 공기로만 이 세상과 연결된 것은 아니다. 나의 꼬마 환자는 손바닥 안에 빗방울을 담은 다음에 꼭 쥔 주먹을 공중에 휘두르더니 근처 벤치에 앉아 있던 엄마에게 달려갔다. 엄마는 웃으며 아들을 꼭 끌어안았고 아이는 엄마 품에 안기자마자 마치 힘이 다 빠졌다는 듯 장난스레 몸을 축 늘어뜨렸다. 아이는 엄마가 절대 자신을 놓칠 리 없다는 것을 알기에 장난으로 몸의 힘을 다 빼버릴 수 있다.

이때 이제 걸음마를 하는 아이의 동생이 자기만 빠뜨리지 말라는 듯 소리를 질렀고 마치 술에 취한 작은 사람처럼 비틀거리며 그들 쪽으로 걸어갔다. 형은 돌아서서 몸을 낮추더니 자기 동생을 조심스럽게 안았고 동생은 형의 팔 안으로 푹 쓰러지듯 안겼다. 괜찮아, 괜찮아. 안 넘어져. 형이 그렇게 말하는 것이 보였다.

잠시 동안 세 사람은 한 줄로 이어져 있었다. 엄마가 양손으로 첫째 아들의 어깨를 붙잡고 있었고 첫째 아들은 다시 동생을 품에 안고 있었다. 이 세 사람을 바라보면서 사랑이란 마치 유전자처럼 세대를 건너 전달되어 우리 이전에 존재했던 사람들과 우리와 앞으로 우리 뒤를 따를 모든 사람들을 이어준다는 사실을 누가 의심할 수 있을까? 오늘날 과학까지도 명백하게 증명해낸 이 사실을 누가 의심할 수 있을까? 나는 매년 의대생들에게 유아기에 대해 강의하면서 말한다. 우리가 우리 자녀들에게 보여주는 사랑은 그 아이들이 마시는 물과 같고 그 아이들이 숨 쉬는 공기와 같기에 그들 몸의 일부가 된다고. 이 모든 것들이 아이들의 두뇌와 심장은 물론이고 미래를 만들어낸다고.

나는 결국 이 사랑이 우리를 구원하리라 믿고 그렇게 되길 소망한다.

왜냐하면 이 사랑이 인류가 느낄 수 있는 가장 강렬한 사랑이기 때문이다. 정상적이고 건강한 부모라면 위험에 처한 자식을 보면서 손 놓고 가만히 있지 않는다.

한 아기 환자의 엄마를 기억한다. 그 엄마는 모든 방법을 다 써봐도 낫지 않던 지독한 기저귀 발진이 알고 보니 아기의 생명을 앗아갈지도 모르는 희귀 질환인 랑게르한스 세포 조직구증Langerhans cell histiocytosis이라는 진단을 들은 순간 무너져내렸다. 이 병명을 이루는 단어 하나하나가 뼈를 뭉개버린 것처럼 아기의 엄마는 바닥으로 풀썩 주저앉아 통곡하기 시작했다. 그 날 엄마의 울음소리가 병원 복도를 울렸고 사람들의 마음도 같이 미어졌다. 나는 엄마를 붙잡으려 손을 뻗었지만 이미 늦었다. 그 엄마가 쓰러지던 순간 나를 스치고 지나간 그녀의 옷소매가 지금도 느껴질 것만 같다.

나는 엄마가 그 자리에서 실신하는 것은 아닐까 싶어 두려웠다. 아기가 누워 있는 침대와 집중 치료실의 삑삑거리는 기계 사이의 땅 밑으로 꺼져버리는 것은 아닐까 싶었다. 그러나 그 엄마는 주변의 사랑과 관심의 힘을 받아서 서서히 일어났고 고개를 들었다. 그리고 처음에는 가까스로 의사의 설명을 듣더니 조금 더 긴 설명도 집중해서 듣기 시작했다. 우리는 아기의 병이 어떤 병이며 아기의 간을 어떻게 손상시키고 이 상황에서 무엇이 최선인지 차근차근 설명했고 엄마는 주의 깊게 경청했다. 얼마 후 그 엄마는 스스로 자료를 찾아 읽기 시작했고 직접 전문가들에게 연락해서 정보를 얻었다. 불과 몇 주 만에 엄마는 자기의 목숨 같은 아이를 위협하는 병과 그 병마와 싸워 이기는 방법에 관해서는 최고의 전문가가 되어 있었다. 그 지식의 힘으로 엄마는 다시금 일어설 수 있었다.

사실 병실을 드나들던 의사와 간호사와 의료 기사 들은 이와 같은 상황에서는 환자의 엄마가 반드시 정신을 바짝 차려야 한다는 것을 알고 있었다. 우리의 의료 기술만으로는 아기를 살릴 수 없다. 어린 환자에게 엄마의 손길과 목소리는 항암 치료만큼이나 필수적이고 아이를 향한 부모의 헌신은 병원과 의사가 제공하는 의료 서비스를 지탱하는 기둥이다. 아이의 병과 싸워 이겨내기 위해서는 과학도 필요하지만 사랑도 필요하다. 둘 중 하나만으로는 충분하지 않다.

소아과 의사로 일하면서 이와 비슷한 이야기가 수없이 되풀이되는 것을 목격했다. 병원을 찾은 어린이는 당뇨, 두부 부상, 자폐 스펙트럼 장애, 백혈병, 선천성 심장 기형, 각종 종양과 유전 질환 등 수십 가지의 서로 다른 질병을 진단받는다. 이런 병명 앞에서는 상상할 수 있는 가장 최선의 환경에 놓여 있을지라도 아이를 사랑하는 부모라면 종종 압도되고 두려움에 휩싸인다. 그러나 내가 본 모든 부모들은 소득과 교육 수준과 성격과 상관없이 아이 앞에서 무너지지 않았다. 설령 승산이 전혀 없어 보일 때조차도 이들은 언제나 일어났다.

바로 이것이 내가 이 책을 집필하게 된 이유다.

우리가 우리 손으로 만들어낸 질병이 아이들이 살아가는 세상을 망가뜨리고 있기 때문이다. 우리가 만들어낸 뜨거워진 지구가 아이들의 신체적·정신적 건강을 해치고 있기 때문이다.

기후 변화가 초래할 최악의 피해로부터 우리 아이들을 지킬 수는 있지만 그 흐름을 바꿀 수 있는 시간은 10년도 채 남지 않았기 때문이다.[13]

나는 미국에서 가장 빠르게 뜨거워지는 도시에서 일하고

있는데 이 도시에서조차 내가 만나는 대부분의 부모들은 우리가 얼마나 위험한 상황에 처해 있는지 인식하지 못하고 있다. 이해하지 못하는 것과는 싸울 수조차 없다. 무슨 일이 벌어지고 있는지 알아차린 사람들도 두려움과 패배감에 짓눌려 일어서지 못하거나 무엇을 해야 할지 몰라 주저하기도 한다.

나는 매일 과학에 기반을 두어 결정을 내리며 과학은 지난 세기 동안 수백만 명의 아이들을 과거에는 치명적이었던 질병으로부터 구해냈다. 병실 바닥에서 통곡을 하던 그 엄마의 딸은 현재 초등학교에 다닌다. 아이를 치료했던 의사들이 과학을 믿었고 과학에 따라 행동했기 때문이다.

하지만 지금 우리 행성에서 무슨 일이 벌어지고 있는지, 그리고 그것이 아이들에게 어떤 의미를 지니는지에 관한 과학은 이제 우리에게서 사랑을 요구한다. 과학은 우리에게 미래를 잃을지도 몰라 두려워하는 십 대 소녀의 눈을 바라보라고 말하고, 태어나자마자 화재의 연기를 들이마시게 된 신생아의 얼굴을 보라고 말하고, 집과 마을을 잃은 공허한 표정의 아이를 똑바로 보라고 요구한다.

과학은 우리에게 빗속에서 뛰노는 작은 소년을 바라보며 소년에 대한 모든 것, 즉 이 소년의 기쁨과 아름다움과 사랑이 소년의 몸에 엮여 있고 이 땅에 뿌리내려 있다는 사실을 똑똑히 보라고 요구한다. 소년은 물리적인 존재이고 물리적 법칙에 종속되어 있다. 직물의 실처럼 자연과 따로 분리될 수 없다. 우리가 땅속에서 탄소를 파내어 하늘로 옮기는 순간 지구는 더 더워지고 아이의 삶은 위태로워진다. 그러므로 아이를 지키는 유일한 방법은 단 하나, 아이가 살아가는 대기를 더는 파괴하지 않는 것뿐이다.

기후 변화는 흔히 전 지구적인 문제로 여겨지지만 살펴보면 너무나도 개인적인 문제가 무수히 겹쳐 있다. 이 문제는 우리가 가장 사랑하는 사람들을 위협한다. 지금 내가 끌어안고서 안전하게 지켜주겠다고 약속하는 아이들에게 직접 가하는 위협이다.

그래서 나는 이 책에서 어린이들의 이야기에 집중하려고 한다. 악화되는 대기 오염과 극심해지는 폭염과 잦아지는 자연재해에 노출되는 도시의 아이들에게 어떤 일이 일어나고 있는지를 이야기하려고 한다. 미국 도시 어린이들의 사례를 통해 기후 변화가 이들에게 어떤 의학적·심리적 문제를 일으키며 특히 왜 아이들이 이 문제에 취약한지를 설명하려고 한다.

어린이 가족의 고통을 떠올릴 때마다 나는 기후 위기 또한 하나의 선택이었다는 사실을 기억한다. 엑손의 과학자 제임스 F. 블랙의 손녀는 만약 할아버지의 경고가 40년 전에 받아들여졌다면, 즉 화석 연료 기업이 태양열, 풍력, 지열 같은 에너지원 개발을 선택했다면 우리는 현재 이 기술로 움직이는 사회에 살고 있을지도 모른다고 말했다.[14] 그러나 사람들은 그 길을 선택하지 않았다.

그렇다고 해서 그들이 만화책 속에 나오는 사악한 악당은 아니었다. 어찌 보면 평범한 현실 속 사람들, 당장 자신들에게 돌아올 이익만 생각했지 미래에 상처 입게 될 아이들의 얼굴은 보지 못한 사람들이다. 나는 그들의 기부금으로 지어지고 그들의 이름을 딴 소아과 병동에서 일한 적도 있다. 당연히 그들에게도 자녀가 있을 것이고 당연히 그들도 누구 못지않게 자녀를 사랑했을 것이다. 당연히 그 길로 가는 것이 미친 짓임을 알았을 수도 있다.

십 대 환자와 대화를 나누고 몇 달 뒤에 수천 킬로미터 떨어진 곳에서 또 다른 열여섯 살 소녀가 세계 지도자들 앞에서 연설했다. 그레타 툰베리는 기후 위기는 너무 거대한 문제이고 지구 위의 모든 사람이 기후 위기에 책임이 있기에 해결할 수 없다는 주장에 대해 이렇게 말했다. "모든 사람이 잘못이라고 말하면 아무도 책임을 안 지려고 합니다. 누군가에게는 책임이 있습니다."[15] 툰베리는 이어서 말했다. "특히 어떤 사람들, 어떤 기업들, 어떤 결정권자들은 값을 매길 수 없을 정도로 가치 있는 것을 왜 희생해왔는지 알고 있었습니다. 막대한 돈을 벌기 위해서죠. 어쩌면 오늘 이 자리에 있는 많은 분들이 그 사람에 속할 수 있다고 생각합니다."

그해 말 전 세계 수만 명의 어린이와 청소년이 툰베리와 함께 일어서 거리를 행진하고 정부 기관 안으로 들어가 시위를 벌였다.[16] 코로나19 팬데믹 때문에 시위가 잦아들긴 했지만 코로나19 직전에 도시에서 열린 기후 집회에서 나는 환자였던 그 열여섯 살 소녀와 다시 만났다. 아이는 팻말 하나를 들고 있었다. "나의 미래를 지켜주세요 Save my future." 아이가 말하며 웃었다. "이제 시작이에요." 아이의 엄마가 바로 옆에 서 있었다.

어린이들은 이 사회에서 가장 힘이 없는 존재다. 투표할 수도 없고 돈도 없으며 갓난아이들은 아직 의사 표현도 할 수 없다. 하지만 이 어리고 약한 아이들이 지금 우리가 꼭 들어야 할 말을 전하고 있다. 그들에게는 자신들과 같이 싸워줄 부모가 필요하다. 자기들이 아프거나 다쳤거나 누군가에게 괴롭힘을 당했을 때 부모들에게서 솟아나는 맹렬한 보호 본능으로 자신과 함께 싸워주기를 바란다. 지구에도 위기가 왔지만 우리는 아이들을 우주선에 태워 다른 행성으로 보낼 수 없다. 이 유일하고 아름다운 행성을 지켜야만 한다. 이곳이 그들의 집이다.

† † †

우리 가족은 그 시절 살던 습지 부근의 마을을 떠나 다른 도시로 이사했다. 잦아진 물난리 때문은 아니었다. 어느 날 밤 우리 가족이 영화를 보고 돌아오는데 집 앞 인도에 사람들이 웅성거리며 모여 있었고 우리 집 자동차 진입로 앞에 소방차가 번쩍거리며 서 있었다. 집 뒤편에서 연기가 치솟고 있었고 소방관들은 소방 호스에서 나온 물로 젖은 땅 위를 정신없이 뛰어

다니고 있었다. 우리 옆집 아이 엄마가 남편과 부부 싸움을 하고 (아마 산후우울증도 겪고 있었던 것 같다) 우리 집과 그 집 사이 나무 울타리에 자기 집 세탁물을 담은 봉투를 묶고 휘발유를 뿌린 다음에 성냥을 던졌다. 그 울타리 바로 옆이 우리 집 차고이기도 했다. 지나다가 연기를 발견한 다른 이웃이 신고를 해주어 다행히 우리 집까지 불길이 번지지 않을 수 있었다.

그날 이후 공포에 사로잡힌 나는 만약 우리가 집 안에 있었다면, 혹시라도 자고 있었을 때 이런 일이 벌어졌다면 어땠을지를 계속해서 생각하게 되었다. 내 걱정을 들은 아빠가 말했다. 우리 집에 일부러 불을 지르는 사람은 없어. 우리는 괜찮을 거야. 하지만 나는 끈질기게 물었다. 그래도 정말 불을 지르려는 사람이 있다면요? 만약에 잘못해서 진짜로 불이 나면 어떡해요. 아빠는 나를 바라보더니 말했다. 그러면 아빠가 우리 딸을 구해줘야지. 아빠가 설마 너를 불타는 집에 두고 떠나겠니. 얼마 후 우리 가족은 다른 동네로 이사했다.

지구와 인류는 심각한 위기에 처해 있고 우리를 구원해줄 망토를 걸친 슈퍼맨은 오지 않는다. 아이들이 기대할 수 있는 영웅은 오직 우리 어른들뿐이다.

1장

하나의 숨과
하나의 세계

"생각해보면 우습지 않아요?" 환자의 엄마가 말했다. "우리는 평소에는 숨쉬기에 대해선 전혀 생각하지 않잖아요. 숨쉬기가 잘될 때는요."

나는 그 엄마가 하는 말을 들으려고 검지로 청진기의 한쪽을 뺐다. 내 청진기는 그의 가슴 위에 올라가 있었다. 정확히 말하면 청진기 원판은 아기 티셔츠에 그려진 춤추고 있는 미니마우스의 왼쪽 귀를 덮고 있었다.

"가끔은 당연하게 여기지 않아야 할 걸 당연하게 여기면서 살죠." 내가 말했다. 엄마는 나와 반대편에 있는 진찰대 옆에 서서 딸의 허벅지에 손을 얹고 있었다. 나는 청진기를 다시 귀에 꽂았다. 아기의 폐에서는 사포로 긁는 듯한 거친 숨소리가 나다가 마지막에는 속삭이는 듯한 바람 소리가 들렸다. 아기는 마지막 숨을 내뱉기 위해서 배를 수축시켰다. 이제 10개월밖에 안 된 아기의 커다란 갈색 눈을 들여다보자 두 개의 목성 같은 눈동자가 내 얼굴을 빤히 바라보았다. 내가 호흡을 유도할 때 아기는 마치 부처처럼 차분하게 앉아 있었다. 숨을 들이쉬고 내뱉고, 들이쉬고 내뱉고. 나는 웃으며 말했지만 아기는 반응이 없었다.

"어머님 말씀이 맞네요. 애한테 영향이 가고 있어요." 나는 청진기를 목에 두르면서 말했다. "이 상태가 얼마나 더 계속될지는 모르겠어요." 그리고 창문을 가리켰다. "일단은 여기를 떠나서 다른 곳으로 가 계시는 것도 좋을 것 같아요."

바깥에는 마치 눈발처럼 재가 날리고 있었다. 하늘은 오후인데도 까만색과 회색이었다. 3층 진료실에서 보이는 바깥 풍경은 마치 달 표면처럼 먼지에 덮여 있고 생명이 없는 행성 같았다. 대기는 연기와 날리는 잔해로 가득했다. 이런 상황에서 바깥으로 나간다는 것은 캠프파이어를 할 때 불길과 재가 날리는 쪽 바로 앞에 서 있는 것이나 마찬가지였다. 하지만 캠프파이어와 달리 여기선 자리를 옮길 수도 없고 피할 수도 없다. 사방에 재와 연기가 있어서다.

"꼭 세상이 끝나는 것 같죠?"

엄마가 물었다. 아기의 카시트가 내 발밑에 놓여 있었다. 엄마는 진료실에 오기 위해 아기 몸에 물에 젖은 촉촉한 담요를 둘러 일종의 임시 공기 정화 필터로 만들었다. 그 담요에 지저분한 회색 재들이 점점이 박혀 있었다. 엄마가 의자에 앉자 그을음 먼지가 리놀륨 바닥 위에 가루처럼 떨어졌고 나는 그 먼지 위에 서 있었다. 나라에서는 다음과 같이 경고했다. 재를 피하십시오. 아이들이 재를 만지거나 갖고 놀지 못하게 하세요.[1] 엄마는 진찰대에서 아기를 올려 안았고 이 모녀는 건물 주변을 유령처럼 감싸고 있는 희뿌연 재와 탁한 대기를 바라보았다. 나는 창가에 선 두 사람을 바라보았고 바깥에 이렇게 숨 막힐 정도로 짙고 답답한 구름이 깔려 있지 않은 때가 언제였는지 떠올려보려 했다. 늘 이랬던 것 같기도 했다.

때는 2013년 8월 말이었다. 2주 전에 극심한 가뭄으로 바짝 말라 있던 시에라네바다산맥에 올라간 한 부주의한 사냥꾼은 캘리포니아 역사상 가장 큰 화재가 될 산불을 냈다.[2] 이 화재는 인근에 있던 국립공원의 이름을 따서 요세미티 림 화재라 불렸다. 매일매일 거침없는 북동풍이 두텁고 무거운 입자가 가득한 화재의 연기를 컨베이어 벨트처럼 리노-스파크스 지역으로 부지런히 실어 날았다.[3] 화재 지역에서 북동쪽으로 약 240킬로미터 떨어져 있는 이 지역의 인구는 거의 40만 명에 달했다. 나의 소아과 진료실은 이 지역의 가장 큰 대형 병원 옆에 있었다. 우리 병원에는 코를 훌쩍이고 기침을 하는 아이들이 매일 찾아왔다.

애나도 그런 아이들 중 하나였다. 애나는 그 짧은 생애 중에 콧물과 호흡 곤란 문제로 벌써 두 번이나 병원에 입원했다.

아이의 엄마는 자신도 어렸을 때 천식이 있었다고 했고 애나도 천식이 있는 것 같았다. 대기 오염이 정상 범위를 넘어서자 폐 기능이 정상적인 사람도 연기로 인해 이 지역에서 거주하기가 어려워졌다.[4] 애나의 엄마는 일을 자꾸 쉬게 되어 걱정이라며 매일매일 내일은 오늘보다는 나아지기만을 고대하며 지낸다고 했다. 엄마는 애나에게 호흡법을 해주었고 테이프와 수건으로 창문과 문의 틈새를 막아 아이를 집 안에 가두다시피 했다. 하지만 공기가 이 정도로 심각하게 나쁘면 그 어떤 조치도 반응성이 큰 폐를 가진 아기를 보호하기엔 역부족이다. 우리 모두는 연기 감옥에 갇혀 있었고 어떤 선고가 내려질지 모르는 상태로 그저 기다릴 수밖에 없었다.

소아과 의사는 대체로는 의미가 있고 매일 사랑을 느낄 수 있는 멋지고 자랑스러운 직업이다. 애나 같은 아이들 수십 명의 눈을 들여다보는 것이 내가 매일 하는 일이다. 항상 어린이들과 소통하고 아이를 사랑하는 부모와 대화를 나눈다. 소아과 의사는 아이들의 질병이나 사고, 아이들의 고민이나 불평에 관해 이야기를 나누는데 그러다 보면 내가 만나는 아이들의 그림도 보고 가족과 반려견과 친구들에 대해서도 알게 된다. 갓난아기 때부터 보아온 아이들도 많다. 사실 소아과 의사로 살아가면서 가장 좋은 점은 아침을 시작하는 방식이다. 나는 매일 지난밤에 이 병원에서 태어난 새 생명을 만나며 하루를 시작한다. 새로운 생명의 신비, 이 꼬물꼬물한 존재가 가족에 불어넣은 기쁨을 보면 내 마음은 희망으로 차오르곤 한다.

하지만 요즘은 죄책감과 우려와 근심 때문에 이 세상에 갓 태어난 신생아들을 진심으로 기쁘게 맞이하는 일이 생각만큼 쉽지가 않다. 아기와 어린이들이 앞으로 살면서 어떤 세상을 마주하게 될지 알고 있어서다. 지구는 뜨거워지고 있다. 그것도 아주 빠르게 뜨거워진다. 그 위협은 매년 눈덩이처럼 커져간다. 나는 새로운 세대를 생각하며 두려움부터 느끼느라 새로운 생명을 내가 원하는 만큼 열렬히 환영하지 못한다. 그래서 속상하고 아프다.

애나가 그날 오후 우리 병원에 온 다음 날부터 도시에서 서쪽으로 몇 킬로미터밖에 떨어지지 않은 캘리포니아 전역에 수천 건의 화재가 발생했다.[5] 화재의 규모는 점점 더 커지고 점점 더 걷잡을 수 없을 정도로 번져 그저 숲만을 거칠게 집어삼킬 뿐 아니라 우리가 살고 있는 마을까지 내려왔다. 매년 여름과 가을이면 연기가 파도처럼 우리 도시를 수차례 휩쓸고 지나가고 그때마다 기침과 재채기 때문에 병원을 찾는 환자들이 늘어만 간다. 2018년 멘도시노 컴플렉스 화재는 캘리포니아 역사상 가장 큰 화재 중에 하나였고 이후 몇 주 동안 우리 도시의 하늘은 어두컴컴했다. 2년 후인 2020년에는 오거스트 컴플렉스 화재가 일어나 이전 기록을 갈아치우면서 약 4000제곱킬로미터 이상의 면적을 태운 최초의 화재로 등극했다. 2013년에는 연기를 며칠 동안 들이마셔야 했다면 2021년에는 몇 달 동안이나 연기 속에서 숨 쉬며 살아야 했는데, 불과 몇 킬로미터 반경에서 딕시 화재♦와 칼도르 화재♦♦가 일어났기 때문이다.

당시에는 몰랐으나 지금 와서 돌이켜보면 림 화재는 하나의 독립적인 사건이 아니었다. 어떤 추세의 시작이었다. 우리가 우리 아이들에게 만들어낸 세상의 단면을 보여주는 하나의 예고편이었다.

도너 패스

나의 첫 직업은 소아과 의사가 아니었다. 자녀들이 태어났을 때 나는 환경 기획자로 일하며 강 유역의 토지 사용의 변화가 강에 어떤 영향을 미치는지 분석하는 일을 했다. 먼저 과학자와 공학자가 팀을 이루어 지대와 토양과 하천에 대한 데이터를 확보한다. 이 데이터를 컴퓨터에 입력하고 강의 상류에 변화가 생기면, 예를 들어 숲을 밀어내고 쇼핑몰을 지으면 하천의 흐름에 어떤 결과가 발생하는지 관찰한다(이것이 바로 환경에 대한 '컴퓨터 모델'인데 비행기 모형을 만들 때처럼 실제 대상을 축소해 만든

♦　2021년 7월에 발생하여 약 100일 이상 지속된 미국 역사상 진압하는 데 가장 많은 비용이 든 대형 산불.

♦♦　2021년 8월에 발생하여 사우스레이크타호 주민 2만 2000명 전원에게 대피령이 내려진 대형 산불.

물리적 모형이 아니라 미래를 수학적으로 계산하는 것이다). 그런 다음 지방 정부 기관에 연구 보고서를 보내 홍수를 방지하고 생태계를 보호하기 위해서는 어떤 시설을 허가하고 불허해야 하는지 알린다.

나는 학부에서는 환경학을 전공했고 산림학 전공으로 대학원을 수료했다. 하지만 아이들이 태어나자 아이들 안에 세상의 전부가 있다고 생각하게 되었고 인생의 경로를 잠시 바꾸어보기로 했다. 마침 당시의 남편이 대학원을 졸업하고 안정적인 직업을 얻게 되자 나는 집에서 아이들을 돌볼 수 있었다.

아이들의 의사 선생님을 만나면서 소아과 의학에 대한 관심이 무럭무럭 자라났다. 그 의사 선생님은 내가 아이들의 질병에 대해 질문하면 의학 서적을 보여주면서 자신이 어떻게 생각하는지를 친절히 설명해주곤 했다. 나는 돌봄을 과학과 결합할 수 있다는 개념이 참 마음에 들었다. 그래서 내 인생에 갑작스럽게 위기가 닥쳤을 때, 그러니까 이혼으로 받은 큰 상처와 충격으로 나의 세계가 무너지고 어린 세 아이를 둔 싱글맘이 되었을 때 나와 아이들의 인생을 위해 다른 계획을 세우기 시작했다. 우리 머리 위로 무너지지 않는 지붕이 필요했고 나에게 주어진 선택권과 자원을 차분히 검토한 후 어머니에게 아이들을 돌보아주실 수 있느냐고 물은 다음(다행히 어머니가 가능하시다고 했다) 지역 대학의 의과 대학에 등록하여 소아과 의사로서 훈련을 받았다.

이후 몇 년간은 완전히 넋이 나간 채로 살았다. 아이들의 침대 맡에서 책을 읽어주면서 꾸벅꾸벅 졸았고 저녁 식사를 하고 소파에 앉자마자 곯아떨어졌다. 해가 뜨기 몇 시간 전에 일어나 공부를 하거나 환자 회진을 준비했다. 같은 과 학생에게 수업을 녹음해달라고 부탁하고 아이들 축구 경기에 참가하거나 학부모 회의, 교사 회의에 가기도 했다. 저녁 식탁에서 아이들 숙제를 도와주며 학습 카드를 만들다가 잠깐 고개를 숙였을 뿐인데 그대로 깊이 잠이 들어버린 적도 있다.

4년 후 의과 대학을 졸업했을 때 집에서 가장 가까운 소아과 레지던트 과정은 캘리포니아 UC 데이비스 메디컬 센터에 있었지만 전 남편과 공동 양육권을 갖고 있어서 그 지역으로 이사를 할 수는 없었다. 그래서 이후 3년 동안 리노와 새크라멘토를 오가며 총 약 14만 킬로미터를 달려 레지던트 과정을 끝내고 아이들 양육권을 지켰다. 그 시기에 주간고속도로 80번의 도너 패스 구간을 얼마나 오갔는지 모른다. 겨울철 미국에서 가장 험준한 도로 중 하나인 도너 패스는 개척자 가족들이 1846년과 1847년 최악의 혹설에서 살아남기 위해 인육을 먹었다는 비극적인 기록으로 유명해진 곳이기도 하다. 일리노이에서 캘리포니아로 향하던 약 87명의 개척자 무리인 도너 원정대를 가로막고 공포에 떨게 한 이 아름답고 험준한 산악 지대는 나의 과거의 삶과 새로운 삶 사이에 놓인 실질적인 벽이자 상징적인 벽으로 보였다. 동시에 그것은 인간의 오만함과 자연 재해의 위험성에 관한 경고이자 부모들의 실수와 잘못된 정보 때문에 고통받았던 아이들을 돌아보게 하는 엄중한 경고이기도 했다.

도너 원정대 일행은 자연의 힘을 과소평가했고 자신들의 힘은 과대평가했다. 그들은 도너 패스에 너무 늦게 도착했다. 폭설이 닥치기 전에 산맥을 지났어야 했는데 생명보다 눈앞의 이익에 더 집착한 누군가의 잘못된 조언을 따르며 예정 시간보다 도착이 지체되고 만 것이다.♦[6] 첫 번째 판단 착오는 이후 계속해서 나쁜 선택과 불운을 불러왔다. 그해 봄 캘리포니아에서의 더 나은 삶을 꿈꾸며 일리노이와 미주리를 떠났던 87명의 일행 중 거의 절반은 시에라네바다산맥을 넘지 못하고 동부의 가파른 계곡에 갇혀 눈 속에서 버티다 얼어 죽고 굶어 죽었다.

자연은 자신만의 법칙이 있고 인간을 향해 딱히 연민을 보여주지는 않는다. 따라서 우리는 올바른 판단을 하는 사람을 믿어야 한다. 그렇지 않을 때는 상상치도 못한 비극이 일어날 수 있고 사실 매일 일어나고 있기도 하다(나는 그것을 매일 목격한다). 나는 병원과 집 사이의 도너 패스를 지나면서 도너 패스 일행과 자연의 법칙에 대해 생각하고 또 생각했다. 그런데 지금 와서 돌이켜보면 그 생각이 나를 살린 것 같다.

♦　도너 원정대의 리더였던 랜스퍼드 헤이스팅스가 "더 빠른 길"이라고 주장한 새로운 경로를 따랐다가 지형적으로 매우 험준한 곳으로 길을 잘못 들어 이동 속도가 크게 느려졌다.

리노에 있는 집으로 돌아가던 어느 날 밤, 내 차는 꽁꽁 얼어붙은 도너 패스의 동쪽 도로를 엉금엉금 기어가고 있었다. 그러다 어느 순간 내가 자동차를 전혀 제어하지 못하고 있다는 것을 깨달았다. 차바퀴가 헛돌고 있었다. 1분도 채 되지 않아 자동차 후면부터 내리막길로 향했고 어느새 나는 마주 오는 차량을 바라보면서 깜깜한 어둠 속에서 후진을 하고 있었다. 내 차가 향한 곳은 이 도로를 수백 번 오가며 훤히 알게 된 도너 호수 위 절벽이었고 그 호수는 개척자들이 야영지를 세웠던 장소이기도 했다. 브레이크를 밟았지만 차는 전혀 말을 듣지 않았고 오직 중력만이 나를 뒤로 끌어당겼다. 차는 빙판 위에서 점점 빠르게 후진하며 아래로 내려갔다. 벼랑을 넘어 절벽 밑으로 떨어지는 것은 시간문제라 확신한 순간 쿵 하고 작은 소리가 나며 차체가 덜컹거렸다. 내 차가 어딘가에 들이받쳤고 차는 곧 멈추었다.

내 숨결로 인해 자동차 창문에 김이 가늑 서렸다. 맑은 하늘 위에는 보름달이 차창 밖 눈 쌓인 산 정상을 비추고 저 멀리 보이는 흑청색 호수를 반짝거리게 했다. 호수 주변 오두막 몇 채에서 새어나오는 불빛이 보였다. 위쪽 도로에서 내려오는 자동차의 헤드라이트 몇 개가 나를 향해 천천히 다가오며 얼음장 같은 도로에 그림자를 드리웠다. 그 외의 모든 것은 암흑의 바다였고 이 바다가 차창을 통해 나에게 서서히 스며들며 나를 삼켜버릴 듯했다. 나는 손가락 하나 꼼짝하지 못하고 그 춤고 외로운 자동차 안에서 차창에 서린 김을 바라보며 생각했다. 나를 멈춰 세워준 것이 뭔지 모르지만 과연 그것이 생과 사의 갈림길에서 나를 어느 쪽으로 보내게 될까. 나는 저 계곡 아래에 있을 죽은 개척자 가족들, 도너 패스를 지나는 이 우울한 여행을 할 때마다 내 유령 친구로 여겨 이름까지 외우고 있던 그들을 생각했다. 그때까지도 나는 이혼으로 인한 절망에서 회복하지 못한 상태였고 지쳐버린 와중에 무심히 생각했다. 이대로 떨어져 저 밑의 사람들에게 합류하는 것이 그나마 내 인생에서 가장 시적인 결말이 아닐까?

집에서 기다리고 있을 아이들에게 돌아가기 위해 눈보라를 뚫고 그나마 여기까지 온 것이었다. 내가 할 수 있는 것은 더는 없었다. 그러나 도너 패스의 벼랑에 매달려 있던 바로 그 순간 차 안에서 나는 생명의 원천을 새롭게 목격했다. 내가 내쉬는 숨이었다. 숨이 수정처럼 투명하게 보였고 그저 숨을 쉰다는 것의 아름다움이 충격적일 정도로 경이롭게 다가왔다. 나는 전날 밤 소아과 집중 병동에서 당번을 섰고 중증 폐 감염을 앓던 세 살짜리 아이에게 기관 삽관을 했었다. 나는 호흡에 대해 꽤 많이 아는 사람이었다. 그리고 동시에 그 차 안에 있기 전까지는 호흡에 대해 너무도 모르는 사람이기도 했다.

몇 년 전 의과 대학에서 공부하던 시절 나는 공기와 혈액이 마치 강처럼 흘러 폐를 통과한다는 사실을 깨달았다. 그것들이 기도와 동맥과 정맥이라는 지류를 타고 흐르는 것을 보면 자연이 스스로를 모방하고, 지구가 가장 좋아하는 형태가 우리 인간의 신체 구조에 그대로 나타난다는 점을 알게 된다. 의사 이전의 직업이자 전공인 환경학을 공부하면서도 나는 우리가 환경과 분리될 수 없다는 사실을 알고 있었다. 사실 환경이 거의 전부라고 할 수도 있다.

나는 새로운 생명이 특유의 극적인 첫 울음을 터트리면서 태어나는 모습을 수없이 보았다. 그 울음은 살아 있음을 알리는 첫 행동이자 첫 호흡이었다. 이제 나는 생명의 마지막 행위 또한 호흡이라는 것을 깨달았다. 호흡과 그 이전의 모든 호흡이 우리를 세상과 통합하고 세상에 묶어놓는다. 우리는 공기를 우리 폐에 끌어들이고, 다시 내뿜는다. 그렇게 해서 우리는 살아간다.

오르막길에서 올라오는 자동차들이 점점 가까워지고 있었다. 집까지는 아직 갈 길이 멀었다. 나는 조심스럽게 핸들을 오른쪽으로 꺾고 발로는 액셀을 밟으며 전전히 언덕 아래의 우리 집을 향해 내려왔다. 며칠 후에 차를 타고 똑같은 도로를 지나가면서 가드레일이 망가져 끝이 살짝 구부러져 있는 것을 보았다. 그 가드레일이 나를 저 아래 유령들에게 합류하지 못하게 막아준 것이다. 차를 세우고 내려서 살펴보니 내 자동차와 같은 색의 페인트가 회색 가드레일에 묻어 있었다. 호수를 내려다보았다. 아주 찰나의 한순간이, 딱 몇 센티미터의 차이가, 단 한 번의 선택이 생과 사를 가르는 경우가 너무나 많다.

그렇지만 어떤 비극과 행운은 백만 번의 순간, 백만 번의 선택에 따라 달라지기도 한다. 수많은 사람들이 내린 그 선택이 한 국가 전체 혹은 전 세계를 미래가 있는 쪽으로 끌고 가기도 하고 끔찍한 방향으로 몰고 가기도 한다. 삶의 방향으로 데려가기도 하고 자기 파괴의 방향으로 데려가기도 한다.

숨을 쉰다는 것의 경이

의과 대학에서는 인간 신체의 세밀한 요소나 해부학적인 부분에 집중하느라 더 큰 그림을 놓치기 쉽다. 우리가 지금 여기에서 숨을 쉬며 존재한다는 사실이 실은 믿을 수 없을 정도로 경이롭다는 점 말이다. 의사가 구하려고 애쓰는 모든 생명, 우리가 지금까지 알고 사랑해온 모든 사람들, 나아가 사실상 지구상의 모든 경이로운 형태의 생명체가 존재할 수 있는 유일한 이유는 이 행성의 지표를 덮고 있는 얇은 층의 대기라는 기적이 있기 때문이다. 우리는 매일 매 순간 아무런 생각 없이 대기 중의 공기를 들이마시고 내쉰다. 하지만 머리카락 한 올의 차이로 생과 사가 뒤바뀔 수 있는 것처럼 지구의 공기라는 존재는 감격스러울 정도로 놀라운 행운이고 어쩌면 지구 생명체들만 누리는 유일한 행운일지도 모른다. 우리는 아직 이 광활하고 적막한 우주에서 우리 별 지구와 같은 행성을 하나도 찾지 못했고 다른 생명체의 존재도 발견하지 못했다.

　대기는 오직 지구를 덮을 만큼의 두께로 이루어져서 마치 농구공을 감싼 얇은 포장지에 불과하지만, 우리가 마시는 공기와 물을 공급하고 태양열과 유해한 자외선으로부터 우리를 보호해주며 기온과 강수량을 조절해준다.[7] 지구와 태양 사이의 완벽한 거리라는 행운이 따르면서 대기는 생명이 자라고 주거가 가능한 환경을 만들어낸다. 이때 우리가 익히 아는 생명 친화적인 세계가 주어진다.

　하지만 대다수의 사람들은 이 사실을 의식하며 살지 않는다. 사실 우리는 매일의 일상에서 공기를 본다. 하지만 산등성이 위의 별이 가득한 하늘을 올려다보고 해변에서 아름다운 노을을 감상하고 침실 창문으로 천둥과 번개를 바라보면서도 공기를 본다고 느끼지는 못한다. 우리는 매일 우리 몸속으로 공기를 들이마신다. 하지만 축구공을 쫓아 달리면서, 호수에서 수영하다 물 위로 뛰어 오르면서, 수면 중에 가늘게 코를 골면서도 공기를 느끼지는 못한다. 이제까지 우리의 모든 존재, 우리의 모든 순간과 기억들, 미래에 거는 모든 희망은 우리가 지금 살고 있으나 감지하지 못하는 대기라는 바다에 전적으로 의존하고 있다.

　공기는 사람들의 눈에 띄지 않고 조용히 지나가는 듯 보여도 이것이 지닌 파괴력은 치명적이다. 우리가 공기 안에 쏟아 놓는 독은 평범하고 일상적인 행위로 생성되고 이것 역시 눈에 보이지 않는다. 조금 춥다고 에어컨을 켜고, 조금 편하자고 약속 장소에 차를 가져가고, 음식을 많이 남겨 쓰레기통에 버린다. 이런 일상적인 행위의 결과는 수년간 막대한 인구 집단 전체에 걸쳐 서서히 누적된다. 개별 행동 하나하나가 만들어내는 피해는 눈으로 알아보기가 어렵다. 배출 가스의 실질적인 주범인 원자력 발전소나 천연 가스 유정이나 농장이나 쓰레기 처리장은 우리가 사는 도시와 멀리 떨어져 있어 눈으로 확인할 수가 없다. 이런 피해가 일어나고 있다는 사실을 알기 위해서는 먼저 지식이 있어야 하고 상상력도 필요하며 전문가들에 대한 신뢰도 있어야 한다. 전문가들은 지금 당장은 선명하게 드러나지 않는 무언가를 예측하고 있다. 화석 연료 기업들이 기후 변화를 부정하는 프로파간다로 대중을 호도하는 것은 생각보다 쉽고 전혀 놀랍지도 않다.[8] 놀라운 일은 그들의 양심이 그런 일을 벌이도록 허락한다는 사실이다.

우리의 문화 때문에 물리적인 진실을 인식하지 못할 수도 있다. 현대 사회의 소란과 화려함에 눈이 멀어, 우리는 실제로는 우리가 의존하고 있는 자연의 체계와 단절되어 있다. 음식은 마트에서 플라스틱 용기에 포장된 것을 사다 먹고 물은 수도꼭지에서 콸콸 나온다. 공기, 물, 온도, 그리고 함께 이 세상을 공유하며 우리를 버티게 해주는 동식물로 이루어진 보이지 않는 그물망은 좀처럼 우리의 머릿속에 떠오르지 않는다. 늘 그렇지만 우리는 당연하게 여기지 않아야 할 것을 당연하게 여긴다.

의사들도 자연과 인간의 단절을 자연스럽게 여기기도 한다. 우리가 숨 쉬는 공기를 마치 건물이 만들어내기라도 한 것처럼 '실내 공기'라고 칭한다. 우리 의사들은 호흡의 메커니즘을 매우 잘 이해하고 있다.[9] 공기의 21퍼센트만이 생명을 유지하는 데 필요한 산소로 이루어져 있고 나머지는 대체로 인간의 신체가 필요로 하지 않는 질소와 극소량의 가스다. 우리는 횡격막이 수축하면 가슴 속을 진공 상태로 만들고, 그 힘으로 입과 코로 들어온 공기가 마침내 기도의 끝에서 작은 풍선 모양의 수백만 개의 폐포를 채워준다는 것도 알고 있다. 모세혈관은 마치 어망처럼 그 폐포를 둘러싸고 있는데 이 작은 혈관이 폐포에서 산소를 흡수해 심장으로 내보내고, 심장은 다시 산소를 각각의 장기와 조직으로 펌프질해 내보낸다. 동시에 모세혈관은 대사 작용의 부산물인 이산화탄소를 다시 폐포로 보내서 숨을 내쉴 때 배출되도록 한다.

우리는 호흡에 내해서 이렇듯 살 알고 있다. 그러면서 동시에 우리는 호흡에 대해 너무나도 모른다. 내 환자들, 우리 어린이들, 이 세계의 건강이 변하고 있으며 우리 모두가 이제 그 변화를 느낄 수 있다. 숨쉬기에 대해서 살면서 한 번도 제대로 생각해본 적이 없다가 숨을 쉴 수 없게 되었을 때 비로소 생각하게 된다는 사실이 어찌 보면 우스울 정도로 황당하지 않은가?

독성 위에 지은 세계

일반 과학자가 아니라 소아과 의사가 나서서 사회에 경종을 울려야 하는 작금의 상황은 역사적으로도 매우 기이하다고 할 수 있다. 여러 면에서 현재 미국 아이들의 건강이 역사상 최상의 수준에 있기 때문이다. 1800년대 중반에 도너 원정대가 미국의 대평원을 횡단하려고 나섰을 때는 평균적으로 아이 다섯 명 중 두 명이 다섯 살이 채 되기 전에 죽었다. 1953년 뉴욕시의 사망 인구 절반이 다섯 살 이하 영유아였다.[10] 아기를 잃는 것은 비극적이면서도 아주 흔한 일이었고 모든 부모는 아이를 낳자마자 이 어린아이가 병에 걸릴 수 있다는 공포 속에서 살았다.

아이의 사망이 너무 흔했다면 부모가 느낀 충격이 적었겠다고 상상하고 싶을 수도 있다. 하지만 자녀의 사망은 언제나 그러했고 앞으로도 그럴 테지만 인생에서 가장 아픈, 창자가 끊어지는 듯한 극심한 고통이다. 1862년에 에이브러햄 링컨의 셋째 아들 윌리가 장티푸스로 세상을 떠났을 때 링컨의 아내는 매우 상심했다. 링컨은 아내가 이러다 정신을 잃을 수 있겠다고 생각했다. 링컨 또한 몇 주 동안 전혀 일을 할 수가 없었다. 그는 말했다. "불쌍한 우리 아들. 우리 아가는 이 세상에 살기에는 너무 천사라서 데려가신 것이 아닐까…… 우리가 그 아이를 얼마나 사랑했는지. 아이가 죽었다는 것이, 죽을 수밖에 없었다는 것이 너무나 원통하다."[11]

월리의 담당 의사인 로버트 스톤 박사는(3년 후에 링컨이 포드 극장에서 총격을 당했을 때 돌보았던 의사이기도 하다) 아이의 생명을 구하기 위해 사방팔방으로 할 수 있는 모든 방법을 다 써보았다.[12] 나무껍질을 달인 물을 먹이기도 하고, 수은제 설사약처럼 지금 우리의 눈으로 본다면 오히려 아이에게 해로운 약도 써보았다. 월리는 아마도 페니실린 주사 한 방이면 생존했을 것이다. 물론 페니실린이 존재했을 때의 이야기이다.

하지만 내가 이 사건에 대해 이만큼 아는 이유는 의과 대학에서 공부하던 시절에 관련 내용을 읽었기 때문이다. 실제로 나는 장티푸스에 걸린 환자를 직접 본 적도 없다.

콜레라와 천연두, 소아마비나 디프테리아도 마찬가지다. 한때 너무나 많은 영유아를 사망에 이르게 했던 전염병들, 링컨 시대의 스톤 박사라면 하루에도 몇 번씩 접했을 그 병들은 미국에서는 사실상 거의 소멸되었다. 백신의 빌진과 징수 시설의 개선, 항생제의 개발로 현대의 영유아 사망률은 극적으로 낮아졌다.[13] 19세기 중반만 해도 출생 후 1년이 채 되기 전에 사망한 아기들의 비율은 전체 사망률의 5분의 1을 차지했으나 오늘날에는 100분의 1도 되지 않는다.

하지만 아이들의 생명을 위협하는 이 병들을 정복하고 나자 이제는 더 규모가 크고 더 실존적인 위협이 나타났다. 탄소 배출 가스는 산업혁명 시대 초기에 인간이 처음 화력 발전소에서 석탄을 연료로 사용할 때부터 공기 중에 축적되어왔다.[14] 이로 인해 지구의 평균 지면 온도는 1850년부터 서서히 높아졌고 그러다가 최근 몇십 년 사이에 걱정스러울 정도로 급격하게 치솟고 있다.[15]

이제 우리는 우리가 알고 누리는 현대 생활이 느리고도 아이러니한 독성 위에 지어졌다는 사실을 마주한다. 오늘날 의사들이 심장 질환을 앓는 아기들을 구할 수도 있지만 아기를 구하기 위해 병원으로 차를 몰고 가는 행위가 아주 미세하게나마 그 아기가 살아갈 세상의 종말을 앞당기고 있다고 할 수 있다.

현대 의사인 나는 스톤 박사가 감히 꿈도 꿀 수 없었던 일들을 할 수 있다. 초음파로 아이들의 신장을 볼 수 있고 MRI로 아이의 두뇌를 찍을 수도 있다. 혈액 한 방울로 신생아가 어떤 종류의 질병을 앓고 있는지도 알아낼 수 있다. 하지만 의사로서 나는 새로운 잠재적 공포를 보고 있다. 이 공포의 끝을 죽 따라가다 보면 어쩌면 남북전쟁 시대의 의사들도 놀랄 만큼 두려운 일이 벌어질 것만 같다.

내가 이런 생각을 하게 된 건 컴퓨터 모델이 시시각각 우리가 마주하게 될 세계의 그림을 보여주고 있어서다. 그 모델에 따르면 각국이 국제 사회에 약속한 기후 공약을 철저히 지킨다고 해도 2100년에 이르면 지구의 온도는 산업혁명 이전 시대보다 2.5도에서 2.9도 더 높아진다.[16] 그나마 재생 에너지의 가격이 하락하면서 불과 몇 년 전 '현 상태 유지 모델'에 따라 지구 온도가 평균 4.5도가 더 높아지리라 예측하던 때에 비하면 나아진 수치다.[17] 하지만 이미 지구의 기온이 1.2도 상승했을 때도 기후 변화가 건강에 미치는 영향은 점점 광범위해졌고 심각해졌다.[18] 국제연합UN의 발표에 따르면 현재의 추세로 간다면 지구와 인간은 "끝이 보이지 않는 고통"을 겪게 될 것이다. 다시 말해 지금 공격적인 조치를 취하지 않는다면 19세기의 부모와 의사를 부러워하는 단계까지 갈지도 모른다.

기온이 높아지면 왜 세상은 더 위험해질까? 일상에서 인간은 동사할 정도로 추운 기온부터 화상을 입을 정도로 뜨거운 기온까지 경험하며 살아왔다. 지구의 평균 온도가 몇 도 더 상승하는 것이 왜 그토록 인간의 건강에 심각한 위협이 되는가? 그리고 왜 그 위협은 특히 어린이들에게 치명적일까?

그레이트베이슨 사막을 건넜던 도너 원정대의 개척자들도 알았듯이 극단적인 더위가 닥치면 목숨을 잃을 수 있다. 가뭄이 이어져 농작물이 피괴되고 식량 수급에 문제가 생길 수도 있다. 기후 변화로 인해 대기 오염이 심해지면 알레르기 환자가 늘어날 것이고 많은 이들이 호흡기 관련 질환을 앓을 것이다. 지구 온난화는 200년에 걸쳐 이뤄낸 공중 보건의 발전을 위협할 것이며, 우리가 공격적이고 신속하게 대응하지 않는다면 수십억 명의 건강에 위협이 될 것이다. 이 급변하는 세상 속에서 어린이들은 그들의 부모보다 더 큰 위협을 받고 있다.

어린이들의 폐는 다르다

림 화재 기간 중 우리 병원에 온 애나는 산불 때문에 생긴 다량의 유해한 먼지 입자와 해로운 공기를 들이마시고 있었다. 산불이 애나에게 미친 결과는 애나의 엄마나 나 같은 어른들이 받은 영향보다 훨씬 더 컸다. "아이들은 그냥 작은 성인이 아닙니다." 소아과 의사들이 자주 하는 말이다. 어린이들의 생리와 신진대사는 어른과 확연히 달라 산불을 비롯한 여러 이유로 대기 오염이 심각해지면 훨씬 더 위험한 상황에 놓인다.

우리의 폐와 달리 애나의 폐는 계속해서 변하는 중이다. 애나가 태어나기 전에 기도, 즉 숨을 들이쉴 때마다 산소를 폐로 이동시키는 통로는 마치 성장하는 나무처럼 가지가 분리되기도 하고 확장되기도 하면서 점점 더 작은 V자 모양의 가지들로 뻗어나간다. 그리고 각각의 가지 끝에는 혈액과 공기가 만나는 매우 작은 주머니인 폐포가 위와 같은 방식으로 형성되고 복제되기 시작한다.

하지만 이러한 과정은 출생 이후에도 계속된다. 신생아일 때는 2000만 개에서 5000만 개의 폐포가 있고 성인이 되었을 때는 3억 개에서 5억 개의 폐포가 있으니, 아기는 태어날 때 극히 일부의 폐포만 갖고 있는 것이며 폐 조직의 대부분이 아직 형성되지 않았다.[19] 청소년기가 끝나갈 즈음에 애나의 폐의 표면적은 수 겹으로 증가하고 그것을 다 펼쳤을 때는 라켓볼 코

트 하나 크기에 달한다.[20]

출생 이후에도 폐의 성장이 이루어진다는 점은 아이들이 환경의 해악에 더 취약할 수밖에 없다는 사실과 어린이의 신체와 그들을 둘러싼 세계가 밀접하게 관련되어 있다는 사실을 분명히 보여준다. 애나가 숨을 들이쉴 때마다 몸속으로 들어가는 공기의 질이 말 그대로 아이의 폐를 형성한다. 공기가 깨끗하다면 애나의 폐는 신비로운 성장과 팽창의 과정을 지속적으로 겪게 된다. 하지만 하늘이 텁텁한 연기로 두껍게 뒤덮힌다면 어떨까? 애나가 우리 병원에 온 그날처럼 하늘이 뿌연 미세 먼지로 가득하다면 아이의 폐의 성장은 저해되거나 지연될 것이다. 대기 오염 물질은 폐 세포에 해를 끼치고 폐포의 분열과 증식을 방해한다.[21] 그렇게 되면 호흡계 발전에 중요한 유전자가 '작동이 멈추는' 것처럼 보일 수도 있다.[22] 그 결과 만성적인 대기 오염에 노출된 어린이들은 더 작고 약한 폐를 갖게 되고, 더 작은 폐는 더 적은 공기를 실어 나르게 된다.[23]

만약 어린이들이 영유아기에 심각한 대기 오염 지역에서 벗어날 수만 있다면 이들의 심폐 기능은 점차 회복될 것이다.[24] 하지만 깨끗한 공기가 있는 지역으로 이주하는 것이 쉬운 일은 아니다. 미국 인구의 36퍼센트가 오존 지수와 미세 오염 입자가 건강에 적절한 기준치보다 높은 카운티에서 산다.[25] 이 두 가지 오염 물질은 아동들의 심폐 기능 악화와 지구 온난화와 가장 밀접한 관련이 있다.

박테리아, 바이러스, 곰팡이가 우리 몸으로 진입하는 주요 경로인 폐에는 특별한 면역 세포들이 있어 우리가 해로운 입자를 흡입하지 못하게 보호해준다. 그러나 산불의 연기와 재 같은 대기 오염 물질은 폐의 면역 체계 발달을 방해하기에 아이들은 기관지염이나 폐렴 같은 폐 관련 질환에 더 쉽게 노출된다.[26] 특히 애나처럼 천식을 앓는 아동들은 폐렴에 걸릴 위험이 높기 때문에, 대형 화재가 자주 발생하는 상황에서는 특히 더 취약하다.

영유아기에 폐의 성장에 영향을 받은 어린이들이 열여덟 살이 된다고 해서 어릴 적 미친 영향이 마법처럼 사라지거나 해결되지는 않는다. 어린 시절에 일어난 어떤 일이 평생의 건강에 큰 영향을 미칠 수 있다. 일찍부터 폐 기능이 손상된 아이들은 발육이 늦어지고 학습 능력이 떨어지는 등 행동 발달이 지연될 수도 있다.[27] 이들이 성인이 되었을 때는 호흡기 질환이나 심혈관 질환을 앓게 될 가능성이 높고 조기 사망 위험도 더 클 것이다.[28] 아직 어린 폐에 가해진 손상은 일생 동안 점점 파급 효과를 일으켜 결국 개인을 넘어 건강 보험 체계와 경제와 이 사회 전반에까지 부정적인 영향을 끼치게 될 수도 있다.[29]

어떤 아이들은 태어나서 첫 호흡을 시작하기도 전에 이미 피해를 입는다. 임신부가 임신 중에 흡입한 오염 물질은 태반을 통과하여 태아의 면역 체계와 폐, 심장, 뇌의 발달을 방해할 수 있다.[30] 임신 중 오염 물질에 노출되면 태아 발육이 저해되고 조산의 주요 원인이 되기도 하는데 미국에서 임신 37주 이전에 출산하는 조산은 신생아 10명 중 1명꼴로 발생한다.[31] 조산아 중 특히 임신 32주 이전에 태어난 아이들은 아직 폐가 성장하지 못한 상태이기에 오염 물질로 인한 건강 손상에 더 취약하다.[32] 이들은 이후 천식을 비롯한 폐 질병에 걸릴 확률도 높고 공기 오염에 노출되었을 때 쉽게 허약해지거나 쉽게 아플 수 있다.

하지만 오직 완성되지 않은 취약한 폐 때문에 어린이들이 더 큰 위협에 노출되어 있다고 말하는 것은 아니다. 아기들은 더 빠르고 밭은 숨을 쉰다. 아기들은 쉬거나 잘 때도 쌕쌕거리며 숨을 내쉬고 마시는데 아마 애나는 부모보다 최대 2배 정도 숨을 빨리 쉴 것이다.[33] 게다가 아이의 폐의 표면적은 어른보다 작지만 전체 체중에 비해서는 상대적으로 크다.[34] 따라서 아기는 체중 1킬로그램당 50퍼센트 더 많은 공기를 들이마신다.

더 자주 숨을 쉬고 폐의 표면적이 넓으며 너 많은 공기를 들이마신다는 것은 곧 아이들이 체중에 비해 성인보다 더 많은 양의 대기 오염 물질에 노출된다는 뜻이기도 하다.

또한 아이들은 놀이터나 야외에서 뛰어노는 시간이 많고 지면 가까운 곳의 공기를 마시는데 이 지면에는 자동차 배기가스가 집중적으로 모여 있다.[35] 학령기 어린이는 성인보다 입으로 숨을 쉬는 경우가 많고 아이들의 어리고 연약한 코는 오염 물질을 잘 걸러내지 못한다.[36] 이 두 가지 특성으로 인해 아이는 공기 중에 떠 있는 고체나 액체 입자인 미세 먼지를 더 많이 들이마실 위험이 높다. 아이들의 기도를 둘러싼 세포가 유해한 오염 물질에 더 쉽게 손상되면서 이들의 폐는 흡입하는 위험 물질에 더 취약한 상태가 되는 것이다.[37]

요약하면 만성적인 대기 오염에 노출된 아이들은 더 작고 뻣뻣한 폐를 갖게 될 가능성이 높으며 천식, 폐렴, 기관지염에 걸리기 쉽고 깨끗한 공기 속에서 자란 어른들보다 더 이른 나이에 사망할 위험도 높아진다. 하지만 부모와 소아과 의사 들은 아이가 쌕쌕거리며 숨을 가쁘게 쉬거나 기침이 잦아질 때 바로 화석 연료나 기후 변화를 떠올리지 않는다. 아이의 증상을 집 근처의 석탄 화력 발전소라든가 혼잡한 도로 교통이라든가 점점 더 뜨거워지는 지구와 연결 짓지 않는다. 눈에 보이지 않으니 마음에서 멀어진다는 말이 이 상황에서도 적용되는 것이다. 하지만 대기 오염이 눈에 선명하게 보인다면, 도시 전체를 숨막히게 만든다면 어떨까? 그때부터는 이야기가 달라진다.

불타오르는 나무들

"이게 다 무슨 일이죠." 2018년 여름에 한 젊은 아빠가 세 살짜리 아들이 입원한 병원의 침대 옆에 앉아 물었다. 그는 창문가에 서서 3주째 리노를 회색 담요처럼 덮고 있는 뿌연 연기를 바라보며 중얼거렸다. 그의 앞에서 도심의 고층 빌딩이 만들어낸 희미한 그림자가 천천히 움직이는 연기 사이로 나타났다 사라졌다.

이 연기는 우리 도시와는 산맥 하나를 두고 떨어져 있는 북부 캘리포니아의 카 화재와 멘도시노 콤플렉스 화재 현장에서 불어오는 것이었다. 이 연기로 인해 우리 소아과 병동은 기침하는 아이들로 가득 찼다. 입원실에는 남자의 아들과 또 다른 네 살짜리 환자 리엄이 입원해 있었고 둘 다 코에 끼우는 산소관으로 산소를 공급받고 있었다. 투명하고 얇은 관이 귀에서 귀로 이어지고 양쪽 콧구멍에는 짧은 관이 꽂혀 있었으며 아이들의 양 볼에는 그 관들을 고정하기 위한 테이프가 붙어 있었다. 두 소년 모두 이전에는 숨쉬기가 곤란했거나 산소가 필요했던 적이 없었다.

나는 환자들의 병실 침대 사이에서 그 아빠가 혼잣말을 하는지 아니면 나에게 실문을 하는지 확신하지 못하고 서 있었다. 그때 갑자기 내 오른쪽에 있던 리엄이 손으로 얼굴을 비비며 울더니 코에 꽂힌 산소관을 뽑아버렸다. 삐. 삐. 삐. 소리가 울렸다. 리엄의 산소 포화도가 낮아졌다는 신호음이었다. 엄마는 아이를 살살 달래면서 다시 산소관을 콧구멍에 조심스럽게 꽂았다.

"조금만 더 참으면 금방 집에 갈 수 있어." 나는 웃으며 이렇게 말했다가 순간적으로 내 말을 의식했다. 이런 유아에게 금방이라는 말이 나와는 완전히 다른 의미로 들릴 수 있다는 점을 알아서였다. 아이는 자기의 작은 반항이 실패로 돌아가자 풀이 죽어버렸다.

애나가 림 화재가 났던 무렵에 우리 병원을 방문한 뒤부터 5년이 흐른 시점이었다. 그 이후로 매년 산불이 빈번해지는 시기마다 연기가 도시로 흘러 들어왔지만 그해는 대기의 질이 유난히 나빴다.

그해 여름 한 달 동안 우리는 파란 하늘을 거의 보지 못했다. 세상이 시야 몇 미터만 보이는 세상으로 축소된 느낌이었다. 우리의 신경은 위태로워지고 있었다. 한번은 차를 운전해서 병원으로 가고 있는데 뿌연 연기 속에서 패스트푸드점 유니폼을 입은 십 대 소녀가 갑자기 튀어나와 기겁한 적이 있다. 소녀는 인도를 걷고 있었는데 얼굴에는 흰 수건을 덮고 있었다. 백미러로 다시 보니 소녀는 이미 연기 속으로 사라져서 보이지 않았다. 마치 환영을 본 것 같았다.

이제 병실 안에서 나는 그때 얼굴에 수건을 덮고 있던 소녀와 코와 귀에 산소관이 연결된 어린 소년들에게 어떤 미래가 기다리고 있을지 생각한다. 리엄은 보통 한시도 가만히 있지 못하고 뛰어다니는 꼬마 소년이지만 지금은 산소 펌프와 모니터에 연결된 채로 병원 침대에 축 늘어져 누워 있다. 그의 이마에는 땀에 젖은 머리카락 몇 가닥이 붙어 있다. 아이의 엄마는 침대 옆에 바짝 앉아서 아이의 가슴을 조심스럽게 쓸어내리고 있다. 이 아이는 최악의 공기가 지속되는 날들 중 엄마 몰래 딱 하루 바깥에 나가 놀았고 결국 병원에 입원까지 하게 되었다.

리엄의 병실 룸메이트인 세 살짜리 아이는 인형 옷 같은 소아과 환자복을 입고 맞은편 벽에 붙어 있는 텔레비전을 멍하니 바라보고 있다. 텔레비전은 반짝이는 밝은 색감의 기하학적 장식들 사이에 놓여 있고 그 위의 조명 패널은 푸른 하늘과 구름처럼 보이도록 꾸며져 있다. 텔레비전 화면 속에서는 바람막이 재킷을 입은 한 기자가 꼬마 환자와 마주 보고 있다. 기자는 한 손에는 마이크를 들고 다른 손으로는 나무가 거세게 불타고 있는 언덕을 가리키고 있다.

그의 아빠는 여전히 기운 빠진 얼굴이었고, 「환상 특급」에서나 볼 법한 바깥 풍경에서 눈을 떼지 못했다. 조금 전에 그는 나에게 조경 관련 일을 하고 있다고 말했다. 지난 한 달, 이 숨막힐 듯한 공기와 기록적인 더위 때문에 지옥 속에서 일하는 것 같았다고 했다. 그 말을 하자마자 그는 그을린 근육질의 팔 위에 그을린 얼굴을 묻고서 굵은 기침을 내뱉었다.

이게 다 무슨 일이죠. 그가 내뱉은 문장은 병실 안에서 여전히 떠돌고 있었다. 나는 텔레비전 속 기자가 답을 해줄 수도 있을 거라고 생각했다. 하지만 기자는 이 위기를 손으로 가리킬 수는 있어도 이름을 붙이지는 못했다.

차에서 내려 주차장에서 병원까지 걷는 그 짧은 시간 동안 머리가 아프고 눈이 따가웠다. 나는 의사가 되기 전에 산림학과 환경학을 전공했기에 어쩌면 지금 우리가 겪고 있는 상황을 다른 소아과 의사보다는 더 잘 설명할 수 있다. 림 화재 이후에 실시된 100여 건의 연구 결과는 모두 같은 원인을 지목한다.[38] 나는 왜 서쪽 지역에서 1억 2900만 그루의 나무가 불타 죽었는지, 그리고 그 죽은 나무들이 왜 산 전체를 갈색의 발진 자국처럼 덮고 있는지 안다.[39] 왜 기온이 상승하는지, 왜 저 죽은 나무들이 작은 불씨에도 언제든 폭발할 만큼 건조해졌는지도 안다. 왜 산림 관리 담당자와 전력 회사들이 날로 심화되는 위험을 방치하고 나무들을 불쏘시개가 되도록 방치했는지 안다.[40] 왜 산불이 예전보다 더 규모가 커지고 더 진압이 안 되고 더 자주, 오랜기간 일어나고 있는지 안다.[41] 왜 이 남자의 아들과 리엄이 병원에 오게 되었는지도 알고 있다.

나는 보통은 어려운 주제를 돌려 말하거나 피하는 사람은 아니라서 환자의 부모들과 의견이 엇갈려도 할 말은 똑바로 하는 편이다. 하지만 지난 몇십 년간의 정치적 선동과 당파 싸움은 여론을 조작해 기후 과학을 정치적 논쟁거리로 만들어버리고 말았다. 창문 밖에서, 텔레비전으로, 이 소아과 병실에서 우리 모두가 지금 눈앞에서 똑똑히 보고 있는 현실을 입 밖으로 소리 내어 말했다가는 내가 너무나 소중하게 여기는 가치, 즉 나와 환자 가족의 관계를 망치게 될지도 몰랐다.

하지만 나는 병실에 부모들과 있으면서 차마 말이 나오지 않는 또 다른 이유를 깨달았다. 우리 도시를 사로잡고 있는 이것에 이름을 붙여버리면 진짜 현실이 되어버릴까 봐 두려웠던 것이다. 왜냐하면 나에게는 이 현실과 싸우는 데 필요한 치료약이 없었다. 다른 모든 문제에 관해서만큼은 나는 환자의 부모와 마음을 열고 상의한다. 조언을 하고 처방전을 주고 추가 검사를 실시하게 하고 전문의를 만나보라고 권한다. 간절한 눈빛으로 나를 바라보는 부모의 아이들을 도와줄 수 있는 방법을 내가 아는 한 말해줄 수 있다. 하지만 이 상황에서 내가 과연 무슨 말을 할 수 있을까?

이 세상의 모든 어린이들을 위해 싸운다는 마음이 있어야 자신의 자녀도 보호할 수 있다. 우리가 갖고 있는 유일한 약은 서로의 존재뿐이다. 또한 우리가 할 수 있는 유일한 일은 함께 목소리를 내고 말하는 것, 우리를 여기까지 오게 만든 기업들의 판단을 거부하는 것이다. 왜냐하면 이 짙은 연기와 쉽게 아픈 아이들과 우리의 학습된 무기력과 침묵은 모두 그들이 원하는 전략이고 그들이 자기들이 원하는 길을 사기 위해 쓴 수십억 달러의 결과이기 때문이다. 우리 시민들은 마치 그들의 차에 탄 승객들처럼 행동한다. 그러면서 그들이 아이들을 싣고 점점 더 빠르게 내리막길을 달리고 있는데도 그들의 손에서 운전대를 뺏으려 하지 않는다.

"기후 변화 때문이죠." 내가 그 아빠에게 말했다.

아빠의 얼굴이 순식간에 굳어졌다. 그는 자기 아들 쪽으로 돌아섰고 희미한 미소를 지으면서 이불 안에서 살짝 올라온 작은 발을 감싸 쥐었다. "그러게요." 그가 말했다. 그는 사실 자기 질문의 답을 알고 있었지만 자기 입으로 말하고 싶지 않았을 뿐이다.

하지만 리엄의 엄마는 우리가 모두 똑같은 생각을 하고 있다는 것을 바로 깨달았다. "그런데 헨드릭스 선생님! 다들 그렇게 말하는 거 아시죠?" 그 엄마는 한 손으로 창문을 가리키고 다른 손으로는 아들과 기계를 가리키며 말했다. "걱정하지 말라고요. 기후 변화가 가짜라고요."

연기 속의 미세 입자

나는 부모와 환자와 인사를 하고 밖으로 나왔다. 그때 갑자기 이상하게도 희망적인 기분으로 변했다. 기후 변화 이야기를 꺼냈다가 또다시 반박을 받거나 논쟁을 할 줄 알았는데 동지를 만난 것이다. 약간의 냉소가 깃든 그 엄마의 말 몇 마디가 몇 주 동안 우리를 가리고 있던 암울한 커튼을 걷어내고 명백한 진실을 드러냈다. 기후 위기는 단지 비극일 뿐 아니라 부조리극 같기도 했다.

나는 번들거릴 정도로 윤이 나는 병원 복도를 걸었고 아이들의 기침 소리와 울음소리와 삐삐거리는 기계 소리로 가득한 병실을 지나갔다. 아마 미 서부 지역에서 근무하는 수많은 소아과 의사들도 나와 비슷한 장면을 목격하고 있을 터였다. 내가 어릴 땐 미국에서 산불이 난다 해도 약 400제곱킬로미터의 땅을 뒤덮는 화재가 발생한 적은 단 한 번도 없었다.[42] 이제 이러한 '초대형 산불megafires'◆은 시애틀부터 로스앤젤레스 혹은 미줄라 같은 도시에 저주를 퍼부었고 700만 명이 넘는 어린이들이 매년 화재 발생 기간 동안 독한 연기를 마시고 있다. 내 머릿속에 있는 계절성 질환 달력에는 '독감 유행 기간'이 있었는데 이제 '산불 기간'이 들어가게 되었다. 예전에는 따뜻한 계절이 오면 환자가 줄고 일정이 느긋해졌는데 이제는 이 계절이 두렵다.

하지만 연기 속에 무엇이 있기에 아이들이 이렇게 쉽게 앓는 것일까?

어떤 면에서 이 질문에 대한 답은 명백하다. 텔레비전 속 기자는 활활 타는 나무들을 가리키고 나중에 재가 되어버린 마을을 길이 나오면서 우리가 지금 숨 쉬고 있는 공기가 어떤 공기인지 몸소 보여준다. 초대형 산불은 산불의 손길이 닿은 대로 삼키고 증발시켜 버린다. 초대형 산불의 연기 속에는 산불이 태워버린 모든 것이 들어 있다.

대부분의 산불의 경우 바람이 부는 방향의 아래쪽에 사는

◆ 약 400제곱킬로미터 이상의 면적을 태우는 산불을 가리킨다. 지속 시간, 화재 강도, 대기 오염 규모, 소방 대응 불능 상태 등 여러 조건이 복합적으로 고려되기도 한다.

사람들은 자신이 어떤 공기를 들이마셨는지 완전히 이해하지 못한다. 하지만 림 화재의 경우 특수 항공기가 당시 산불로 발생한 검은 공기 샘플을 수집해 분석을 실시했다.[43] 거의 4년이 지난 후에 우리는 그 연기 속에 우리가 생각했던 것보다 3배 많은 미세 입자 오염 물질이 들어 있었고 90여 가지의 화학 물질, 포름알데히드, 벤젠, 시안화수소가 높은 농도로 포함되어 있었다는 사실을 알게 되었다.

이 중에서도 입자들, 즉 나무, 집, 자동차와 그 외에 타버린 모든 것에 포함된 미세한 조각과 극소 액체 입자는 대체로 산불이 만들어내는 가장 위험한 오염 물질로 여겨진다. 연기는 짙은 색의 재 가루와 먼지로 가득하지만 우리 눈에 보이는 재와 불씨는 우리가 볼 수 없는 것에 비하면 덜 해롭다고 할 수 있을 정도다. 현미경으로만 보이는 수준의 미세 입자가 어마어마하게 포함되어 있어서 더 위험하기 때문이다. 법으로도 규제되는 가장 작은 크기의 입자인 PM2.5는 지름이 2.5마이크로미터도 채 되지 않으며 이는 사람 머리카락 굵기의 30분의 1에 해당한다.[44] 산불 연기에는 이보다 더 작은 0.1마이크로미터 이하의 초미세 입자가 다량 포함되어 있다.

이 미세 입자들은 바람을 타고 수천 킬로미터를 이동한다.[45] 크기가 워낙 작아서 인간의 폐 깊숙한 곳까지 침투할 수 있는데 쉽게 체내로 흡수되기에 인체와 건강에 더 위협적이다.[46] 초미세 입자들은 폐포를 쉽게 통과해 혈류를 타고 들어가 심장이나 뇌와 같은 중요한 기관에 치명적인 피해를 입힐 수도 있다.

이러한 미세 입자는 산불이 일어날 때만 발생하는 것은 아니다. 석탄, 석유, 천연 가스 같은 화석 연료를 생산할 때도 발생하고 화력 발전소와 디젤 트럭, 비행기와 자동차 등에 사용되는 연료에서도 대량의 미세 입자가 발생한다.[47] 지난 50년 동안 미국에서는 청정대기법Clean Air Act♦으로 차량 배기 가스와 제조업에서 발생하는 배출 가스가 크게 감소했다.[48] 하지만 과학자들의 추정에 따르면 놀랍게도 2018년 한 해 미국의 전체 사망률의 13퍼센트, 전 세계적으로 870만 명의 사망 원인이 화석 연료의 미세 입자였다.[49]

현재 산불의 화력이 점점 거세지면서 공기 중 미세 입자의 농도가 짙어지고 있는데, 특히 산불이 자주 일어나는 미 서부 지역에서는 미세 입자가 기후 위기와 관련된 중대한 건강 위협 요인으로 꼽힌다. 2017년에서 2021년 사이 연기 오염의 심각성과 연기 오염에 노출된 미국인의 숫자 모두 증가했고, 그 기간 말에는 산불 입자에 심각하게 영향을 받는 카운티에 거주하는 미국 인구는 6400만 명에 가까웠다.[50] 최악의 '단기 입자 오염short-term particle pollution'이 발생하는 도시는 대체로 서부에 몰려

♦　1963년 발의된 미국의 환경 관련 주요 법안. 대기 오염 규제를 통해 공중 보건과 환경을 보호하는 목적으로 발의되었으며 미국 내 대기질 개선과 호흡기 질환으로 인한 사망률을 감소시키는 데 크게 기여했다.

있다. 하지만 2023년에는 캐나다에서 시작된 산불이 미 북동부와 오대호 지역을 뒤덮었고 뉴욕과 시카고처럼 이전에는 연기 피해에서 벗어나 있던 도시들도 역대 최악으로 나쁜 대기질을 경험했다.[51] 미국인들은 이제 불타는 숲으로 인해 건강상에 피해를 받는 지역이 비단 서부에 국한되지 않는다는 사실을 깨닫고 있다.

이러한 경향은 충격적인 사실을 시사한다. 기록적인 산불이 일어난 2020년에 PM2.5로 인해 사망한 캘리포니아의 65세 이상 시민은 최대 3000명에 이를 것으로 추정되는데 이는 실제 화재로 숨진 사람들보다 몇 배 더 많은 숫자다.[52] 성인의 경우에 미세 입자 오염은 심장 마비, 뇌졸중, 폐암뿐 아니라 만성폐쇄성폐질환, 당뇨병, 신장 질환과 치매 위협까지 높인다.[53] 또한 코로나19 또한 입자 오염 수준이 높은 지역에서 더 쉽게 전파되고 더 심각한 질병을 유발하며 더 높은 사망률을 보이는 것으로 나타났다.[54] 리노만 해도 2020년 산불과 관련된 질병률이 18퍼센트 증가했다. 서부에서 코로나19의 피해가 연기 때문에 정확히 얼마나 더 악화되었는지는 아직은 알 수 없다. 확실히 드러난 사실은 어떤 도시에서 오염 입자 수치가 증가하면 비사고성 사망률도 함께 증가한다는 점이다.[55]

산불 연기가 우리 어린이들에게 미치는 영향에 대한 연구는 매우 드문 편에 속한다. 연기 속의 성분이 워낙에 복잡하여 화재마다 다를 수 있기에 완전한 결과를 내놓기가 어렵다. 하지만 연기 속에 있는 미세 입자를 연구한 세 편의 논문이 2003년, 2007년, 2017년 남부 캘리포니아에서 발생한 산불을 분석하며 연기 속 미세 입자가 어린이의 호흡기 건강에 심각한 영향을 미친다는 사실을 밝혀냈다.[56] 연기가 불어오는 지역에 거주했던 어린이와 청소년은 천식, 기관지염, 폐렴, 부비동염(축농증), 알레르기 증상의 단기 발병률이 더 높았다. 그 지역 사회가 들이마신 연기의 양이 많을수록, 즉 공기의 질이 나쁜 날들이 길어지고 미세 먼지 농도가 더 높을수록 어린이들의 호흡기 질환 발병률이 높았다. 한 논문에서는 5세 이하의 유아들이 가장 큰 영향을 받는 것으로 나타났다.

이러한 연구 결과에 비추어볼 때, 나는 산불 기간 중에 애나와 리엄이 기침을 심하게 하고 자주 쌕쌕거리고 숨이 가빠졌던 이유가 입자 오염 때문일 것이라 확신하게 되었다. 그에 대한 추가 증거는 리엄이 입원을 하고 몇 달 후에 우리 주립 대학의 보건 연구진이 네게 보내준 자료에서 드러났는데, 이 보고서에는 지역의 대기질과 천식으로 하루 동안 병원을 찾은 모든 연령대의 환자 수 비율을 나타내는 그래프가 있었다. 모든 대형 산불 기간 동안 그래프에는 뚜렷한 양상이 나타났다.[57] 즉, 대기 오염 물질의 곡선은 며칠에 걸쳐 오르락내리락했는데 하루이틀 정도 늦춰진 두 번째 곡선, 즉 질병의 곡선은 첫 번째 곡선을 그대로 따라가고 있었다. 나의 어린 환자들 또한 이 그래프 속 어딘가에 있다는 의미였다.

연기가 걷히면 어린이들의 증상도 사라졌다. 그런데도 내 걱정은 끝나지 않았다. 산불 속 유해 물질에 노출된 경험이 아이들의 건강에 장기적인 영향을 남길지도 모른다고 생각하기 때문이다. 스탠퍼드대학의 최근 연구에 따르면 캘리포니아 중부 지역의 초등학생을 대상으로 혈액 검사를 실시했는데 2015년 인근에서 일어난 한 차례의 초대형 산불에서 발생한 미세 입자가 실제로 어린이들의 DNA를 변화시킨 것으로 나타났다.[58] 좀 더 구체적으로 말하자면 대기 오염이 면역계의 핵심 요소인 T세포 형성에 필요한 유전자를 변화시켰다. 그 결과 이 지역 어린이들의 면역 세포의 개수는 더 적고 덜 건강했다. 이렇게 되면 훗날 알레르기나 감염병에 걸릴 가능성이 높아질 수 있다.

모든 대기 오염 물질이 평등하게 창조되지는 않았다. 산불에서 발생한 대기 속 오염 물질은 화석 연료에서 발생하는 입자보다 폐 염증을 더 쉽게 유발할 수 있고 환자의 병원 입원율을 높인다.[59] 실제로 샌디에이고 카운티에서 실시된 수년간의 연구에 따르면 산불에서 나온 PM2.5는 다른 출처의 입자와 비교해 어린이의 호흡기 문제를 유발할 가능성이 대략 10배가 높았고 특히 5세 이하 어린이에게 가장 큰 영향을 미쳤다.[60] 게다가 초대형 산불에서 발생한 입자들은 더 작은 규모의 통제 가능한 산불의 입자들보다 더 심각한 피해를 끼치는 경향이 있다.[61] 초대형 산불은 지독한 열기와 극심한 파괴력 때문에 더 많은 초미세 입자와 더 유독한 오염 물질을 만들어내기 때문인 지도 모른다. 예를 들어 매우 미세한 검은색 탄소인 '흑탄소black carbon'[*]에는 연기 속 화학 물질 및 중금속이 다수 포함되어 있다. 따라서 기후 변화는 결과적으로 그저 입자의 양만 늘리는 것이 아니라 입자의 독성까지 증가시키고 있다고 보아야 한다.

이런 상황으로 인해 어린이들은 또 다른 커다란 위협에 놓이게 된다. 예를 들어 발암성 오염 물질인 다환 방향족 탄화수소PAHs[**]는 산불로 인한 입자성 대기 오염 물질에 결합되어 있다.[62] 다환 방향족 탄화수소는 모두에게 해롭지만 그래도 성인의 간에는 이 화학 물질을 분해해서 몸 밖으로 배출하는 효소가 존재한다. 또한 성인의 다른 효소들은 오염으로 인해 손상된 세포 속 DNA를 복구하여 암 발생 가능성을 줄여주기도 한다. 하지만 태아나 영유아와 어린이의 장기는 이러한 방어 체계가 아직 발달하지 못했기 때문에 같은 '용량'의 다환 방향족 탄화수소에 노출되어도 더 큰 피해를 입을 가능성이 있다.

내 환자 가족 중 몇몇은 지독한 연기에서 벗어나기 위해 서부를 떠나 다른 지역으로 이사까지 했다. 하지만 초대형 산불로 인한 대기 오염은 미 전역으로 확산되고 있고 이제는 산불이 다른 지역으로까지 퍼지고 있기 때문에 연기를 완전히 피해서 사는 것은 사실상 어려워졌다. 어떤 사람들은 연기가 걷히고 하늘이 다시 파란색으로 돌아오면 우리를 뒤덮었던 연기를 까맣게 잊어버리거나 내년이면 아무 문제가 없을 거라 덮어놓고 믿어버리기도 한다. 그리고 나머지 우리 같은 일반 사람들은 새로운 계절의 변화를 현실로 받아들이고 적응하려고 노력한다. 나 같은 경우 코로나19 이전부터 환자들에게 N95 마스크 착용을 권해왔다. 아직 너무 어려서 마스크를 쓸 수 없는 아이에게는 카시트 위에 얇은 천을 덮으라고 말해주기도 했다. 근래에는 필수 전자 제품의 하나인 공기 청정기를 집에 들여놓는 가정이 많다. 사정이 여의치 않은 가정에서는 온라인에서 통용되는 지침을 참고해 다양한 수제 공기 청정기를 직접 만들어 사용하기도 한다. 학교들은 '미세 먼지가 심한 날'에는 야외 수업을 지양하고 실내 수업만 하거나 아예 휴교를 하기도 하며 어떤 학교는 교내에 바이러스와 유해 물질을 걸러내기 위한 특별 환기 시스템을 설치하기도 한다.[63]

우리 모두 제 나름의 방식으로 이 상황에서 살아남기 위해 노력하고 있다. 하지만 병원에 찾아오는 대부분의 부모들은 산불을 보면서 당연히 불안을 느낀다. 반복적으로 연기에 노출되었을 때 장기적으로 아이들의 건강에 어떤 영향을 미칠지에 대해서는 아직은 확실히 알 수 없다. 공기 속 유해 물질이 소아암의 발병률을 높이는 것은 아닐까? 아이들이 자라 성인이 되었을 때 심장 질환이 증가한다면 혹시 이 유해 물질이 원인이 아닐까? 이런 질문에 대한 구체적인 데이터는 아직 존재하지 않는다. 다만 대형 화재에서 발생한 연기가 며칠 동안의 기침이나 쌕쌕거림 이상의 건강 문제를 유발할 것이라고 믿을 만한 근거가 있다. 다른 미세 입자에 대한 방대한 연구 결과들이 이미 존재하기 때문인데 이를테면 화석 연료 연소와 관련한 연구다.

뇌에 상처를 남기다

앞서 미세 오염 물질을 정기적으로 흡수한 어린이가 더 작고 더 뻣뻣한 폐를 갖게 된다고 말했다.[64] 이 사실은 1993년에 실시한 아동 건강 연구 덕분에 밝혀졌다. 로스앤젤레스 인근 열 곳 정도의 지역 사회에서 초등학교 4학년생들을 대상으로 도시의 공기 오염이 아이들에게 어떤 영향을 미치는지를 추적했다. 연구자들은 8년 동안 각각의 도시에서 노출된 내기 오염의 정도에 따른 어린이들의 심폐 기능을 기록했다. 그리고 어린이들이 18세가 되었을 때 PM2.5 지수가 높은 지역에서 자란 어린이들은 PM2.5 지수가 낮은 지역에서 자란 어린이들에 비하여 폐활량에 '중대한 약점'이 있을 확률이 대략 5배가량 높다는 사실을 발견했다.

추적 조사 기간 중 공기가 더 맑은 도시나 지방으로 이사를 한 어린이들은 심폐 기능을 일부 회복하기도 했다.[65] 하지만 그러한 행운을 누리지 못한 어린이들은 폐 성장과 호흡 기능을 18세 이후에도 회복하지 못한 경우가 많았다.[66] 이 청소년 집단은 자신의 역량을 발휘하는 데 어려움을 겪었고 직업 기회도 제한될 수 있었다. 폐 기능이 손상된 이들에게는 만성 폐쇄성 질환, 고혈압, 심장 마비, 뇌졸중과 조기 사망의 확률까지 높아졌다. 다시 말하면 화석 연료 배출물 입자, 즉 자동차, 트럭, 공장에서 나오는 대기 오염 물질은 조용하고 은밀하게 아이들의 인생에 평생 동안 악영향을 미친다.

화재로 발생한 입자들도 같은 영향을 미친다고 주장할 만한 근거가 있다. 그러나 화재 오염 입자에 노출되는 것은 더 강력할 수 있다. 로스앤젤레스의 어린이들이 경험한 것보다 몇 배나 더 높은 수준일 수 있고 매일 지속되는 대신 한 계절에 집중될 수도 있다. 우리는 아직 '단편적이나 심각한' 공해가 '만성적이나 덜 심각한' 공해보다 더 좋거나 나쁜지 판단할 수 없다. 그래도 네바다는 아직 1년 중 대부분 공기가 맑은 편이기에 이 시기에 내 환자들의 폐가 오염이 덜한 남부 캘리포니아 지역으로 이사를 간 어린이들의 폐와 마찬가지로 회복될 수도 있을 거라고 희망하기도 한다.

2004년 이 연구가 발표된 이후 소아과 의사들은 대기 오염 물질과 이것이 초래하는 피해에 대해 훨씬 더 근거 있는 지식을 얻게 되었다. 이제 우리는 모든 연령대가 똑같은 영향을 받는 것은 아니며 아이가 어릴수록 위험이 더 크다는 것을 알게 되었다. 특히 저소득층과 소수 인종 가정의 아이들이 먼지 입자와, 그것과 결합되는 다환 방향족 탄화수소 같은 독소에 가장 심하게 노출된다는 점도 분명해졌다. 대체로 이들의 거주 지역은 근처에 고속도로나 발전소나 공장이 들어서는 경우가 많기 때문이다.[67] 또한 이럴 경우에 어린이들의 신체 중에 오직 폐만 피해를 받는 것은 아니라는 증거가 계속 수집되고 있다.

내 환자들 중에도 신생아들이 가장 위험에 취약하다. 아기들이 고농도 대기 오염에 노출되면 생후 1년 안에 사망할 가능성이 높으며 특히 호흡기 질환으로 사망할 위험이 크다.[68] 입자 오염은 영아 돌연사 증후군과 세균성 폐렴의 발생률을 높이고 아기에게 가장 치명적인 폐 감염인 바이러스 세기관지염viral bronchiolitis의 확률도 높인다.[69] 반대로 미세 입자 농도를 줄이면 영아 생존율이 올라간다. 컬럼비아대학의 연구에 따르면 미국의 화력 발전소를 재생 에너지로 전환할 경우 향후 30년 동안 입자 오염으로 인한 영아 사망률이 약 10퍼센트 감소하여 아기약 2500명의 생명을 구할 수 있을 것이라고 한다.[70]

출생 이전에 대기 오염에 노출되는 것도 해로울 수 있다. 임신부가 임신 초기에 대기 오염 물질을 흡입하면 태아의 선천성 심장 기형 발생 위험이 높아진다.[71] 이러한 태내胎內 노출은 여섯 살 이전의 암 발병 위험, 소아 고혈압, 소아 비만의 증가와도 관련이 깊은데 아마도 DNA의 변화나 우리 몸의 대사 기능을 조절하는 내분비선의 손상 때문일 가능성이 있다.[72]

대기 오염 물질은 태반에 침투해 염증을 일으키며 유산, 조산, 저체중아의 원인이 되기도 한다.[73] 아기가 너무 빨리 태어나거나 너무 작게 태어나는 데는 다양한 이유가 있을 수 있지만 대기 오염 또한 중요한 요인 중 하나다.[74] 2019년 전 세계 조산아 중 200만 명이 PM2.5 노출과 직접적으로 관련된 것으로 보고되었다. 개월 수를 채우지 못하고 작게 태어난 아기들은 호흡기 질환, 심혈관 질환과 발달 문제를 더 많이 겪을 수밖에 없다.[75] 실제로 조산에 따른 합병증은 다른 어떤 이유보다 전 세계 영유아 사망의 가장 큰 원인이다.[76]

아마도 최근 몇 년간 발표된 연구 가운데 가장 충격적인 것은 오염 물질이 어린이들의 마음, 즉 두뇌에도 상처를 입힌다는 결과일 것이다. 미세 오염 입자 농도가 높은 지역에서 살거나 그러한 지역에서 임신했던 어머니에게서 태어난 아이들은 학습 장애, 주의력 부족, 그리고 자폐 스펙트럼 장애를 겪을 가능성이 더 높게 나타났다.[77] 여기에는 매우 그럴듯하지만 받아들이기 불편한 원인이 있다. 즉 미세 입자가 두뇌까지도 침투한다는 사실이다.[78] 특히 미세 입자는 주로 코를 통해 흡입된 뒤 이동하며 이마 바로 뒤에 있는 뇌의 가장 앞부분인 오른쪽 뇌의 전전두엽prefrontal cortex으로 들어가 염증을 일으킨다.

이는 너무 충격적인 결과라 솔직히 나도 믿고 싶지가 않다. 하지만 과학자들은 대기 오염으로 악명 높은 도시 멕시코시티의 어린이들을 대상으로 하여 뇌 영상을 스캔했고 절반이 넘는 아이들에게서 전전두엽 염증을 발견했다.[79] 이 어린이들은 공기가 깨끗한 도시에서 살며 두뇌에서 전전두엽 염증이 발견되지 않은 또래들과 비교했을 때 인지 능력 검사 점수가 낮았다. 이후의 연구에서는 알츠하이머병에서 보이는 병변과 유사한 입자들이 멕시코시티의 어린이와 청소년들의 전전두엽에 실제로 박혀 있다는 사실이 확인되었다.[80]

이는 매우 중대한 의미를 담고 있다. 전전두엽은 우리의 성격과 행동을 주관하는 핵심 영역이며 계획을 세우고 주의를 집중하고 기억하고 우선순위를 정하는 능력, 즉 '집행 기능executive function'의 중심이기도 하다. 연구진은 미세 오염 입자가 젊은이들의 사고 능력을 크게 손상시켰다고 결론지었다. 또한 뇌 속 미세 오염 입자와 노년기 치매의 연관성이 이미 밝혀진 만큼 대기 오염이 장차 치매의 원인이 될 수도 있다.[81]

이 미세한 오염 물질들은 전전두엽에 모이는 경향이 있지만 혈류를 통해 뇌의 다른 영역으로도 퍼질 수 있다.[82] 입자는 폐에서부터 뇌로 들어가는데 아이의 뇌로 바로 들어갈 수도 있고 태아의 경우 어머니의 뇌를 통해서 들어갈 수도 있다. 어떤 경로로 들어가든 오염 입자와 입자 표면에 달라붙은 독성 물질들이 뇌 조직으로 침투하거나 신체 전반에 염증을 일으키면 아직 형성 중인 뇌의 정상적인 발달을 방해할 수 있다.[83]

이 이론을 근거로 삼아 최근 연구에서는 미세 오염 입자를 자폐와 주의력 결핍 과잉 행동장애ADHD의 위험 요인으로 지목하기도 한다.[84] 예컨대 미국 남부 캘리포니아 지역의 어린이 약 30만 명을 대상으로 한 다년간의 연구에서는 임신 중 초미세 먼지 PM2.5에 노출된 경우 자녀의 자폐 진단율이 유의미하게 높아지는 것으로 나타났다.[85] 일반적으로 남아가 여아보다 자폐 진단을 받는 경우가 4배 높고 남아들이 특히 이런 오염 물질의 영향을 더 크게 받는다고 보고했다. 중국에서 16만 4000명 이상의 학령기 아동을 대상으로 실시한 최근 연구에서는 장기적인 미세 입자 노출이 ADHD 발병 가능성을 높인다는 결과가 나왔다.[86] 물론 자폐나 ADHD는 유전과 환경적 요인이 복잡하게 얽힌 질환이지만, 화석 연료 연소로 인해 발생하고 기후 변화로 악화되는 대기 오염이 이런 신경 발달 장애의 증가와 무관하지 않다는 것을 점점 더 많은 과학적 증거들은 알려준다.

나는 언젠가부터 부모들이 백신과 자폐의 관계에 대해 물을 때마다 이렇게 설명한다. 백신과 자폐가 관련되어 있다는 증거는 없다. 그리고 이렇게 덧붙인다. 하지만 석유, 가스, 석탄에서 나온 입자들에 대해서는 하고 싶은 말이 있다고. 왜 요즘 산불이 자주 발생하고 연기가 점점 심해지는지에 대해서도 내 나름대로 할 말이 있다고. 지구를 점점 뜨겁게 하는 이 연료들이 어떻게 이런 결과를 낳는지는 말할 수가 있다고.

아니, 적어도 병원에서 있었던 그날 이후 그렇게 말해왔다. 리엄의 엄마가 창문을 가리켰다가 자신의 아들을 가리켰던 그날 이후로.

좋은 오존, 나쁜 오존

이듬해 봄에 리엄을 다시 만났다. 진료실에 들어갔을 때 리엄은 진찰대 위에 앉아 있었고 포켓몬 속옷과 하얀 양말 차림이었다. 창문으로 들어오는 부드러운 햇살이 리엄을 비추고 있었다.

"선생님! 안녕하쎄요." 아이가 인사했다.

"리엄 왔구나." 내가 대답하고 문을 닫기도 전에 아이는 진찰대에서 내려와서 자기 엄마와 누나와 나를 끌어안았다. 나는 왼팔에 리엄의 차트를 끼고 오른팔로 작은 몸을 끌어안았다. 리엄은 재빨리 진찰대에 올라가려고 했고 나는 아이가 올라갈 수 있도록 도와주었다. 아이는 키가 부쩍 크고 홀쭉해졌고 아기 때의 젖살이 쏙 빠져 있었다.

만 다섯 살이 되어 받는 정기 검진이었다. 리엄은 나에게 해줄 이야기가 아주 많다고 했다.

"와, 그랬구나." 나는 대답했지만 아이가 하는 말의 대부분을 알아들을 수가 없었고 대강의 뜻만 짐작하면서 통역을 구하는 표정으로 아이 엄마를 보았다. 리엄은 아직도 말이 서툴렀다.

리엄에게는 다른 문제들도 있었다. 리엄은 조산아로 태어났고 선천성 심장 질환이 있어서 수술을 받았다. 학습 문제도 있었고 집중하는 데도 어려움이 있었다. 리엄의 엄마는 나에게 혹시 아이의 이런 문제들이 자신이 임신 중에 들이마신 연기 때문이 아닌지 물어본 적이 있었다. 아이 엄마는 임신 첫 3개월 동안 림 화재의 연기 속에서 지냈다.

나는 모른다고 대답할 수밖에 없었다. 그 어떤 검사나 엑스레이로도 그 질문에 답을 할 수는 없다. 환경으로 인한 피해는 비슷한 조건에서 노출된 사람들과 노출되지 않는 사람들을 대규모로 비교하고 차이점을 관찰해야만 파악할 수 있다. 그래서 연기에 노출된 아이들에게서 이런 문제가 나타나는 경향이 있다고 말은 해줄 수 있지만 그 연기가 리엄의 문제를 직접적으로 일으킨 원인이라고 단정할 수는 없었다.

하지만 나 역시 궁금했다.

나는 리엄의 귀를 이경으로 들여다본 다음에 이번 여름 방학에 재미난 계획을 세웠냐고 물어보았다. "병원만 안 가면 최고의 방학이죠." 아이 엄마가 농담하듯이 말했다. 나는 물었다. "아이들이 밖에 나가면 안 되는 날을 알려주는 대기질 애플리케이션 써보셨어요?"

"아뇨. 전통적인 애플리케이션이 저한테 달려 있잖아요." 리엄의 엄마가 자신의 눈과 코를 가리켰다.

그 엄마의 말이 맞았다. 눈으로 보고 코로 냄새만 맡으면 대기질이 나쁜지 좋은지 바로 알 수 있다. 하지만 그날의 따뜻하고 희뿌연 안개 속에서 나는 기후 변화로 인해 점점 더 농도가 높아지고 있는 또 다른 오염 물질에 관한 생각에 빠져 있었다. 리엄이 태어난 날부터 하루도 빠짐없이 들이 마셔온 공기 속 오염 물질, 애나가 나의 진료실을 한 번 이상 찾아오게 만든 그 물질은 바로 오존이었다.

† † †

오존은 다른 오염 물질보다 인간의 삶에서 훨씬 더 복합적인 역할을 한다. 우리 머리보다 훨씬 높은 대기권인 그 유명한 오존층에 있을 때의 오존은 절대로 위험한 오염 물질이 아니다. 오존층의 오존은 태양의 자외선으로부터 우리를 방패처럼 보호해주고 지구 위에 살아 있는 모든 생명체의 건강을 지켜준다. 이른바 '좋은 오존'이 없는 지구는 생명체가 살 수 없는 행성이 된다. 하지만 오존이 지표면에 가까이 있을 때, 즉 아이들이 숨을 쉬는 공기 속에 있을 때 오존은 위험 물질이 된다. 도시 스모그의 주요 성분 중에 하나인 오존은 호흡기 염증과 천식을 유발하는 강력한 요인이기도 하다.

그렇다면 스모그 속 '나쁜 오존'은 어디에서 생겨나는 걸까? 현대 문명이 안고 있는 아이러니한 덫에서 그 답을 찾을 수 있다. 리엄의 엄마가 리엄을 차에 태워 병원으로 데려올 때 그

너는 훌륭한 부모로서 마땅히 해야 할 일을 했다. 그러나 그녀가 탄 자동차는 휘발유를 소모하면서 독성 화학 물질이 가득한 배기 가스를 내뿜는다. 이렇게 배출된 오염 물질이 뜨거운 도시의 공기 속으로 섞여들면서 그중의 일부인 질소 산화물과 휘발성 유기 화합물이 서로 반응해 오존을 형성한다.

도시 전역에서 수천 대의 자동차와 트럭, 비행기가 똑같은 '오존 전구 물질 ozone precursors'♦을 내뿜고 이 물질들은 햇빛 아래에서 만나 결합한다. 우리는 화석 연료를 사용하면서 이 과정을 반복하고 석유 기업들은 수십 년 동안 청정 에너지에 맞서 자신의 입지를 지키면서 이 과정을 공고하게 했다. 리엄의 엄마는 병원 예약 시간에 맞춰 데리고 오기 위해 차를 몰면서, 아들이 숨 쉬는 공기를 오염시키는 선택을 할 수밖에 없다.

오존을 만들어내는 화학 반응은 온도에 매우 민감하다. 기온이 올라갈수록 반응 속도가 빨라진다. 따라서 도시의 기온이 오르면 오존의 오염도도 올라간다. 이는 리노에서나 다른 도시에서나 새삼스러운 문제는 아니다. 도시에는 차량과 발전소와 각종 오염원이 대부분 밀집되어 있다. 도심의 건물과 도로는 따뜻한 열을 가두어 따뜻하고 정체된 공기층을 형성하는데 이를 '도시 열섬'이라 부른다. 이는 오존이 형성되기에 최적의 조건

♦　그 자체로는 오존이 아니지만 대기 중에서 화학 반응을 거쳐 지표면 오존을 생성하는 원인 물질.

이 된다. 그러니 높은 오존 수치로 인한 대기 오염이 오랜 시간 동안 도시를 괴롭혀온 것은 전혀 놀랄 일이 아니다.

그런데 달라진 점이 있으니 바로 온도다. 지난 10여 년 동안 지구 온난화가 가속화되면서 도시의 오존 농도는 계속해서 상승해 청정대기법이 시행된 이후의 수십 년 전으로 되돌아가고 말았다. 미국에서 오존 오염이 가장 심각한 25개 도시 가운데 17개 도시에서 기록적인 폭염기였던 2015년부터 2017년까지 공해가 더욱 악화되었다.[87] 이 도시에는 미국의 대표적인 대도시인 로스앤젤레스, 시카고, 뉴욕이 당연히 포함되지만 위스콘신주의 시보이건 같은 소도시도 들어가 있다. 리엄과 같은 어린이들 수천만 명이 더 많은 날에 고농도 오존에 노출된 것이다. 전문가들은 원인을 명확하게 지적했고 그 원인은 기후 변화였다.

2019년부터 2021년 사이에 여러 지역에서 오존 수치가 개선되었다. 코로나19 팬데믹 동안 통근 차량이 줄었고 자동차와 트럭에 대한 배출 가스 기준이 강화되었으며 일부 석탄 화력 발전소가 문을 닫았기 때문이었다.[88] 이는 작으나마 분명 희소식인데 우리가 화석 연료가 일으킨 문제들을 통제할 수 있다는 사실을 증명하고 있어서다. 그러나 서부 지역의 사정은 달랐다. 기후 변화로 인해 이 건조한 고지대 지역에서 온난화는 더 빠르게 이루어졌고 공기 정체 현상이 두드러지게 나타났다. 실제로 코로나19 시기 동안 리노의 오존 수치는 계속해서 악화되

없을 뿐 나아지지 않았다.[89] 그리고 나의 어린이 환자들은 이제 전국에서 오존 오염이 가장 심각한 도시 중 하나에서 살고 있다.

기후 변화가 내 환자들에게 오존 노출을 증가시키는 방식이 또 하나 있는데 바로 산불이다. 산불은 막대한 양의 오존 전구 물질을 방출한다. 림 화재가 발생시킨 공기 오염은 차량 230만 대가 1년 동안 내뿜는 매연 배출량에 맞먹는다.[90] 불길의 열기 속에서 가스들이 섞이면서 오존이 만들어지고 오존은 연기와 함께 바람을 타고 널리 퍼진다.[91] 이렇듯 산불로 생성된 오존 탓에 해마다 소아 응급실 방문 건수가 2000건이 넘는 것으로 추정된다.[92]

오존이 특히 더 위험한 이유는 그 화학적 특성 때문이다. 오존 분자 하나는 우리 생명이 의존하는 산소 원자 두 개로 이루어진 것이 아니라 산소 원자 세 개로 구성되어 있다. 단지 한 개의 원자가 많을 뿐인데 그것이 만들어내는 차이는 실로 크다. 오존은 산소처럼 세포를 살리는 대신에 세포를 자극하고 손상시키며 특히 우리의 호흡기를 둘러싼 상피 세포에 강한 자극을 준다.

아이들의 기도는 특히 더 민감하다. 나의 진료실에서 나가 바깥의 탁한 연기 속으로 한 발 걸어나가는 순간 리엄은 위험과 만난다. 오존은 리엄의 코와 폐에 염증을 일으켜 점액이 과도하게 생성되게 한다. 염증이 생긴 폐의 기도는 경련과 수축을 반복해 심한 기침과 천명을 일으키며 '빨대를 통해 숨 쉬는 듯한 답답한 느낌'이 들게 한다. 즉 천식 증상이다.

애나처럼 천식이 있는 아이는 '반응성'이 높은 기도를 갖고 있다. 애나의 몸은 오존이 조금만 증가해도 큰 자극을 받는다.[93] 리엄은 아직은 공식적으로 천식 진단을 받지 않았지만 천식과 비슷한 발작적 기침을 일으킬 수 있다. 더 나쁜 상황은 오존에 지속적으로 노출되면 결국 아이에게 천식이 생길 수도 있다는 것이다. 실제 여러 연구 결과 고농도 오존 지역에서 야외 스포츠를 즐기는 아이들의 천식 발병률이 높았고 도로 근처, 즉 오존 농도가 높은 곳에 사는 아이들은 그렇지 않은 지역에 사는 아이들보다 천식을 앓을 확률이 50퍼센트 더 높았다.[94]

산불 기간에 리엄이 들이마신 미세 입자와 마찬가지로 오존 오염도 서서히 아이의 폐 기능을 악화시킬 수 있다.[95] 폐 기능은 1분 동안 내쉴 수 있는 공기의 양으로 측정되는데 오존은 그 수치를 서서히 떨어뜨린다. 또한 오존은 학습 능력에도 영향을 미칠 수 있다. 오존 농도가 조금만 올라가도 천식이나 기타 호흡기 질환으로 인한 결석률이 급격히 늘어난다.[96] 미세 입자 오염과 마찬가지로 높은 오존 농도는 특정 선천성 기형, 영아의 저체중 출생, 조산, 영아 돌연사 증후군과 관련이 깊다.[97] 또한 오존은 나이에 상관없이 비사고성 사망률을 높이는데 이런 경우 폐와 심장 질환이 원인인 경우가 많다.

물론 미래의 어느 날 리엄의 엄마가 화석 연료를 태우지 않고 내 진료실에 오게 될 수도 있다. 전 세계 사람들이 화석 연료 사용을 멈춘다면 오존 오염은 인류의 문제 목록에서 삭제될지도 모른다. 화석 연료에서 나오는 배기 가스로 인해 지구의 온도가 높아지는 일도 없을 것이다.

최근 미국의 연료 사용 경향을 보면 희망을 품어볼 만하다. 하지만 배출량 감소가 충분하지 않을 수 있고 석유와 가스 산업에 우호적인 정치인들 때문에 어렵게 이룬 진전이 되돌려질지도 모른다. 그다음에 무슨 일이 일어날지 우리는 이미 알고 있다. 지구가 더 뜨거워질수록 오존 오염은 더욱 심각해진다. 오존 오염이 우리 눈에 선명히 보이지 않는다고 해서 피해가 없다고 생각하면 오산이다. 응급실과 병원에는 숨을 가쁘게 쉬면서 기침하는 아이들이 가득할 것이며 결석하는 아이들로 교실이 텅 비게 될 것이다. 수많은 가족이 사랑하는 사람을 이른 나이에 떠나보내게 될 것이다. 나는 그런 모습을 가까이에서 지켜본 적이 있다.

천식이라는 어떤 경향

새크라멘토에서 소아과 레지던트 과정을 마친 뒤로 내 곁에는 작은 유령들이 따라다닌다. 그 유령은 병원에서 내가 돌보다가 끝내 살리지 못한 아이들이며 그 아이들의 마지막 순간에 대한 기억은 영원히 나를 떠나지 않을 것이다. 루비라는 이름의 열네 살 소녀가 있었다. 루비는 심한 천식 발작 때문에 응급실에 왔다가 회복하지 못하고 세상을 떠났다. 지금도 루비에게 심폐 소생술을 하다가 멈추고 흉골 위에서 꽉 그러쥐었던 나의 두 주먹이 보이는 듯하다. 사망 시각을 알리는 소리가 들렸고 루비의 목숨을 살리려고 했던 의료진들이 하나둘씩 뒤로 물러섰다. 루비의 피부는 따뜻한 갈색이었고 머리는 하나로 묶여 있었다. 마지막으로 나도 물러서는데 환자 침대 아래에 있는 스팽글 가방이 보였다. 초등학생 여자아이가 들고 다닐 법한 가방이었다. 아이는 친구들과 줄넘기를 하다 쓰러졌다고 했다. 그날 부모가 내뱉은 고통스러운 절규를 나는 잊지 못한다.

루비의 스팽글 가방 안에는 기관지 확장제인 알부테롤 흡입기(네뷸라이저)가 들어 있었다. 구급대가 도착했을 때 루비가 그것을 사용하고 있었다고 했다. 그 흡입기는 원래 기도 주변의 근육을 이완시켜 숨길을 열어주었어야 했다. 하지만 루비처럼 천식 반응이 너무 심할 경우 그 어떤 기구나 약의 도움으로도 숨을 쉬기 어렵다. 몸이 염증 때문에 말 그대로 스스로를 질식시켜버리는 것이다. 이처럼 치명적인 발작은 드물지만 대략 매년 200여 가정이 이런 이유로 아이를 잃는다.[98] 특히 가난한 가정과 소수 인종 가정에 불균형적으로 집중되며 그중에서도 아프리카계 미국 가정의 아동 사망률이 가장 높다.

이 통계를 어디선가 읽어서 인용할 수는 있다. 그러나 내 눈앞에서 이와 같은 사건이 일어나는 것은 완전히 다른 일이다.

† † †

그 주 내내 응급실에는 분무식 흡입기 소리로 가득했다. 아이들은 알부테롤을 미세한 입자로 분사시키는 이 흡입기를 써 약을 들이마시고 있었다. 처음에는 왜 이렇게 갑자기 많은 아이들이 비슷한 증상으로 응급실을 찾는지 몰랐다. 내 근무 시간은 새벽부터 저녁까지였고 응급실에는 창문이 없었다. 그래서 아이들이 어떤 공기를 들이마시고 있었는지 볼 수 없었다.

똑같은 증상의 아이들이 밀려들 때도 별로 이상하게 여기지 않았는데 이전에도 천식은 워낙 흔한 질병이었기 때문이다. 천식은 아이들이 응급실을 찾거나 입원하는 주요 원인 중 하나고, UC 데이비스 병원뿐 아니라 어디서나 마찬가지다. 나뿐 아니라 소아과 전공의라면 누구나 통계와 경험으로 알고 있듯이 천식은 미국에서 가장 흔한 만성 소아 질환이며 600만 명이 넘는 아이들이 천식 환자이기도 하다.[99] 아이들은 성인보다 천식 발병 확률이 높고 천식 발작으로 고생하는 아이들은 워낙 많다.[100]

하지만 루비는 세상을 떠났다. 나는 담당 의사 옆에 서서 그가 아이의 절망한 부모에게 말을 건네는 모습을 바라보고 있었다. 그다음에는 바람을 쐬기 위해 잠시 바깥으로 나와야만 했다. 내 팔로 도시의 공기가 찐득하게 달라붙었다. 응급차의 진입로는 콘크리트로 된 사우나처럼 숨 막혔고 땀에 젖은 수술복은 등에 들러붙었다. 나는 자동차로 가득한 꽉 막힌 도로를 바라보았고 아마도 그 차의 운전자들은 방금 무슨 일이 일어났는지 절대 알지 못할 것이었다. 누런 갈색의 연무가 마치 슬며시 담을 넘는 도둑처럼 지평선 위에 어둡게 드리워져 있었다.

1960년대까지만 해도 의사들은 천식을 앓을 때의 쌕쌕거리는 소리를 아이의 정서적 고통이 신체로 나타나는 억눌린 울음 정도로 여겼다.[101] 1980년대가 되어서야 천식이 폐의 만성 염증 질환이라는 사실을 이해하기 시작했고 대기 오염이 이 증상을 악화시킨다는 점도 알게 되었다.[102] 휴대용 흡입기를 이용해 약을 투여하는 기술은 그 무렵 이미 발명되어 있었지만 지금처럼 보급되지는 않았고, 오늘날 미국의 모든 소아과와 학교 보건실에 구비된 알부테롤 흡입기는 1981년이 되어서야 일반인들에게 시판되었다.[103]

그런데 당시에는 천식이 지금처럼 흔한 질병은 아니었다. 소아과 의사인 나는 병원에서 거의 매일 천식을 진찰하지만 과거의 소아과 의사들에게는 그렇지 않았다. 한 의학사 연구자는 이렇게 기록했다. "1960년 이전까지 대부분의 소아과 의학서들은 천식을 흔한 질환으로 여기지 않았고 유행병으로도 보지 않았다."[104] 1980년에서 2010년 사이에 미국 어린이의 천식 발병률은 거의 3배로 증가했다.[105] 이는 어린 나이에 세상을 떠난 루비가 살아 있었던 시기와 정확히 겹친다.

천식 환자의 급격한 증가는 하나의 경향이기도 했다. 천식뿐 아니라 알레르기, 아토피(습진) 같은 아토피성 질환이 모두 같은 시기에 급증했다.[106] 이런 질환들은 면역 체계가 자극 물질에 과잉 반응하는 것이 특징으로, 한 사람에게 여러 증상이 나타나는 경우가 많다. 특히 천식과 알레르기는 밀접한 관련이 있다. 대부분의 천식 환자들에게는 어떤 형태로든 알레르기가 있고 알레르기 반응이 천식 발작을 촉발하는 경우도 많다.[107]

구급대원들이 루비를 실은 침대를 밀고 응급실에 들어오면서 루비의 상태를 외치는 순간 내 머릿속에서는 이런 생각이 스치고 지나갔다. 지금 루비는 천식 발작을 일으킨 것일까, 아니면 심한 알레르기 반응이 나타난 것일까, 아니면 둘 다였을까? 옆에 있던 루비의 엄마는 절박했다. 내가 물었다. "무슨 일이 있었는지 말씀해주실 수 있나요?" 루비의 엄마는 아이가 친구들이랑 놀고 있었는데 갑자기 친구들이 집으로 뛰어 들어와서 루비가 숨을 못 쉰다고 했다고 대답했다. "평소에 알레르기가 있었나요?" "네, 알레르기 비염이 있어요. 코와 눈이 간지럽고 콧물이 나면 클래리틴을 먹었어요."

아이들의 알레르기 증상은 보통 알레르겐allergen 때문에 일어나는 경우가 많은데 알레르겐은 가루, 곰팡이, 집 먼지 진드기, 땅콩 등에 들어 있는 단백질을 말한다. 알레르겐이 피부에 닿거나 이것을 먹거나 들이마셨을 때 몸에서 반응이 일어난다. 천식처럼 알레르기도 어린이에게 매우 흔한 질환이다.[108] 오늘날 소아과 진료 일정에는 알레르기 관련 환자들의 내원이 가장 많은 편이다. 세계알레르기기구World Allergy Organization의 추산에 따르면, 현재 전 세계 어린이의 절반 가까이가 최소 한 가지 알레르겐에 민감하게 반응하는데 미국 아동을 대상으로 한 연구들에서도 거의 2명 중 1명꼴로 같은 결과가 나타났다.[109]

하지만 지난 반세기 동안 천식과 알레르기 발병률은 왜 이렇게 급등했을까? 루비 같은 아이들은 왜 이렇게 많고 림 화재 때 병원에 왔던 애나 같은 아이들이 근래 왜 이렇게 급격히 많아졌는가? 이 질문은 현재 의학이 안고 있는 가장 큰 난제 중에 하나다.

의학계의 탐정들은 이 퍼즐을 풀기 위해 고심하다가 한 가지 중요한 단서를 찾았다. 이 질환들은 지구 위 모든 곳에서 똑같이 증가하는 것이 아니다. 아토피성 질환은 개발도상국이나 농촌 지역에서는 드문 편이다.[110] 하지만 국가가 산업화되거나 사람들이 도시로 몰리면 아토피의 발병률이 급격히 높아진다. 그렇다면 도시 생활 혹은 산업화 자체가 이 질병을 불러오는 것은 아닐까?

뜻밖에도 이에 대한 원인 중의 일부를 19세기, 즉 도너 원정대가 미국을 횡단하던 시대이자 루비와 애나가 태어나기 훨씬 전으로 거슬러 올라가서 찾을 수 있다. 그 시절에는 깨끗한 식수나 공중위생이 갖춰지지 않아 감염병이 창궐했지만 아토피성 질환은 드물었다.[111] 일부 연구자들에 따르면 우리의 면역 체계는 다양한 미생물에 노출될 때 외부 단백질에 과민하게 반응하지 않도록 학습한다. 농촌의 아이들은 맨발로 흙을 밟고 동물과 가깝게 지내며 다양한 미생물에 자연스럽게 노출된다. 이른바 '위생 가설hygiene hypothesis'에서는 도시에서 천식과 알레르기 발병률이 증가하는 이유 중에 하나가 현대인들의 너무나도 깨끗한 생활 습관 때문이며, 이는 위생의 의도치 않은 결과라고 주장한다.[112]

하지만 많은 연구자들이 보기에 이 위생 가설로만은 산업화 이후 천식과 알레르기가 폭발적으로 늘어난 이유를 설명하지 못한다. 대신 그들은 도시와 비도시 지역의 차이에 주목했다. 도시는 농촌보다 대기 오염과 알레르겐이 훨씬 심각하며, 이 두 가지를 악화시키는 것 역시 기후 변화라는 점이다.

충분히 근거가 있는 이론이다. 문명의 발전이란 언제나 전기, 교통, 빌딩을 의미했고 이는 석탄, 석유, 천연 가스로 구동된다. 이 연료들은 도시를 움직이는 동시에 공기를 오염시키고 심한 증상을 보이는 천식 환자들을 더 많이 만들어낸다.[113] 또한 화석 연료의 배출 가스는 유전적으로 호흡기가 취약한 아이들에게 천식 발병의 직접적인 원인이 될 수 있다. 때로는 후성 유전적epigenetic 영향을 미치는 것으로 보이는데 이는 유전자 발현 방식을 바꾸어 그로 인해 호흡기 질환에 걸릴 확률을 높이는 것을 말한다. 이러한 관점에서 본다면 천식 발병률이 상승하는 원인은 단순한 사실 하나로 설명할 수 있다. 점점 더 많은 가정이 오염된 공기 속에서 살고 있기 때문이다.[114] 1980년에는 미국인의 74퍼센트가 도시에 살았지만 2010년에는 도시 인구가 80퍼센트를 넘어섰다.

그중에서도 루비 같은 아이들은 어떨까? 저소득층 가정에서 자라며 교통량이 유독 많은 지역에 살아서 오존과 다른 대기 오염 물질에 지속적으로 더 많이 노출되는 아이들의 천식 발병률이 가장 높은 편이다.[115] 루비는 사는 동안 내내 질이 나쁜 공기를 마셔온 탓에 부유한 동네에 사는 아이보다 기도가 더 쉽게 반응했고, 오존 농도가 높은 날 응급실로 실려올 확률도 높고 심지어 목숨을 잃을 위험도 컸던 것이다.[116]

이러한 차이는 대기 오염이 천식 증가에 중요한 역할을 했다는 증거다. 만약 기온 상승으로 악화된 새크라멘토의 스모그가 아니었다면 루비는 애초에 천식을 앓지 않았을지도 모른다.

루비가 꽃가루 알레르기(비염)에 걸릴 확률 또한 화석 연료로 인한 대기 오염과 지구 온난화 때문에 높아졌다. 도시와 교외는 꽃가루를 만드는 식물에게 이상적인 성장 조건이다.[117] 이 지역은 이산화탄소 농도가 높은데 대표적인 온실 가스인 이산화탄소는 식물의 생장을 자극하는 물질이다. 게다가 도시는 농촌보다 기본적으로 평균 기온이 높을 뿐 아니라 기온이 높아지는 속도 또한 빠르다.[118]

대표적인 예가 돼지풀ragweed♦이다. 이 식물의 꽃가루는 꽃가루 알레르기와 천식 발작의 주요 원인 중 하나다.[119] 지구 온난화로 인해 이산화탄소 농도가 높아지고 기온이 상승하면서 돼지풀의 생장 속도가 빨라지고 분포 지역은 넓어지며 생장 기간 또한 길어져 식물 한 포기당 생성되는 꽃가루의 양이 늘고 있다. 꽃가루 자체의 독성도 강해져 알레르기 반응을 일으키는 단백질의 농도가 높아졌다. 지난 한 세기 동안 미국에서 돼지풀의 꽃가루 농도는 2배로 증가했고 그 결과 수많은 알레르기 환자가 생겨났다.

매년 어김없이 언론은 "사상 최악의 알레르기 시즌"이 찾아왔다는 보도를 기계처럼 반복한다. 하지만 내가 아는 많은 부모들 중, 약국에서 알레르기 약을 사거나 아이의 알레르기성 천식 발작 때문에 밤새 잠 못 이루는 사람들 중에서 이런 증상이 화석 연료나 기후 변화와 직접적인 연관이 있다고 생각하는 사람은 거의 없다.

돼지풀은 단지 하나의 예일 뿐이다. 덩굴 식물 독초poison ivy의 '독'은 점점 강해지고 있다.[120] 겨울이 따뜻해지고 곤충의 생태 주기와 독 성분이 변하면서 곤충에 쏘여 나타나는 알레르기 반응도 증가하고 있다.[121] 참나무와 히코리소나무처럼 알레르기를 유발하기 쉬운 활엽수가 비교적 알레르기 유발이 적은 상

♦　북아메리카가 원산지인 국화과에 속하는 한해살이풀.

록수보다 점점 널리 퍼지고 있다.[122] 홍수로 침수된 수천 채의 집 안에서는 곰팡이가 번성한다.[123]

식품 알레르기도 증가하고 있다. 1997년에서 2007년 사이에 아동들의 식품 알레르기 발병률이 18퍼센트 상승했는데 이 역시 기후 변화와 관련이 있을 것으로 보인다.[124] 일부 과학자들은 땅콩 알레르기가 증가하는 이유가 해당 알레르기를 일으키는 물질인 알레르겐의 농도가 진해진 것과 연관이 있다고 주장한다.[125] 또한 돼지풀을 비롯한 일부 꽃가루는 식품 알레르겐과 교차 감작cross-sensitization♦♦을 일으킬 수 있는데 이런 증상을 꽃가루 식품 알레르기 증후군pollen-food allergy syndrome이라 일컫는다. 연구 결과에 따르면 꽃가루 알레르기가 있는 어린이의 최대 43퍼센트가 이러한 교차 반응을 경험했다.[126] 꽃가루 농도가 치솟으면서 이와 관련된 식품 알레르기도 함께 늘어난다.

루비의 알레르기와 비염이 천식 발작에 영향을 미쳤을 가능성이 높다. 오염 물질과 알레르겐이 섞이면 눌이 상호작용하면서 신체의 염증 반응을 악화시킨다. 예를 들어 꽃가루는 미세 입자에 달라붙어 호흡기로 더 깊숙이 침투할 수 있다.[127] 이미 오존으로 염증이 생긴 조직은 알레르겐에 더 강한 반응을 일으키기도 하고 그 반대의 경우도 마찬가지다.[128] 이러한 상승 작

♦♦ 어떤 하나의 알레르겐에 감작(sensitized)된 사람이 구조가 비슷한 다른 알레르겐에도 면역 반응을 일으키는 현상.

용synergistic reactions으로 인해 대기 오염이 심한 도시 지역에서 알레르기 환자가 증가하고 평소라면 관리 가능한 천식 발작을 훨씬 더 위험한 수준으로 악화시킨다.[129]

결국 천식과 알레르기가 증가하는 추세는 불가사의한 현상도 아니고 난제도 아니며 자명한 사실을 보지 못하는 우리의 무능력을 나타낼 뿐이다. 즉 화석 연료가 대기를 오염시키고 당연히 우리가 들이마시는 공기까지 오염시킨다는 사실 말이다. 그리고 그 대가를 가장 크게 치르는 사람들은 우리 아이들이다. 우리는 얼마나 많은 아이들이 이 대가를 치르는지 알지 못하고 아이들이 짊어진 고통의 무게도 온전히 헤아리지 못한다. 그러나 아이들은 이름 없는 존재도 아니고, 얼굴 없는 존재도 아니다. 우리는 아이들 한 사람 한 사람의 눈을 매일 마주 보고 있다.

애나의 미래

1847년 5월, 도너 원정대의 생존자 중 한 명인 버지니아 리드는 고향 일리노이에 있는 사촌에게 편지를 썼다.[130] 두 달 전 버지니아와 형제자매들은 시에라네바다산맥의 참혹한 야영지에서 죽을 고비를 넘기기 직전에 가까스로 구조되어 캘리포니아 중부의 안전한 지역에서 건강을 회복하고 있었다. 이후 버지니아는 아이를 낳고 꽤 오래 장수하기도 했지만 가족이 겪은 수난은 평생 동안 트라우마로 남았다. 그해 봄에 버지니아가 쓴 편지에는 마치 댐이 무너진 것처럼 슬픔이 쏟아져 나온다.

"오, 메리. 너는 아직 삶의 고통을 몰라." 이런 글을 쓰는 버지니아는 고작 열세 살이었다.

버지니아는 한 세기 반도 더 전에 지금 내가 살고 있는 지역, 당시엔 트러키 강가를 따라 펼쳐진 초원에 불과했던 이곳을 지나 산으로 향했다. 나는 오래전 버지니아가 올라갔던 산길을 밟으며 소녀 역시 보았을 우뚝 솟은 산봉우리를 바라본다. 그럴 때마다 가끔 나는 버지니아가 어떤 감정을 느꼈을지 상상해보곤 한다. 폭설이 내리고 있었지만 버지니아의 가족은 도너 패스를 향해 멈추지 않고 걸어갔다. 도너 원정대 일행의 거의 절반이 갓난아이와 어린이들이었지만 부모는 혹한의 날씨가 얼마나 비극적인 운명을 펼쳐놓을지 예측하지 못했다. 제발 가지 말아요. 나는 마음속으로 외친다. 하지만 그들은 내 말을 들을 수 없고 과거는 변하지 않는다.

지금 와서 과거를 돌아보며 도너 원정대의 잘못된 판단과 실책을 지적하기는 쉽다. 지금의 세상은 그들이 살던 시대와 크게 달라졌지만 인간의 본성은 크게 달라진 것 같지 않다.

대형 산불로 인해 피어오르는 연기는 마치 19세기의 개척자들이 눈앞에 두고도 보지 못했던 폭설과 마찬가지로 앞으로 다가올 일을 알리는 징조다. 나는 종종 상상한다. 미래에서 선의를 품은 어떤 사람이 찾아와 우리가 가고 있는 길의 끝에 무엇이 놓여 있는지 보여주면서 그 길로 절대 가지 말라고 조언한다면 우리는 그의 말을 들을까? 우리와 아이들이 함께 가고 있는 미래가 만약 그림처럼 선명히 보인다면 우리는 지금보다는 간절한 마음으로 신속하게 행동할까?

우리는 지난 수십 년 동안 기후 변화를 부정하거나 아무런 대응을 하지 않았다. 지금 와서 시간을 되돌릴 수는 없으나 적어도 앞으로 벌어질 일을 바꿀 수는 있다. 우리의 아이들을 최악의 결과로부터 구해낼 해법을 우리는 이미 갖고 있다. 지금 우리에게 부족한 것은 시간이다.

얼마 전 다시 도너 패스를 건널 일이 있었다. 서쪽 비탈길로 내려서자 교통 체증이 이어져 차의 속도가 느려졌다. 헬리콥터 한 대가 소화용 물통을 매단 채 우리 머리 위를 지났고 불타는 능선 위에 물을 쏟아부었다. 진화대가 이미 도착해 불길을 막으려 애쓰고 있었지만 화마는 고속도로를 따라 늘어선 말라죽은 나무들 사이로 맹렬히 번져갔다. 차들이 조금씩 앞으로 나아가자 분노한 주황빛 불길이 마치 책망하듯이 늘어선 자동차들을 향해 튀어올랐고 회색 연기의 물결이 하늘로 솟구쳐 동쪽으로 흘러갔다.

나는 차창 너머로 연기가 흘러가는 모습을 바라보았다. 몇 시간만 지나면 연기는 산을 넘어 리노에 사는 사람들 위에 내려앉을 것이다. 나는 나를 찾아올 우리 동네의 아이들을 떠올렸다. 전 세계 곳곳의 대기 오염을 생각했고 이를 점점 더 심각하게 만드는 기후 위기를 생각했고 그로 인한 모든 폐해를 생각했다. 성장이 지연되는 폐, 기형적으로 자라는 심장, 너무 이르게 혹은 너무 작게 태어난 아기들, 천식으로 고생하는 아이들, 너무 어린 나이에 세상을 떠나는 아이들을 생각했다. 이 모든 일이 일어나지 않아도 될 일이 아닐까. 나는 가능한 세계를 떠올려보기 시작했다.

호흡은 생명을 유지하는 데 필수 요소이고 의사가 응급 환자를 살릴 때 가장 먼저 지키려는 것이다. 호흡은 우리를 대기와 연결하고 지구와 이어주고 우리의 존재 자체를 유지시킨다. 그러나 화석 연료와 지구 온난화는 나의 환자들에게 생명에 가장 기본적인 요소인 호흡마저 위협하고 있다. 아이들은 건강한 공기 없이는 건강하게 살 수 없다.

생명에 필수적이긴 하지만 호흡은 앞으로 내가 할 이야기의 서두에 불과하다. 기온 상승 자체가 이미 아이들의 생명을 위협한다. 리노를 비롯한 미국 대부분의 도시에서 온도계의 수치는 빠른 속도로 치솟고 있다.

† † †

그날 애나가 진료를 받고 나간 뒤 나는 검사실 문 앞에 서서 아이가 떠나는 모습을 바라보며 손을 흔들어 인사했다. 엄마가 안아 든 카시트에 실린 애나의 얼굴이 내 쪽으로 향해 있었다. 엄마의 얼굴에는 문득 세상이 그녀에게 너무 많은 것을 요구한다는 듯한 표정이 스쳐갔다. 애나의 커다란 갈색 눈동자는 나에게 고정되어 있었고 아이의 엄마가 복도 중간쯤에서 멈춰서 재가 묻은 담요로 아이의 카시트를 덮었다. 애나는 시야에서 사라지기 직전에 그 조그만 손을 들어 나에게 인사했다. 나는 아직 삶의 고통을 모른다. 나는 나 자신에게 경고했다. 그들은 점점 작아지더니 이윽고 연기 속으로 사라졌다.

2장

들리지 않고
보이지 않는

"그 아이 사건은 제가 출동했던 그 어떤 현장보다 기억에 오래
남아 있습니다. 제가 이 일을 한 지 꽤 오래되었거든요."

　우리가 이야기하고 있는 곳은 피닉스 북부의 소방서로, 사
고 현장에서 멀지 않았다. 그 사건 이후 거의 1년이 흘렀다. "그
날 오후 호출이 들어왔을 때부터 현장에 가면 어떤 상황을 만
나게 될지 걱정이 컸었지요. 어른도 목숨이 위험한 때가 있죠.
하지만 이건 다른 일이었어요."

　그가 등산로 입구 주차장에 도착했을 때 한 남자가 산 쪽
을 가리키며 소리치고 있었다. 저쪽으로 400미터 올라가요! 그
의 뒤를 다른 대원이 바로 따라붙었고 모두 산 중턱까지 전력
을 다해 뛰기 시작했다. 구급대원의 배낭 안에는 냉각된 수액과
생수병 두 개가 들어 있었고 무겁고 출렁거리는 액체들 때문에

자꾸 발도 무거워지려 하고 있었다. 물 한 병은 혹시라도 아이가 아직 마실 수 있는 상태일 때를 대비해 가져왔고 또 한 병은 자신이 탈진하지 않기 위해서 가져왔다.

그는 그해 여름을 내내 그렇게 보냈다. 사람을 해칠 정도로 극심한 폭염에서 사람들을 구조하면서. 그해에만 그의 부서 전체가 열 탈진으로 인한 구조 요청을 거의 280건이나 받았다.[1]

"어떤 주에는 이런 생각도 들죠. 이번에도 또야?"

구조자의 대부분은 등산객이지만 항상 그런 것만도 아니다. 그는 자기 집 정원, 침실, 공사장, 거리, 즉 먹고 자고 생활하는 곳에서 더위로 의식을 잃은 사람을 구하기도 했다. 나와 만나기 한 달 전에는 지글지글한 불볕더위가 내리쬐는 대낮에 자동차 안에 갇힌 아기를 구해낸 적도 있었다. 아기 엄마는 맞은편 차창에 붙어 울부짖고 있었다. 그가 차창을 망치로 깨자 안에서 뜨겁게 달궈진 공기가 폭발하듯 밖으로 쏟아져 나왔다. 피닉스의 구급대원이라면 누구나 인간의 한계와 한순간의 실수에 대해 알 만큼 알고 있다.

그가 기억하기로는 그날 그가 산비탈을 거슬러 올라갈 때 마치 양털 속을 헤치며 걷는 느낌이 들었다. 마치 달리려고 아무리 안간힘을 써도 몸이 따라주지 않는 꿈속의 한 장면 같았다. 선글라스는 자꾸 코끝으로 미끄러져서 계속 위로 올리거나 내려가지 않게 눈을 아래로 뜨고 걸어야 했다. 배낭 밑의 셔츠는 이미 축축하게 젖어 몸에 달라붙어 있었다. 그는 무의식적으로 눈앞에 당장 작은 나무가 나타나 그늘 밑으로 들어가고 싶다는 비이성적인 생각을 했다. 잠깐이라도 태양을 피할 수만 있다면 소원이 없겠다고 말이다. 옆에서 숨을 몰아쉬며 걷는 동료들도 같은 생각을 하고 있을 것이었다.

커브를 돌자 눈앞에는 언덕의 패인 골짜기에서 솟아 나온 나무 한 그루가 보였다. 메스키트 고목이었고 가지들이 반쯤은 저항을 하듯, 혹은 반쯤은 어디로 나아가야 할지 모르겠다는 듯 여러 방향으로 뻗어 있었다. 마구잡이로 휜 가지들은 나무가 거쳐온 좋은 시절과 나쁜 시절을 모두 기억하고 있었다. 가지 하나는 가파른 비탈을 따라 작은 골짜기로 향하듯 비스듬히 뻗어 있었는데 마치 이 먼지 낀 바위 경사면에서 붙잡을 곳을 찾지 못해 헤매는 듯했다. 나뭇잎들은 작고 연약했다. 그러나 구급대원은 이 나무의 뿌리인 직근이 땅 밑으로 깊게 들어가 있다는 것을 잘 알고 있었다.

그 고목 아래에 아주 작게 반원 모양의 그늘이 생겼다. 구급대원이 다가가자 도마뱀 한 마리가 그늘 속에서 튀어나와 산길 한가운데 멈추더니 고개를 들어 태양을 빤히 바라보았다. 이 그늘로 사람을 어떻게 가리겠어. 그는 생각했다. 아이의 발과 손 하나조차 가려질 것 같지 않았다. 구름 한 점 없는 쨍한 하늘이 푸른색 돔처럼 사람들을 자기 안에 가둬두고 있었다. 이곳은 소년이 있어야 할 곳이 아니었다.

그 나무 근처에서 소년을 찾았다.

소년은 아마 등산로를 걸어왔을 것이고 지나가는 이의 피부를 찌를 듯 뾰족한 잎을 가진 촐라 선인장 여럿을 지나쳤을 것이다. 소년은 소노란 사막의 또 다른 상징이자 언덕 위에서 가장 넓은 그림자를 드리우는 키 큰 사와로 선인장도 지나쳤을 것이다. 이 선인장은 소년이 걷는 길 옆에 기둥처럼 서서 그에게 가지 말라고, 지금 당장 돌아서라고 말하는 듯했다. 소년은 보이스카우트였고 태도가 바르고 어른을 잘 따르는 아이였다.

"이게 자연 재해가 아니고 뭐겠습니까?" 훗날 소년의 아버지가 주차장에 모여 있던 기자들에게 말했다.[2] 그는 기자들의 마이크 너머 뒤쪽으로 뻗은 건조한 봉우리를 올려다보았다. "여기 애리조나에서는 더위 자체가 자연 재해예요."

구급대원은 소년의 팔에 링거를 꽂고 냉각된 수액을 밀어 넣기 시작했다. 나머지 대원이 서둘러 소년의 옷을 벗기고 배낭에서 얼음 주머니를 꺼내 아이의 겨드랑이와 사타구니와 목 주변에 대고 눌렀다. 대원들은 몇 초에 한 번씩 주변을 두리번거리며, 없다는 것을 알면서도 간절한 마음으로 그늘을 찾았다. 소년의 머리맡에 있던 대원은 준비한 산소 주머니로 호흡을 시키기 위해 아이에게 기관 삽관을 했다. 그때 그의 얼굴에서 흘러내린 땀 한 방울이 소년의 얼굴 위로 똑 하고 떨어졌다. 그는 그 장면이 자꾸 생각난다고, 이유는 모르겠지만 머릿속에서 떠나지 않는다고 말했다.

그는 의식이 없는 소년에게 계속 말을 걸면서 곧 도와줄 사람들이 올 거라고 했다.

하늘에서 부릉거리는 소리가 점점 가까워졌다. 아이를 피닉스 아동 병원으로 옮길 헬리콥터였다. 대원들은 소년을 들것에 올리고 다 같이 들고 경사로를 내려가기 시작했다. 장비들이 흔들리지 않게 잘 붙잡고 균형도 잡아야 했다. 굽이진 산길을 한 번 더 내려가자 저 멀리 아래쪽에 주차장이 보였다. 헬리콥터가 착륙할 자리이자 대원들이 1초라도 빨리 다다라야 할 지점이었다.

자동차 한 대가 사막의 표백된 하얀 평원 위 길게 뻗은 도브 밸리 도로를 따라 남쪽으로 까맣고 가는 선을 그리며 달리고 있었다. 번쩍이는 자동차는 마치 표적을 비추는 레이저 불빛처럼 재빨리 이동했다. 차는 주차장 입구에서 속도를 줄였다.

두 시간 전 2016년 7월 22일 오후 코디 플롬은 엄마의 남자 친구와 그 외딴길을 걸어 내려가고 있었다. 엄마의 남자 친구는 구급대원들에게 산을 가리키며 올라가라고 외치던 바로 그 남자였다. 남자와 소년은 아파치 워시 등산로로 들어갔다.

그날 낮 최고 기온은 44도였다.

여름 기온 40도, 그리고 그 너머

이듬해 봄 나는 코디의 부모를 만나고 사건과 관련된 사람들을 인터뷰하기 위해 피닉스로 직접 찾아갔다. 내가 탄 비행기는 소년이 발견된 산에서 멀지 않은 도시 북쪽 상공을 가로질러 내려왔다. 비행기가 착륙하면서 기체의 그림자가 메마른 대지를 스쳤는데 마치 마우스 커서가 움직이며 과거를 가리키는 것 같다는 생각이 들었다. 그 과거란 수백 년 동안 꺾이지 않은 햇살이었고 물이 부족한 날들이었고 물의 부재가 남기는 찰나의 강렬한 손길이기도 했다. 뿌연 먼지가 평원을 가로질러 역시 물기가 사라진 저수지로 스며들었다. 분지가 된 저수지의 끝자락에는 가뭄에 시달리는 관목들이 웅크리고 있었다. 열은 눈에 보이지 않는다고 하지만 사실 그렇지 않다. 열기가 지나가며 이 땅 위에 저질러놓은 일들은 어디에서나 보인다.

피닉스에는 더위를 연구하기 위해 왔지만 열기가 토양이나 지형에 미치는 영향을 살피려는 것은 아니었다. 지구 온난화의 근본적인 문제는 아동 건강에 대한 위협에 있다. 전 세계의 모든 지역이 점점 더워지고 있나. 폭염은 갈수록 더 잦고 디 강력한 양상으로 지구를 휩쓸고 지나간다. 이 유례없는 폭염에 대비하는 일은 전 세계 도시들이 가장 시급하게 대처해야 할 공중 보건 과제다. 그중에서도 미국 남서부를 포함해 이미 더워진 지역들은 가장 먼저 심한 타격을 입고 있다.

나는 리노에서 왔고 리노는 미국에서 가장 빠르게 뜨거워지는 도시다.[3] 하지만 남서부 네바다가 원래부터 이렇게까지 심한 혹서 지역은 아니었기에 나의 소아과를 찾는 아이의 부모들은 물론이고 상당수 동료 의사들조차 날씨 변화의 심각성을 체감하지 못했다. 우리가 어린 시절을 보낼 때만 해도 한여름에도 38도를 넘는 날이 드물었는데 지금은 7월의 절반 가까이가 이 기준을 웃돈다.[4] 나는 몇 년 전부터 진료실에서 부모들에게 아이들이 불볕더위 때문에 탈진할 수 있으니 물을 충분히 마시게 하고 웬만하면 그늘에서 쉬게 하라고 조심스럽게 말하기 시작했다. 여름이 전 같지 않다고, 변하고 있다고 말한다.

사실 피닉스의 의사들은 전부터 당연한 듯이 여름의 폭염을 상대해오긴 했다. 미국의 어떤 도시도 피닉스만큼 37도를 넘는 '찜통 더위'를 기록하는 날이 많지는 않다.[5] 피닉스의 여름철 평균 최고 기온은 40도 정도이고 몇 주 정도는 43도를 넘기기도 한다. 그러니까 피닉스는 더위에 대해서는 알 만큼 아는 도시다. 폭염을 견디는 일은 이 도시의 문화이자 관습이며 어떤 면에서는 일종의 자부심이기도 하다.

그러나 지금 피닉스의 시민들은 예전과는 차원이 다른 살인적인 더위를 실감하며 당황해하고 있다.

한 도시의 연중 기온을 나타내는 종 모양의 곡선을 상상해보자. 왼쪽 끝은 아주 추운 날, 오른쪽 끝은 아주 더운 날이다. 대부분의 날은 가운데, 그러니까 온화하고 견딜 만한 온도에 몰려 있다. 그것이 우리가 알던 세상이다. 이제 종 모양의 곡선 전체가 오른쪽으로 밀리는 그림을 상상해보자.[6] 더운 날이 급격히 늘고 추운 날은 사라지며 평범한 날조차 훨씬 더 더워졌다.

그것이 우리가 만들어내고 있는 세상이다.

피닉스의 종 모양 곡선은 원래부터 대부분의 도시보다 오른쪽으로 쏠린 편이었으나 이제 그 곡선이 오른쪽으로 더 밀리면서 고온을 기록하는 날이 늘고 실제로 나타나는 최고 기온도 점점 올라가고 있다. 코디가 산을 오른 그해는 피닉스 역사상 가장 더운 5년 중에 하나였다.[7] 그리고 코디가 산에 오르기 불과 사흘 전에 놀라운 뉴스가 보도되었는데 이미 이글이글 불타는 도시였던 피닉스가 미국에서 두 번째로 빠르게 뜨거워지는 도시라는 것이었다.[8] 1위는 리노였다.

그 뉴스를 듣고 나는 아이들의 몸과 마음을 위협하는 더위의 실체를 이해하려면 피닉스로 가야 한다고 생각했다.

공식 통계에 따르면 해마다 미국에서는 약 6만 7000명이 일사병 Heat Exhaustion 이나 열사병 Heat Stroke 으로 병원 치료를 받고 그중 약 700명이 목숨을 잃는다.[9] 이 사망자 수는 홍수, 허리케인, 토네이노도 사망한 사람보다 낳나. 하시반 너위로 인한 질환을 정확히 추적하는 일은 쉽지 않고 이 통계조차 실제 피해를 충분히 반영하지 못한다. 특히 갓난아기와 어린아이들, 노인들, 야외에서 일하거나 운동하는 사람들, 그리고 저소득층은 더위 앞에서 훨씬 더 취약하다.

애리조나 주민이 열사병으로 사망할 확률은 다른 미국 주들의 7배에 달한다.[10] 2016년의 여름은 특히 더 지독했다. 코디가 산에 가기 위해 차를 타고 도브 밸리 로드를 달리기 한 달 전인 6월의 한 주말에만 여섯 명이 피닉스에서 가장 인기가 있는 트레일 코스를 걷다가 사망했다. 그 주말은 투손, 피닉스, 유마에서 유례없이 높은 기온이 측정된 날이기도 했다.[11] 그해 여름 마리코파 카운티에서만 154명이 열사병 관련 질환으로 숨졌고 이는 마리코파 역사상 최다 숫자였다.[12]

이것을 우연이거나 지역의 특수한 현상이라고 볼 수 없는 이유는 그해는 기상 관측 역사상 지구가 가장 뜨거운 해였기 때문이다.[13]

여름이면 이미 최고 기온 50도까지 치솟을 수도 있는 피닉스에서 급격한 온난화까지 진행되어버리니 도시가 생존 한계선까지 다다랐다.[14] 애리조나대학의 기후학자인 조너선 오버펙은 경고한다. "어쩌면 2050년에 피닉스는 일상적으로 54도를 넘길 수도 있다."[15] 이런 수준의 기온에서라면 단지 밖으로 나가는 것 자체만으로 생명의 위협을 받는다.

그렇다면 피닉스에 거주하지 않기만 하면 될까? 피닉스에서 살지 않는 어린이들도 기후의 영향에서 벗어날 수 없는데 코디의 산행 사고 이후 발생한 사건들을 살펴보자. 2021년 6월, 보통은 온화한 날씨였던 오리건과 워싱턴과 브리티시컬럼비아에 피닉스에서와 같은 폭염이 발생하자 세상은 경악했다.[16] 이 도시의 주민들은 그해의 이례적인 폭염에 준비되어 있지 않았고 그 결과 수백 명이 더위 때문에 목숨을 잃었다. 브리티시컬럼비아의 작은 마을 리튼에서는 어느 날 최고 기온 49.8도라는 이상 고온이 기록되었고 다음 날 대형 산불이 발생해 마을 전체가 화염에 휩싸였다.

미래의 지구가 더워지는 것은 피할 수 없는 운명처럼 느껴지지만 우리가 빠르고 과감하게 청정 에너지로 전환한다면 계속 상승하려는 온도계의 눈금을 저지할 수 있다.[17] 하지만 사회 전체가 지금 당장 신속하게 노력하여 방향을 바꾸지 않는다면 오늘 태어나는 아이는 우리가 지금 사는 지구보다 훨씬 더 뜨거운 지구를 만나게 될 것이다. 2100년경, 현재 태어난 아이가 노년이 되었을 때 해마다 수만 명의 미국인이 열 관련 질환으로 죽게 될 수도 있다.[18] 우리의 자녀들과 손자들이 살아갈 세상은 치명적인 더위가 일상이 되어 한 연구자의 말처럼 "집 안에서 죄수처럼 갇혀 사는 시대"가 될지도 모른다.[19]

물론 이 연구자는 그들이 집 안에서 죄수처럼 살게 될 것이라 말한 것이다. 우리는 이미 지구에서 사라진 다음이며, 우리는 미리 보았고 익히 예상했지만 막지 않기로 한 미래를 우리 자녀들의 손에 맡기고 떠났을 것이다.

† † †

피닉스에 도착한 첫날 밤에 호텔 방에서 피닉스의 기온 예측 자료를 읽었다. 읽다가 충격을 받아 몸이 다 떨릴 지경이어서, 잠깐 산책을 하기 위해 컴퓨터를 끄고 밖으로 나갔다. 초저녁이었고 아직 5월이었는데도 도심의 도로와 아스팔트에서 열기가 뿜어져 나왔고 밖으로 한 발 내딛자마자 숨이 막혔다.

맞은편 거리 위의 대형 옥외 광고판에는 애리조나를 식힐 수 있는 유일한 음료는 자사의 음료라고 주장하는 광고가 걸려 있었다. 한 아이 엄마가 유아차를 밀며 그 광고판 아래를 서둘러 지나쳐 버스 정류장으로 걸어갔고 반바지를 입은 어린 소녀가 엄마 뒤를 종종거리며 따라갔다. 그 젊은 엄마는 버스 정류장에 도착하자 유아차의 벨트를 풀고 아기를 들어 올려 무릎에 앉히고 다른 손으로는 유아차를 접고 버스 카드를 찾기 위해 가방을 뒤적거렸다. 어린 딸은 숨을 헐떡거리면서 열린 버스 문으로 보이는 운전기사에게 잠깐만 기다려달라는 듯 눈을 맞추었다. 아기의 맨다리가 어머니의 허리를 감싸안았고 엄마는 아기가 보채자 고개를 숙여 아기를 달랬다.

"노 파사 나다, 미 아모르, 노 요레스(No pasa nada, mi amor, no llores.)"

괜찮아, 우리 아가, 울지 말자.

나는 그 엄마를 도와주고 싶어 달려갔지만 내가 다가가기 전에 엄마는 버스 카드를 찾아서 버스에 올라타고 있었다. 버스가 출발하자 버스 꽁무니에서 짙은 매연 한 무더기가 나와 뜨거운 공기와 섞여 들었다. 나는 텅 빈 인도에 서서 도로 양쪽의 컴컴한 빌딩들 사이로 나타난 별 하나 없는 하늘 한 조각을 바라보았다. 빌딩에서 일하는 직장인들은 모두 퇴근했겠지만 빌

딩의 간판은 여전히 환하게 밝혀 있었고 에어컨이 돌아가는 소리도 들렸다. 도시는 아무 걱정도 없는 듯 평화로워 보였다. 하지만 내 주변에는 이 도시가 내뿜은 매연이 피어오르고 있을 것이었다. 다만 보이지 않을 뿐이었다.

† † †

호텔로 돌아와 전년도 여름에 발표된 피닉스의 기온 상승률 관련 보도 자료를 다시 읽었다. 거기에는 기후 변화로 인해 가장 많은 것을 잃게 될 사람들에 대한 언급은 하나도 없었다. 각종 언론에서도 그들을 다룬 기사는 거의 찾아보기 힘들다. 현재 어린이들에게 이 날씨가 어떤 의미로 다가갈지에 대한 자료나 기사는 존재하지 않았다. 그 주에 피닉스의 모든 지역에서 기온이 치솟으면서 도시의 아이들은 집에서 나가지 못했다.

그 어린이들 중에 한 명이 코디 플롬이었다. 7월 19일 기후 학자들이 피닉스를 비롯해 미국에서 가장 빠르게 더워지고 있는 도시의 목록을 발표한 다음 날 코디는 캘리포니아 여행을 마치고 돌아온 참이었다.[20] 아빠, 새엄마, 친구 한 명과 같이 해변에서 휴가를 보내고 돌아왔고 이제 여름 방학 한 달만 더 지나면 중학교 2학년이었다. 코디는 마인크래프트와 수영을 좋아했고 세 살짜리 여자 조카를 무척 귀여워했고 할머니와 사이가 각별했다. 코디가 가장 좋아하는 색은 핫핑크였다. "아마도 핑

크색을 좋아한다고 했을 때 사람들이 놀라며 보여주는 관심을 좋아했던 같아요." 그의 아빠는 나와 만났을 때 이렇게 말했다. 코디는 날이 서늘해지면 저녁에 공원에 가서 아버지가 던져주는 미식축구공을 받아 달리곤 했다.

7월 20일에 코디는 엄마의 집으로 갔다. 이틀 후에 국립기상청은 애리조나 남부 지역에 폭염 경보를 발령했다. "극도로 위험한 더위"이며 심각한 질병이나 사망의 위험도 있다고 경고했다.[21] 그날 오후 사흘째 폭염이 이어지던 중에 코디는 방학인데 집에만 있지 말고 차를 타고 나가보자는 이야기를 들었다. 엄마의 남자 친구가 가까운 산에 다녀오자고 한 것이다. 오고 가는 데만 각각 1.5킬로미터밖에 안 된다고 했다. 그들은 차 뒷좌석에 생수 두 병을 던져놓고 나갔다.

"정말 순하고 착한 아이였어요." 코디의 아빠가 우리 사이에 놓인 탁자를 멍하니 바라보며 말했다. "워낙 어른들 말을 잘 듣는 아이니까 믿고 따라간 거죠."

† † †

피닉스에 도착한 다음 날 나는 벽면을 석회로 마감한 집들과 다육 식물 정원이 있는, 곳곳에 아이들의 흔적이 보이는 한 동네에 앉아 있었다. 놀이터가 있고 우편함에는 생일 풍선이 묶여 있고 미니밴 뒤창에 가족 그림이 붙어 있는 동네였다. 그러나 38도를 넘나드는 한낮의 거리는 화성의 전초 기지처럼 고요하고 낯설었다. 그네는 쇠사슬에 매달린 채 미동 하나 없었다. 가끔 바람 한 점이 불어올 때면 시원해서 좋을 뿐 아니라 소리마저도 고마웠는데 기이할 정도의 적막에서 잠깐 벗어날 수 있어서였다. 한 시간쯤 후 청반바지에 티셔츠를 입은 초등학생 정도의 여자아이가 현관문을 열고 나와 쪼르르 옆집으로 달려가더니 곧장 집 안으로 사라졌다.

"침묵의 봄이었다."[22] 미국의 생물학자 레이첼 카슨은 1962년에 이 문장을 쓰면서 환경 재난이 자연의 노래와 어린이들의 목소리처럼 익숙한 일상생활의 소리를 모두 지워버린 미래를 상상했다. 한여름 더위가 절정일 때의 피닉스 도심 외곽 주택가의 반듯한 거리는 숨이 막히도록 고요했다. 나는 이 조용한 동네에서 내 환자들의 미래를 본 것만 같았는데, 극단적인 더위가 일상이 되어 아이들이 더는 바깥에서 마음 놓고 어느 시간 이상은 뛰어놀 수 없는 세상이 올지도 몰랐다. 카슨이 말한 침묵의 봄 대신에 세계 여러 도시는 머지않아 침묵의 여름을 맞이하게 될지도 모른다.

카슨은 이렇게 경고했다. "우리가 눈치채지 못할 때 우리를 덮치는 음산한 유령이 있다. 그리고 상상이라 생각한 그 비극은 그다지 어렵지 않게 냉혹한 현실이 될 것이며 우리 모두 그 현실을 깨닫게 될 것이다."[23]

현재 피닉스 일대의 대도시 권역 인구는 480만 명으로 계속 증가하고 있다.[24] 피닉스 내 대학과 행정부와 의료계에 종사하는 많은 이들이 기온 상승에 적응하고 도시 열을 줄이고 질병을 막기 위한 방법을 강구하고 있다. 하지만 도시 하나가 할 수 있는 일에는 한계가 있고 전 지구적으로 지구 기온 상승을 야기하는 온실 가스 배출을 줄이기 위해 더 넓은 세계가 노력해야 한다. 더 빨리 행동하지 않으면 미국에서 다섯 번째로 큰 이 도시는 현재 가장 어린 세대가 살아가는 동안 사실상 인간이 거주하기 불가능한 지역이 될지도 모른다.[25]

아이러니한 사실이 있으니 한때 이 도시의 성장 동력은 더 건강한 환경을 찾아 이주해 온 사람들이었다. 과거에 이 도시가 매력적으로 보였던 이유는 놀랍게도 날씨였다.

자연이라는 요양원

1919년 캘리포니아에 살던 한 젊은 부부가 두 자녀와 함께 모든 세간살이를 싸 들고 사막으로 떠나는 차에 올랐다.[26] 마거릿 콜리와 앨버트 콜리 부부는 경제적으로 넉넉하지 않았다. 남편은 농부였지만 남는 시간에는 금광에서 부업을 했고 아내는 간호사이자 사회복지사였다. 그들 사이에는 절박하게 도움이 필요한 아홉 살 아들이 있었다. 아들 로버트는 자주 발작적으로 기침을 했고 숨 쉬는 소리가 거칠었고 가끔 호흡 곤란이 있었다. 이 부부뿐 아니라 당시 사람들 모두가 이 가족이 가야 할 곳은 애리조나라는 것을 알고 있었다.

콜리 가족은 '요양객healthseekers', 즉 '폐병 환자들lungers'이라 불렸다. 이들이 애리조나로 이주한 이유는 따뜻하고 건조한 기후가 폐의 병세를 완화하거나 완전히 치유해줄 수 있다고 믿었기 때문이었다.[27] 콜리 부부에게는 아들의 병이 문제였다. 1880년부터 1930년 사이 수만 명의 요양객이 남서부로 대거 이주했는데 대부분은 '폐병consumption'이라 불리던 질환으로 고통받던 사람들이었다. 이는 여러 종류의 호흡기 질환을 통칭하는 말이었지만 그중에서도 가장 두려운 병인 결핵을 뜻하는 경우가 많았다.

결핵은 그 시대의 가장 악명 높은 진단명 중 하나였고 인간 경험의 모든 측면을 어둡게 만드는 장막과도 같았다. 19세기에 결핵은 미국과 유럽에서 다른 어떤 병보다 더 많은 생명을 앗아갔다.[28] 죽음을 불러오는 이 병은 환자들의 창백한 모습 때문에 백색의 사신White Plague이라 불리기도 했다. 그러나 콜리 가족이 애리조나로 떠난 이유는 또 다른 호흡기 감염이었을 수도 있다. 1918년부터 1919년까지 스페인 독감이 대유행하면서 미국인 67만 5000명이 사망했는데 이는 인구 대비 사망률로 따지면 코로나19로 인한 사망률의 약 3배에 달한다.[29] 따라서 콜리 부부가 이사를 감행할 이유는 충분했다. 이미 로버트의 폐는 굉장히 약해져 있었을 테고 애리조나의 기후가 치유를 보장해준다고 믿었을 것이다.

내가 콜리 가족의 이야기를 처음 접한 곳은 초창기 건강 이주자들이 정착했던 피닉스 북부의 서니슬로프였다. 이 작은 마을의 역사 연구회에서 한 노인 자원봉사자는 백 년이 넘은 편지와 사진 자료가 담긴 두꺼운 파일을 건네며 말했다. "수천 명의 사람들이 오직 건강을 위해 나라를 가로질렀다니. 정말 놀랍지 않나요?" 나는 자원봉사자에게 감사하다고만 인사하고 굳이 내 말을 덧붙이지는 않았다. 피닉스의 기온에 대한 기대를 알고 있었기에 대규모 이주 장면을 충분히 상상할 수 있었다.

건강을 위해 이사한다는 콜리 부부의 생각은 완전히 새로운 개념은 아니다. 이미 2500년 전에 히포크라테스는 건강이나 질병이 공기, 물, 장소에 좌우된다고, 즉 인간이 살아가는 기후에서 비롯된다고 주장했다.[30] 히포크라테스의 이론은 18세기 런던의 의사들 사이에서 부활했고 의사들은 초창기 온도계와 기압계 같은 기상 측정 기기에 매료되어 환자와 전염병에 대한 메모 옆에 각각의 날씨 데이터를 꼼꼼하게 기록하기 시작했다.[31] 의사들은 진료 중에 발견한 인간의 여러 질병이 다양한 기후적 요소 때문이라고 믿었고 정밀하게 관찰하고 기록하면 이들 사이의 관계를 입증할 수 있다고 생각했다. 이후 수십 년에 걸쳐 의사들이 풍향, 강우, 기온, 습도, 기압을 분석하면서 기상학meteorology이라는 새로운 학문이 태어났다. 그러나 최초의 기상학은 의사들의 진료실에서 태어났다고 할 수 있는데 최초의 기상학자 중 다수가 의사였기 때문이다.

19세기에 이른바 백색의 사신이 맹위를 떨치던 시기 '의학적 기상학medical meteorology'은 여전히 의사들의 사고방식을 지배하고 있었다. 1885년 뉴욕주 북부에 미국 최초의 '요양원sanatorium'이 문을 열었다.[32] 스파를 연상시키는 이 시설에서 결핵 환자들은 일부터 텐트에서 생활했는데 맑은 공기에 최대한 노출되어야 가래로 가득한 폐가 깨끗해질 수 있다고 의사들이 주장했기 때문이었다. 요양원은 전국적으로 확산되었는데 특히 따뜻한 기후 덕분에 환자들이 연중 내내 야외에서 생활할 수 있는 남부 지역에서 빠르게 늘어났다. 1890년대에 이르면 적절히 조화를 이룬 습도, 고도, 기온이 건강을 증진시킨다는 '기후학climatology'의 개념이 널리 받아들여졌다(물론 이 단어는 오늘날의 개념과는 다르다).[33] 당시 많은 의사들은 이 생각을 신봉했고 결핵 환자들에게 날씨가 따뜻한 지역으로 이주하라고 적극적으로 권하기도 했다.

그로부터 25년 후 콜리 부부가 피닉스에 도착했을 무렵 애리조나는 요양원을 찾는 결핵 환자들에게 가장 인기 많은 곳이 되어 있었다. 1910년 피닉스의 한 요양원 홍보 책자는 그 운동의 철학을 이렇게 요약하고 있다. "자연은 창조하고 유지한다. 그렇기에 자연은 치유하고 회복시킬 능력도 있다."[34] 사막을 이렇게 선전하기도 했다. "사막은 기후 조건에 크게, 혹은 전적으로 의존하는 질병을 치유하기에 가장 적절한 곳이다." 이런 증

언들이 퍼져나가면서 애리조나는 '자연 요양원Nature's Sanatorium'
으로 불리게 되었고 주 정부의 공무원들도 그 이미지를 굳이
부정하지 않았다.[35]

정말로 병세가 호전된 사람도 적지 않았다. 하지만 실제로
건강이 호전된 이유는 19세기 도시의 인구 과밀과 공기 오염에
서 벗어나 휴식을 취할 수 있었기 때문인 경우가 많았다. 나는
역사 연구회 자료실에 앉아 절실한 표정을 지은 채 야생의 사
막으로 향하는 이주민들의 사진을 바라보며 생각했다. 사막을
권장한 의사들이 의학적인 정보 면에서는 오류가 있었을지 몰
라도 더 큰 차원에서는 옳았을지도 모른다. 그로부터 한 세기
가 지난 오늘날의 의학은 그 큰 차원을 놓치고 있을 수도 있다.
우리는 이제 하늘을 올려다보며 건강 문제의 답을 찾지 않는다.
그러나 우리의 건강은 여전히 우리를 둘러싼 공기, 물, 그리고
우리가 사는 장소와 분리해 생각할 수 없다.

마거릿 콜리와 가족은 노스 마운틴 근처에 정착했는데 훗
날 내가 이 가족의 삶의 기록을 검토하게 될 역사 연구회 건물
에서 멀지 않은 곳이었다.[36] 콜리 가족 주변으로 이미 수천 명
의 요양객들이 몰려들고 있었는데 이제 막 주로 승격한 애리조
나는 갑자기 몰려든 인구를 수용할 여력이 없었다. 대부분의 이
주민들은 가난하고 아프고 고향에 가족과 친구들을 두고 와 외
로웠다. 고급 요양원에 들어갈 형편이 안 되었던 이들은 사막
곳곳에 천막과 판잣집을 세우고 필사적으로 생계를 꾸려갔다.

간호사였던 마거릿은 가난한 주민들을 돌보는 일을 시작했다. 1920년대에 마거릿은 작은 진료소를 운영하며 갓 설치된 전화선을 통해 멀리 있는 의사들에게 조언을 구했다.[37] 어떤 사진 속에서 마거릿은 흰색 간호복을 입은 채 진료소의 새 구급차 옆에 진지한 표정으로 서 있다.[38] 발치에는 의료 가방이 놓여 있고 구급차 들것에 묶인 한 소녀가 굳은 얼굴로 카메라를 응시하고 있다.

또 다른 사진 속에서 마거릿은 자녀들과 함께 동네 식료품점 앞에 서 있다.[39] 로버트 콜리는 어머니 옆에 있다. 사막에서 살면서 확실히 건강이 호전된 것으로 보인다. 마거릿이 남긴 기록에는 더는 아들 이야기가 등장하지 않는다. 로버트는 성장했고 부동산 관련 직업을 얻었고 결혼해서 가정도 꾸렸으며 아흔다섯 살까지 살았다. 장수했다는 것을 제외하면 특별할 것 없는 인생이었다.

그러나 어린 시설 로버트 콜리가 앓았던 천식은 '나비 효과'를 일으켰다. 한 집안 내에 있었던 작은 사건이 피닉스라는 도시에 영구적인 흔적을 남겼고 이후 그가 한 번도 만나보지 못한 한 소년의 생명을 간접적으로 구했다.

1930년대 서니슬로프로 이주한 한 부유한 남성이 아내가 결핵에서 회복되자 감사의 마음을 전하고자 마거릿의 진료소에 거금을 기부했다.[40] 그 자금으로 마거릿은 진료소를 확장해 작은 병원을 세웠고 기부자의 이름을 따 '존 C. 링컨 메디컬 센터'라 지었다.

마거릿이 아들을 살리기 위해 사막으로 이주했던 때로부터 거의 한 세기가 흐른 뒤에 마거릿이 세운 병원은 같은 사막에서 또 다른 여인의 아들을 살렸다. 한때 결핵 환자들의 천막이 늘어서 있던 바로 그 자리에서 조이 아수엘라는 그들이 치유를 기대하며 찾았던 더운 기후 때문에, 이 도시의 인기 요인이었던 날씨 때문에 거의 죽을 뻔했다.

죽음의 하이킹

얼리샤 안다솔라는 코디 플롬의 소식을 들었을 때 가슴이 철렁 내려앉을 뻔했다고 했다. "우리 애와 거의 상황이 같잖아요." 얼리샤의 목소리가 떨렸다. "그 뉴스를 보고 저도 울었어요." 얼리샤는 지역 방송국에 전화를 걸었다. 우리가 겪은 일을 말해주면 누군가에게 도움이 될지도 모른다고 생각했다. 적어도 다른 부모들에게 경고를 해줄 수는 있었다.

2015년 8월 1일 얼리샤의 아들 조이 역시 코디와 마찬가지로 무더위가 기승을 부리던 어느 날 낮에 하이킹을 가기로 했다. 그리고 조이 역시 혹독한 대가를 치러야 했다. 사실상 조이의 상황은 코디와 거의 흡사했는데 딱 한 가지 결정적인 차이가 있다면 속도였다.

등산을 떠난 날에 조이는 앞으로 펼쳐질 몇 주 후를 설레하며 기다리고 있었다. 조이는 고등학교에 입학할 예정이었고 다니게 될 학교의 미식축구팀에 미리 입단하여 훈련도 시작한 참이었다. 이 열네 살 소년은 아버지와 함께 체력 훈련도 병행하고 있었다. 그날 오후에 부자는 가파른 오르막과 내리막이 이어지는 등산로인 피닉스 서니슬로프에 있는 노스 마운틴 공원으로 향했다.

기온은 약 39도라서 피닉스 기준으로는 그렇게까지 덥지 않은 날이었고 이미 여러 차례 같이 걸어본 동선이기도 했다. 그래서 출발한 지 얼마 안 되어 조이가 컨디션이 이상하다며 구토를 했을 때도 두 사람은 심각하다고 여기지 않았다. 두 사람은 잠시 쉬었다가 다시 산을 오르기 시작했다. 산 중턱쯤 올랐을 때 가져온 물이 다 떨어졌다. 하지만 그렇게 긴 코스가 아니라고 생각했다. 한 시간 정도면 충분해. 차에 돌아가서 마시면 되지.

조이는 평소보다 지쳤지만 힘을 내 정상까지 오르고 싶었다. 피닉스의 사막 산길이 그렇듯이 이 길에도 그늘이 거의 없었다. 두 사람이 정상에 도착했을 때 조이는 어지럼증을 호소했지만 그날의 등산은 체력 훈련이기도 했기에 둘은 쉬지 않고 곧바로 하산하기로 했다.

"아버지가 괜찮으니까 저도 괜찮을 거라고 생각하신 것 같아요." 조이는 그때를 떠올리며 말했다. "물도 똑같이 마셨거든요.” 조이는 다리와 몸이 점점 더 뜨거워진다고 느꼈다. “내려가는 길이었는데 기분이 이상하더라고요. 몸이 붕 떠 있는 것 같다고 할까요.” 이상한 기분이 들었던 것까지만 기억나고 그 뒤의 하산길은 기억에 없다. 마지막 장면 딱 하나는 기억이 났다. 주차장 입구였고 아버지의 차가 보였고 드디어 도착했다고 생각했다.

조이는 그 자리에서, 뜨겁게 달궈진 아스팔트 위에 픽 하고 쓰러졌다. 반팔 티셔츠와 반바지 차림으로 아스팔트에 넘어지는 일은 마치 난로 위로 풀썩 넘어지는 것과 같았다. 조이는 팔과 다리에 심한 화상을 입었다. 아빠가 조이를 끌고 그늘로 옮기려고 했지만 그 과정에서 데인 상처가 찢어졌고 흙과 아스팔트 조각이 달라붙었다. 넘어지면서 팔을 세게 부딪히고 멍이 너무 심하게 들어서 응급실 의사들은 처음에는 당연히 팔이 부러진 줄 알았다고 했다.

얼리샤는 존 C. 링컨 병원의 복도를 달려갔을 때 응급실 바닥에 주저앉아 울고 있는 남편을 보았다. 처음 전화를 받았을 때 이해가 가지 않았다. 조이가 잠깐 기절했다고? 그런데 왜 구급차까지 필요하지? 하지만 병원에 도착해서야 서서히 이해되기 시작했다. 생각보다 훨씬 더 심각한 사건이 일어난 것이다.

얼리샤는 병실로 들어갔다. 아들은 옷이 벗겨진 채 침대에 누워 있었다. 의식이 없었고 몸은 얼음으로 덮여 있었다. 작은 병실 안은 혼돈 그 자체였다. “전 인력이 투입된 상황이었어요.

조이는 의료진에게 둘러싸여 있었어요." 얼리샤는 모두가 아이의 생명을 구하기 위해 쉴 새 없이 움직이고 있었다고 했다. 간호사는 조이의 몸 위로 얼음을 퍼부었다. 얼리샤는 침대 쪽으로 다가가려다가 바닥에 떨어진 얼음 조각을 밟고 미끄러지기도 했다. 어느 시점에 누군가, 아마 의사 한 명이 상황을 설명해주었다. 조이는 혼수상태고 인공호흡기로 숨을 쉬고 있으며 그에게 연결된 또 다른 기계는 굵은 관을 통해 피를 뽑아 식힌 뒤에 다시 몸으로 돌려보내는 용도라고 했다.

응급실에 도착했을 때 조이의 심부 체온은 거의 41.6도까지 올라가 있었다. 열사병으로 쓰러진 것이다.

"지금도 그때를 생각하면 소름이 끼쳐요." 얼리샤는 그날 아들의 생명을 살린 모든 상황과 조건들을 되새기며 말했다. 2년 후 우리는 얼리샤의 부엌 식탁에 마주 앉아 있었고 우리 앞에는 의료 기록들이 몇 센티미터 높이로 쌓여 있었다. "조이는 등산로 입구에서 쓰러졌기 때문에 구조대원들이 산을 올라갈 필요가 없었잖아요. 그리고 바로 옆에 1등급 외상 센터가 있어서 응급 처치를 받을 수 있었고요."

이 병원이 바로 마거릿 콜리의 작은 진료소에서 시작된 존 C. 링컨 메디컬 센터다. 조이가 쓰러진 자리에서 불과 1.6킬로미터 떨어진 곳에 있었다. 1등급 지정 병원이란 가능한 한 최고 수준의 외상 치료를 제공할 수 있다는 뜻이다. 조이의 행운이 조이를 불운에서 구했다. 만약 그날 두 사람이 다른 공원에 갔다면 조이는 살아남지 못했을 것이다.

몇 시간이 지나자 체온이 37도 정도로 떨어졌고 조이는 헬리콥터로 피닉스 아동 병원으로 이송되었다. 이듬해 여름 코디가 실려 온 바로 그 병원이었다.

조이의 체온은 정상으로 돌아왔지만 이미 신체 전반에 중대한 손상이 있었다. 소아 중환자실에 도착하자마자 경련을 시작하기도 했다. 피닉스 아동 병원의 의료 기록을 보니 참담했다. 뇌에 경련이 일어났을 뿐 아니라 몸의 모든 장기가 손상되어 있었다. 조이의 심장과 간 효소 수치는 비정상적으로 높게 나타났고 이는 그 장기들의 세포가 손상되었음을 의미했다. 조이는 호흡 부전과 의식 상실로 인해 인공호흡기에 의존해야 했다. 장의 내벽은 괴사해 떨어져 나갔고, 근육에 에너지 공급이 충분치 않아 괴사가 일어나는 증상인 횡문근융해증rhabdomyolysis이 나타났다. 죽어가는 근육에서 방출된 독소가 신장을 손상시켜 신부전을 일으켰고 그 기능이 회복되기까지는 수개월이 걸렸다. 의사들은 가족에게 예전의 조이로 돌아오지 못할 수도 있다고 말했다. 글 쓰고 말하고 걷는 법을 다시 배우게 될 수도 있다고 했다. 조이는 고등학교 1학년 1학기를 통째로 휴학했다.

얼리샤에게 2016년 여름은 쉽지 않은 해였다.

"계속 숫자를 세고 또 세고 기록을 했죠." 얼리샤는 그해 여름 애리조나 전역에서 발생한 열 관련 질병, 구조, 사망 건수를 하나하나 적어두었다고 했다. 그러다 코디의 사건을 듣고 마음이 무너졌다. "그 아이의 이야기를 듣고 며칠 동안 마음이 아프더라고요."

코디의 이야기가 뉴스에 보도된 후에 촬영팀이 얼리샤와 조이의 집을 찾았다. 조이는 기억나는 대로 자신의 이야기를 들려주고 팔과 다리의 화상 흉터를 보여주었다. 그 상처들이 완전히 아물기까지 열 달이 걸렸고 고통스러운 드레싱 교체를 수없이 견뎌야 했다. 얼리샤는 조이가 여러 대의 의료 기기에 의지해 생명을 유지하던, 가장 힘든 시절의 사진들을 언론에 공개했다. 신문 기사 제목은 이러했다. 죽음 직전의 하이킹 후 회복에 1년이 걸린 소년.[41] 또 다른 기사 제목도 있었다. 죽음과 조우하다.

얼리샤는 다른 사람들, 특히 부모들에게 경고하고 싶었다. "애리조나의 여름 더위는 사람을 죽일 수 있어요."

나는 소파에 앉아 있는 조이를 바라본다. 이제 키가 크고 체격이 튼튼하며 거의 성인처럼 성장해 있었다. 흉터가 남아 있긴 하지만 지금의 신체적 온전함은 얼리샤에게는 기적이다. 또한 얼리샤는 이 모든 어마어마한 일에 천운이 따랐다는 사실을 말하지 않아도 알고 있다.

몸이 화로가 되다

나중에 나는 조이의 의료 기록을 넘겨볼 때 얼리샤의 얼굴에 떠오른 표정이 종종 떠오르곤 했다. 얼리샤는 아들에게 일어났던 일을 자세히 이야기하면서도 아직까지도 믿기지 않는 듯 어안이 벙벙한 표정을 지었다. 당시에 내가 말을 얹지는 않았지만 조이의 의료 기록 속에는 다른 층위의 숨겨진 이야기가 있다. 그날의 기온은 약 39도였는데 조이의 체온은 41.6도까지 올라갔다. 조이의 몸이 사막보다 더 뜨거웠다. 어떻게 이런 일이 가능할까? 이 사실은 점점 더워지는 세상에서 만날 수 있는 위험에 대해 어떤 이야기를 들려주는 걸까?

그 답은 조이의 신진대사 작용metabolism, 즉 조이의 몸속 모든 세포에서 일어나고 있던 수많은 화학 반응에서 찾아볼 수 있다.[42] 이 화학 반응들은 열을 방출하는 일을 한다. 우리의 몸은 언제나 켜져 있는 작은 난로와도 같다. 그래서 살아 있는 몸은 따뜻하다. 조이의 몸이 과열되지 않게 하기 위해서는 뇌와 신경, 심장과 혈관, 피부와 땀샘이 협력하여 몸의 열기를 주변 환경으로 내보내야 한다. 하지만 바깥 공기 자체가 너무 뜨거워지면 인간의 몸을 식혀주는 기능이 제대로 작동하지 않는다. 그 결과 신진대사 작용에서 생긴 열이 몸속에 갇혀 빠져나가지 못하면서 체온이 치솟게 된다. 그날 조이에게 그 일이 일어났다.

그날 오후가 시작될 때만 해도 조이의 신진대사는 정상적으로 작동하고 있었다. 등산을 시작하기 전에 조이는 에어컨이 켜진 아버지의 자동차 안에 앉아 등산화의 끈을 묶었고 산에 가기 전에 먹었던 음식을 소화시키고 있었다. 그가 섭취한 음식은 우리 몸이 사용할 수 있도록 포도당과 단백질로 분해되고 있었다. 그 과정에서 음식 속 화학 결합이 끊어지면서 에너지가 방출되었다. 에너지의 대부분은 열로 전환되었지만 일부는 아데노신 삼인산ATP, adenosine triphosphate이라 불리는 화학 물질의 새로운 결합을 형성하는 데 사용되었다.

아데노신 삼인산 분자 하나는 작은 운반차가 되어 몸이 지금 필요로 하는 곳이라면 어디든 에너지를 실어 나른다. 조이가 산을 오르기 시작했을 때 심장을 뛰게 하고 다리 근육을 움직이게 하는 데 필요한 힘은 바로 이 아데노신 삼인산이 분해되면서 나오는데, 이때 아데노신 삼인산 안에 저장되어 있던 에너지가 방출되는 것이다. 이 방출된 에너지의 내부분이 열로 번하고 실제로 조이가 산을 올라갈 때 사용된 에너지는 이 열 에너지의 약 25퍼센트에 불과하다(이 기능은 반대로 추울 때도 매우 유용해서 우리가 추위 속에서 몸을 떨 때도 아데노신 삼인산을 분해하면서 생기는 열 덕분에 체온이 유지된다).

이 열이 빠져나갈 방법을 찾지 못한다면 조이의 몸속 장기들은 너무 과열되어버린다. 하지만 정상적인 상태에서는 이런 일이 일어나지 않는다. 혈액이 몸속을 순환하면서 체내 중심부의 열을 계속해서 조금 더 차가운 피부 쪽으로 옮기면 그곳에서 피부의 열이 공기 중으로 방출되기 때문이다. 그렇게 한결 시원해진 혈액이 다시 체내 중심부로 돌아와 장기의 온도를 37도에 가깝게 유지시킨다. 보통 온화한 날씨에는 심장이 내보내는 혈액의 5퍼센트에서 10퍼센트 정도가 체온 조절을 위해 피부로 향한다.

그날 조이가 자동차 문을 열고 작열하는 8월의 태양 속으로 발을 내디딘 순간 조이의 피부 온도가 올라가면서 심부열을 밖으로 내보내는 능력이 떨어지기 시작했다. 그 사이에 근육이 움직이면서 몸은 더 더워지고 있었다. 조이의 신체 내부의 감각 신경들은 상승하는 체온을 감지해 바로 두뇌의 시상하부*hypothalamus*에 신호를 보낸다. 정확히는 시상하부 중에서도 '전시상 하부의 시각교차 앞 영역*POAH, preoptic area of the anterior hypothalamus*'이라 불리는 '몸의 온도 조절 장치*thermostat*'로 신호를 보내는데 이 영역은 명령을 받고 조이의 피부와 근육과 다른 장기들에도 신호를 내보낸다.

신경 신호를 전달받은 조이의 피부 혈관이 확장되기 시작하면 피부로 흐르는 혈류가 늘어나면서 피부 온도가 상승하고 그만큼 더 많은 열이 방출된다. 이때 피부로 향하는 혈류량은 심장 박출량의 약 33퍼센트까지 늘어난다.

그러나 그날처럼 더운 날에는 혈류량이 증가한다 해도 주변의 공기 온도가 피부 온도보다 더 높다는 사실을 극복하지 못한다. 피부는 더는 열을 방출할 수 없고 조이의 체온은 오르기만 한다. 그 순간 조이의 몸이 시도할 수 있는 유일한 방법은 증발 작용, 즉 땀을 흘리는 것이다.

그래서 전시상 하부의 시각교차 앞 영역은 조이의 피부 곳곳에 있는 수백만 개의 땀샘에 땀을 분비하라는 명령을 내렸다. 체온이 오를수록 땀 분비도 증가하는데 이때 두 종류의 땀샘이 작용한다. 겨드랑이에 모여 있어 냄새가 나는 땀을 만들어내는 아포크린 땀샘apocrine glands과 몸 전체에 분포하며 냄새가 거의 나지 않는 땀을 분비하는 에크린 땀샘eccrine glands이 있다. 체온 조절에는 에크린 땀샘이 훨씬 더 중요한데 이 땀은 염분이 적어서 더 빨리 증발한다.

조이가 땀을 계속 흘리기 위해서는 체액이 필요하다. 바로 여기서 조이의 몸은 수학과 생물학의 기본 법칙과 대치하게 된다. 더운 날씨에 운동을 하면서 그는 시간당 약 2리터의 수분을 증발로 잃고 있었는데 이는 단지 땀으로 배출되는 것뿐 아니라 호흡할 때 입과 코와 폐의 점막을 통해서도 증발한 수분의 양이 포함된 것이었다. 조이는 등산을 시작하고부터 짬짬이 물을 마시긴 했지만 그의 몸이 실제로 흡수할 수 있는 양은 한 시간에 0.5리터 남짓이었다. 그렇게 되면 잃는 수분량의 4분의 1밖에 보충하지 못한 셈이다. 이런 속도라면 조이는 차에서 내린 지 한 시간 만에 탈수 증상에 시달리게 되고 산에 오를수록 상황은 심각한 수준으로 악화된다.

조이와 조이의 아버지는 산에 올라갈 때 물을 충분히 챙기지 않았다. 그리고 조이에게는 등산로 초입부터 이미 열 탈진 증세가 나타나기 시작했다. 온몸에 힘이 빠졌고 급격히 피로감을 느꼈으며 머리가 어질어질해졌고 속이 메스꺼워 결국 구토를 했다. 몸에서는 땀이 물처럼 흘러내렸고 근육은 뭉치기 시작했다. 조이가 정상에서 내려오기 시작했을 무렵 체온은 아마도 38.8도를 넘었을 것이다.

땀을 만드는 데 필요한 수분은 혈액에서 나온다. 피부 속 모세혈관이 땀샘에 수분을 공급한 것이다. 그러나 계속 땀을 흘리면서도 물을 마시지 못하자 조이의 혈액량과 혈압은 급격히 떨어졌다. 이에 대응하여 몸은 장기에 계속해서 산소를 공급하기 위해 심장을 더 빠르게 뛰게 한다. 조이의 뇌 속에 있는 수용체는 갈증을 느끼게 했고 호르몬은 신장에 소변 생성을 멈추게 하라고 신호를 보냈다. 그 결과 혈액은 점점 농축되어 염분 농도가 높아졌고 이는 경련과 발작의 위험을 키웠다. 뇌로 가는 혈액이 줄면서 의식이 흐릿해졌기에 산을 내려오던 길에 대한 기억이 조이에게 거의 남아 있지 않은 것이다.

만약 조이가 중간중간 그늘에서 쉬며 물을 충분히 섭취했다면 어땠을까? 그랬다면 이 모든 문제가 해결되었을지도 모른다. 하지만 그는 산책이 아니라 운동을 하는 중이었고 등산길에는 그늘도 없고 물도 없었으며 머리가 어지러워 쉬어야 한다는 이성적인 생각조차 할 수 없었다. 그래서 조이는 그 상태로 계속 걸었다. 그 시점에서 일사병은 생명을 위협하는 응급 상태인 열사병으로 발전하고 있었다.

확장된 피부 혈관 속에 피가 고이기 시작하면서 조이의 몸은 이제 가혹한 선택을 강요받았다. 조이의 심장은 내부 장기나 피부로 가는 혈류를 줄이고 근육과 두뇌처럼 지금 상황에 생존에 절대적으로 중요한 기관으로 피를 몰아주기 시작한다. 하지만 이 과정에서 혈류가 감소하고 심장 근육 자체가 열로 손상되고 심장 박동을 조절하는 혈중 염분 농도가 상승하면서 심장 박동이 점점 불규칙해진다. 그렇게 되니 장기로 내보내고 있던 혈액도 거의 끊기다시피 했는데 그 때문에 장벽이 괴사해 떨어져 나갔다. 설령 그때 물이 있었다 해도 조이의 몸이 그 물을 흡수하기는 어려웠을 것이다. 한편 너무 뜨겁게 달아오른 근육이 파열되기 시작하면서 독성 단백질을 방출해 신장을 손상시켰다. 이 시점에서 조이의 심부 체온은 피부에서 외부로 열을 방출시키지 못하면서 아마도 40도에 달했을 터다. 또한 더는 땀을 흘리지 못한 채 피부는 뜨겁고 건조하고 붉게 달아오르기만 했다.

만약 조이가 신속히 구조되지 못해 냉각 치료를 받지 못했다면 뇌와 주요 장기들은 돌이킬 수 없는 손상을 입었을 것이며 생명을 유지하지도 못했을 것이다. 실제로 병원에 도착했을 때 그의 체온은 약 41.6도였는데 인체가 40.5도 이상의 체온을 견디는 시간은 매우 짧아 일정 시간 이상 지속되면 생존에 치명적이다. 열사병 치료에서는 속도가 전부이고 이 사실을 누구보다 잘 알고 있던 이들은 코디 플롬을 살리기 위해 고군분투한 응급 구조대원들이었다.

체온이라는 안전지대

"인간은 평생 동안 극히 좁고, 철저하게 보호되는 체온 범위 안에서 살아간다."[43] 생리학자 W. 래리 케니는 이렇게 지적했다. 뜨거운 피나 차가운 심장이라는 말은 듣기에는 멋진 표현이지만 실제로 건강할 때 우리의 심부 체온은 37도에서 단 1도 이상 벗어나는 일이 거의 없다. 추우면 스웨터를 입고 더우면 벗는 것과 같은 의식적인 행동과 땀을 흘리는 것 같은 무의식적인 행동이 결합하며 인간은 체온의 좁은 범위 안에서 안전하게 살아간다.

우리의 생활을 하루만 유심히 관찰해도 우리가 쾌적한 온도라는 안전지대에 머물기 위해 매 순간 얼마나 노력하는지 알 수 있다. 우리는 아침에 어떤 옷을 입을지, 실내 온도를 몇 도로 설정할지를 두고 고민한다. 차가운 탄산음료를 마실지 따뜻한 코코아를 마실지, 실내에 있을지 밖으로 나갈지, 햇볕을 쬐고 앉아 있을지 그늘로 들어갈지, 수영장에 뛰어들지 난로 앞에 앉을지, 창문을 열지 블라인드를 내릴지를 계속해서 선택한다. 이렇게 우리는 세상의 온도에 반응한다.

또한 우리의 몸은 지시나 명령을 받지 않고도 항상 스스로 체온을 조절한다. 땀을 흘리거나 몸을 떨거나 더위와 추위와 갈증을 느낄 때 우리 몸속에서 일어나는 복잡다단하고 경이로운 일들에 대해 일일이 생각하는 사람은 없다. 우리는 그저 수백만 년 동안 인류에게 전달된 유전적 코드로 지구의 날씨에 적응하며 살아간다. 우리가 이처럼 체온을 조절할 수 있는 이유는 피부라는 놀라운 자산을 갖고 있기 때문이기도 하다. 피부를 사이에 두고 우리의 몸과 주변의 공기가 만난다. 피부라는 경계선에서 두뇌와 주고받은 신호들은 우리가 주변의 온도의 변화를 감지하고 대응할 수 있게 한다. 다시 말하지만 우리의 건강은 결국 대기의 건강과 긴밀히 연결되어 있다.

하지만 이 모든 것을 고려해도 의문이 생긴다. 인간은 왜 이렇게까지 일정한 온도를 유지하며 살아야 할까? 왜 우리의 신체 내부 환경이 온도 면에서 안정되어 있다는 것이 이렇게까지 중요한가? 조이의 체온이 정상 범위를 크게 벗어났다는 사실이 왜 그렇게 위험했던 걸까?

그 답은 생명 자체의 화학 반응에 있다. 생명의 반응들, 즉 우리 몸속에서 하루에도 수백만 번 일어나는 아데노신 삼인산의 생성과 분해 같은 반응은 온도의 영향을 받는다. 우리의 신진대사 활동은 정상적인 온도 범위 안에서만 잘 작동하며 그 범위를 벗어나면 가장 기본적인 수준의 몸의 기능마저 멈추게 된다. 온도가 극도로 높아지면 우리의 장기와 신체를 구성하는 요소들의 화학적인 결합이 하나씩 끊어진다. 단백질이 변성되고 세포는 파열되며 생체 조직은 붕괴되기 시작한다. 바로 이런 일들이 조이의 근육, 장, 간, 신장, 피부, 그리고 두뇌에서 일어났다.

조이의 이야기를 따라가며 자료를 검토하는데 한 가지 의문이 계속 나를 따라다녔다. 조이는 그 즈음이면 더위에 익숙해졌어야 하는 것 아닐까? 사람이 점차적으로, 그리고 반복적으로 높은 기온에 노출되면 몸도 점점 그에 적응하는 방향으로 바뀐다.[44] 체온이 오르기 전에 땀을 더 빠르고 많이 배출하게 되고 심장은 더 튼튼해져 더 효율적으로 몸을 식히는 방식을 터득하게 된다. 열대 기후의 나라에서 일하는 스포츠 감독들이라든가 중동 지역의 군 지휘관들은 인간의 열 적응acclimation이라는 놀라운 현상에 익숙할 것이다. 그래서 애리조나 현지인보다 애리조나를 찾는 관광객들이 열 관련 질환에 걸릴 위험이 더 높다.[45] 우리의 몸은 평소 지내던 기온과 너무 크게 온도 차이가 나는 환경에 잘 대응하지 못한다. 하지만 조이는 피닉스에 오래 살았고 미식축구팀에서 정기적으로 훈련도 하고 있었다.

조이의 사례는 절대 간과하지 않아야 할 중대한 사실을 보여준다. 인간의 열 적응 능력이 환경에 대한 신체 반응을 개선할 수는 있지만 생명의 근본적인 화학 법칙까지 바꿀 수는 없다는 사실이다. 이 자연 법칙에는 인간이 살아남을 수 없는 물리적 한계가 분명히 존재한다. 조이는 그 한계점에 다다랐다. 뜨거운 날씨 속에서 운동을 했고 땀으로 잃은 수분을 보충할 물도 없었고 그 상황을 만회할 능력은 부족했다. 이른바 운동성 열사병exertional heatstroke이라는 상태에 빠진 것이다.

많은 공공 보건 연구자들은 앞으로 닥칠 세상에서 열 적응이 우리를 구할 수 있는 한 가지 희망이 될지도 모른다고 말한다.[46] 물론 그것은 도움이 될 것이고 우리는 갖고 있는 모든 수단을 최대한 활용해야 할 것이다. 그러나 우리가 알고 있는 지구의 대기와 금성의 대기 사이에는 결정적인 차이가 존재한다. 금성에서는 이산화탄소 농도가 너무 높아 표면의 온도로 납도 녹일 수 있다.[47] 지구가 적정 온도의 임계점을 넘으면 광범위한 열 관련 질환이 퍼지고 더 심각한 일이 일어날 수도 있다.

그리고 어린이들의 임계점은 그들의 부모보다 한참이나 더 낮다.

(다시 말하지만) 어린이들은 다르다

"아이들이 취약하니까요. 선생님이나 저보다 훨씬 더요. 게다가 아이들은 경험이나 지식이 부족해서 언제 멈춰야 할지 모르죠."

제니퍼 바노스는 책상에 깍지 낀 두 손을 올려놓고 몸을 앞으로 숙였다. 나는 방금 그녀에게 코디와 조이의 이야기를 들려주었다. "제가 지금 하는 연구 대부분이 그런 환경에서 아이들의 몸에 정확히 어떤 일이 일어나는지 파악하는 겁니다."

바노스 박사는 캘리포니아대학 샌디에이고 캠퍼스UCSD에 소속된 과학자였다. 우리는 해변 절벽 위에 자리한 현대식 건물에 있는 그녀의 새 사무실에 마주 앉아 있었다. 창밖으로는 태평양이 펼쳐져 있고 저 먼 하늘에는 펠리컨 무리가 줄지어 날아가고 있었다. 대부분의 공중 보건 연구자들이 머무는 삭막한 연구실과는 전혀 다른 풍경이었다. 그녀의 연구 주제 역시 완전히 새롭다고 할 수 있었다. 바노스는 스크립스해양연구소Scripps Institution of Oceanography와 UCSD 의과 대학에 겸직 교수로 임용된 새로운 유형의 학자였다.

UCSD를 비롯한 점점 더 많은 의과 대학들이 기후 위기가 단순히 환경의 문제가 아니라 의학의 문제이기도 하다는 것을 깨닫고 있다.[48] 의사들은 세계가 점점 더워지면서 증가하는 질병에 대비해야 했다. 동시에 학교는 다학제 연구팀을 조직해 기후 변화로 인한 건강의 위기를 분석하고 이를 예방하거나 적응할 수 있는 방안을 모색하고 있다. 바노스는 얼마 전에 이 팀에 합류했다.

바노스 박사의 주요 관심 분야는 열 생리학heat physiology, 즉 인간의 몸이 왜, 그리고 어떻게 뜨거워지고 식는지를 연구하는 것이다. 지금까지 더위가 인체에 미치는 영향을 이해하는 방식은 거의 전적으로 성인을 대상으로 한 연구에 기반을 두고 있었다.[49] 군인, 야외 노동자, 운동 선수, 열 관련 질병률과 사망률이 가장 높은 고령자가 주요 연구 대상이었고 어린이를 주제로 한 열 관련 연구는 극히 드물었다. 바노스는 바로 그 공백을 메우려하고 있었다. 그녀는 날씨와 기후가 살아 있는 모든 생명체에 미치는 영향을 연구하는 생물기상학자biometeorologist로서 생명체 중에서도 어린이에 가장 관심이 많았다. 피닉스에서도 관련 연구를 수행한 적이 있었다.

먼저 아이들의 신체는 성인과는 완전히 다르게 작동한다고 바노스 박사는 설명한다. 그 때문에 훨씬 더 열에 취약할 수밖에 없다. 우선 아이들은 성인보다 체중 대비 표면적이 크다. 몸무게로만 비교하면 신생아의 표면적은 부모의 3배, 학령기 아동은 부모의 약 1.5배이다.[50] 따라서 아기나 어린아이는 덥거나 추울 때 체온이 훨씬 더 빠른 속도로 오르거나 떨어진다.

또한 아이들은 체중 단위당 너 많은 대사열을 생성하고 심지어 가만히 있을 때조차 그렇다.[51] 나의 병원을 찾는 아이의 부모들은 아이의 넘치는 에너지를 병에 담아 팔면 좋겠다는 농담을 곧잘 하는데 그 에너지의 원천이 바로 아이들의 활발한 신진대사다. 아이들은 어른보다 움직임이 빠르고 호흡도 맥박도 더 빠르게 뛴다. 하지만 어린이가 체중에 비해 훨씬 더 많은 열을 만들어내는 가장 중요한 이유는 이들이 지속적으로 성장하고 있기 때문이다. 성장이란 어린이에게만 일어나는 극도로 강도 높은 신진대사 과정이라 할 수 있다.

어른과 마찬가지로 아이들 역시 내부에서 생성되는 대사 열을 피부로 보내 외부로 방출해야 한다. 그러나 영유아와 어린이는 어른에 비해 혈액량이 적어 효과적으로 열을 발산하기가 어렵다. 게다가 심장 근육 자체가 아직 약해서 심장 박동의 세기를 빠르게 늘리기보다는 속도(심박수)를 올리는 방식으로 대응한다. 심박수가 늘어날수록 심장이 수축하면서 혈액으로 채워질 수 있는 시간은 줄어든다. 그 결과 체온이 오를수록 신체에 산소가 충분한 혈액이 공급되지 못해 조직이 손상될 수 있다. 이는 특히 안정 시 심박수가 이미 분당 140~160회에 이르는 신생아에게 문제가 될 수 있다.

또한 날씨가 더울 때나 운동 중일 때 어른들은 아이들보다 더 빨리, 더 많이 땀을 흘린다. 유아의 땀샘은 작아서 성인이 흘리는 땀의 절반 이하의 양만 분비할 수 있다.[52] 게다가 아이들은 더위에 대한 적응 속도가 어른보다 훨씬 느리다. 또한 여자 아이의 경우 더위 적응력이 더 떨어지는데, 전 연령대에 걸쳐 남성은 여성보다 땀을 더 많이 흘린다.

이 모든 생리적 차이는 아기와 어린이의 몸이 부모보다 훨씬 더 빨리 뜨거워진다는 데 있다. 물론 아이가 성장할수록 그 격차는 줄어들어서 대체로 초등학교 4학년에서 6학년쯤 되면 대부분의 아이들이 더위 속에서도 어른과 비슷한 시간 동안 지치지 않고 운동을 할 수 있다. 하지만 어린이들은 발달상과 행동상의 이유로 위험에 놓일 가능성이 높다. 아이들은 물론이고 심지어 청소년조차 주변에 있는 어른의 도움 없이는 날씨가 너무 덥다거나 물을 마셔야 한다거나 그늘로 들어가야 한다는 판단을 잘 내리지 못한다. 문제는 어른들이 자신에게 별다른 증상이 없어 괜찮다고 느끼면 어린이에게는 그렇지 않을 수도 있다는 사실을 인식하지 못한다는 것이다. 조이와 코디의 경우가 그러했다. 그들과 함께 있던 성인 남성들은 같은 환경 조건에 있었지만 아무 이상이 없었고 소년들이 생명의 위협에 처했다는 사실을 알아채지 못했다.

제니퍼 바노스 박사는 바로 이러한 위험 요소를 수치화하는 작업을 하면서 아이들이 안전하게 바깥세상을 경험할 수 있는 능력을 보호해주고자 한다.

어린이들과 어린 시절을 보호하기 위하여

바노스는 나를 자신의 연구실로 안내해 SF 영화에나 나올 법한 장치들을 보여주었는데 아이들이 놀 때 이것을 착용하게 한다고 했다. "우리는 아이들이 실제로 경험하는 감각의 정확한 데이터를 수집하려고 하죠." 그녀가 내게 아이들의 벨트 고리에 걸 수 있도록 만들어진 작은 스테인리스 원반 하나를 건넸다. "이건 아이들 신체의 온도와 습도를 측정하는 장치예요."

아이들에게 이런 모니터링 장비를 부착하면 아이들이 이동하는 장소의 '미세 기후microclimate'를 측정할 수 있다. 예를 들어 아이들이 나무가 우거진 숲속이나 뜨겁게 달궈진 농구 코트처럼 평소와 다른 환경 속에 있을 때 몸이 어떻게 반응하는지를 숫자로 파악할 수 있다.

바노스 박사의 진짜 연구실은 실내가 아니라 도심 놀이터였다. 바노스는 놀이터에서 아주 사소한 환경적 차이가 아이들의 안전에 엄청난 영향을 미친다는 사실을 밝혀냈다. 바노스는 여름이면 피닉스의 야외 놀이터가 텅텅 비어 있다는 사실을 발견했는데 그 이유는 단순하다.[53] 미끄럼틀이나 그네, 혹은 인조 잔디의 표면 온도가 약 82도까지 치솟기 때문이다. 그 정도면 아이들의 운동화 밑창이 녹을 정도이며 조이 아수엘라가 넘어지며 화상을 입었던 아스팔트보다도 더 뜨거운 수준이다.

바노스는 다가올 미래를 생각하면서 전국의 도시 계획가들에게 앞으로 놀이터를 설계할 때 반드시 그늘막을 설치하고 나무를 많이 심어야 하며 금속이나 플라스틱이나 콘크리트 재질보다는 원목 재료를 더 많이 사용할 것을 제안한다. 그녀는 이렇게 묻는다. 만약 놀이터가 뜨겁거나 눈이 부시거나 불편한 곳이 아니라 새를 볼 수 있고 벌레와 나뭇잎을 갖고 놀 수 있는 시원한 쉼터 같은 곳이라면 어떨까?

어떤 의미에서 바노스의 직업상의 목표는 점점 뜨거워지는 세상 속에서 어린 시절이라는 개념 자체를 지키는 일이라고 할 수 있다. 여러 연구 결과에 따르면 아이들은 자연에서 보내는 시간이 많을수록 정서적으로나 신체적으로 더 건강하다.[54] 반대로 아이들이 바깥 날씨가 너무 뜨거워 집 안에서 화면만 바라보는 시간이 늘어난다면 비만, 당뇨, 심장 질환, 우울증으로 가는 길에 들어설 가능성은 크게 높아진다.

바노스 박사의 사명은 단순히 아이들의 안전을 지키는 것 이상이다. 뜨겁게 달궈진 놀이 기구는 도시의 열섬 현상을 악화시키는 요인이기도 하다. 도시는 건물과 도로의 복사열 때문에 주변 지역보다 15도에서 20도 정도 더 뜨거울 수 있다.[55] 이것이 내가 피닉스 도심의 버스 정류장 근처에서 오븐 속에 들어간 것 같다고 느낀 이유이기도 하다. 특히 저소득층 지역은 나무와 녹지가 적기 때문에 확실히 더 기온이 높다.[56] 기후 변화는 이러한 도시 열 환경의 불평등을 심화시키며 아이들에게 큰 위협으로 다가온다. 이때 '자연 놀이터'가 해답이 될 수 있다. 바노스는 아이들을 미래의 열기로부터 보호하면서도 더 안전하고 건강한 지역 사회를 만들기 위해 어떤 단계를 밟아야 하는지를 고심하고 있다.

열기를 식힐 수 없는 여름밤

조이와 코디를 치료했던 의사들은 두 소년이 쓰러진 이유를 어렵지 않게 밝혀냈다. 아이들의 높은 체온과 당시 정황만 보아도 그 이유가 열사병이라는 것은 너무도 명확했다. 그러나 다른 많은 경우에는 더위가 차지하는 역할이 꽁꽁 숨어 있을 수도 있다.

이를테면 내가 피닉스에 도착한 첫날 밤에 버스 정류장에서 본 그 작은 여자아이가 집에 도착한 후 엄마에게 두통을 호소하다 구토까지 했다고 상상해보자. 두통과 구토는 내가 근래에 진료실에서 흔하게 접하는 증상인데 다양한 원인이 공존할 수 있다. 만약 그 아이가 겪는 고통의 진짜 원인이 더위였다면 엄마는 어떻게 그런 사실을 알 수 있을까?

게다가 그 집 에어컨이 고장 나서 아이의 방이 밤새도록 찜통이었다면? 여름밤에 몸을 식히는 일은 건강에 매우 중요하다. 낮 동안의 열기가 몸에 남긴 피로를 완화하는 데 도움이 되기 때문이다. 하지만 안타깝게도 습도 상승과 도시화로 피닉스를 포함한 많은 지역에서 열대야가 지속되며 밤에 기록된 '일 최저 기온'이 '일 최고 기온'보다 더 가파르게 오르고 있다[57](실제로 2023년에 피닉스는 밤 최저 기온이 사상 최고치인 36도를 기록했다[58]). 그렇다면 다음 날 아침에 그 아이가 여전히 기운이 없고 열이 나며 구토를 반복하고 있다면 어떨까? 엄마가 아이를 가까운 병원의 소아과에 데려간다고 해도 진료하는 의사는 아이가 겪는 증상이 식중독이나 열두 가지도 넘을 수 있는 다른 질환이 아니라 '열 탈진' 때문이라는 사실을 바로 파악할 수 있을까?

　이 원인을 밝혀줄 쉽고 빠른 검사는 없다. 의사는 결국 탈수 방지를 위해 수액을 주거나 수분 보충을 권하거나 구토 억제 약을 처방하며 증상을 개선하는 데만 집중할 것이다. 그리고 컴퓨터에 진료 기록을 입력할 때는 특정 원인을 기록하지 않고 '구토, 원인 미상' 같은 진단명을 선택할 것이다. 이는 의료 관행상 문제없는 처리 방식이고 아마도 아이의 증상은 호전될 것이다. 하지만 의사가 진단명으로 확실히 '열 탈진'을 선택하지 않거나 엄마가 아이를 아예 병원에 데려가지 않는다면 이 아이의 사례는 매리코파 카운티의 연례 열 관련 질병 통계에는 포함되지 않는다.

　이와 비슷한 상황이 매년 미국 전역에서 수천 번씩 반복된다. 더위가 건강에 미치는 영향은 종종 은밀하고 모호해서 사례를 정확히 집계하기가 어렵기로 악명이 높다. 이런 이유로 공중 보건 당국은 공식 집계된 열 관련 질병 및 사망 수치가 실제 사례보다 훨씬 낮을 것이라고 추정한다.[59] 특히 영유아는 더위에 훨씬 취약하지만 의사가 이들을 진료할 때 그런 사실이 모든 의사의 뇌리를 스쳐가는 것은 아니기에 실제로는 누락된 사례가 더 많을 것이다. 2006년부터 2010년까지 미국에서 소아 사망의 원인으로 더위가 지목된 사례는 300건이 채 되지 않았고 공식적으로 열이 질병의 원인으로 인정된 입원 사례 중 어린이 환자의 비율은 3퍼센트도 되지 않았다.[60]

그렇다면 정말로 더운 날씨 때문에 아프거나 목숨까지 잃는 사람이 얼마나 되는지 어떻게 알 수 있을까? 먼저 특정 날짜에 일어난 과거의 질병률과 사망률을 폭염 기간 동안 나타난 수치와 비교하는 방식이 있다. 이때 평균보다 사망률이나 질병률이 '초과'되면 더위의 영향을 받은 것으로 간주된다. 이런 방식으로 계산해보면 단 사흘 동안의 폭염만으로도 전 연령대와 모든 원인의 사망률이 평균보다 19퍼센트 증가한다는 사실을 알 수 있다.[61] 온도가 더 높거나 폭염 기간이 더 길어질수록 피해는 더욱 심해진다. 이런 분석을 통해 매년 5600명 이상이 더위로 사망할 수 있다는 사실을 알게 되는데 이는 미국질병통제예방센터 공식 통계의 8배에 해당한다.

이와 같은 대규모의 역학 분석을 살펴보면 신생아와 영유아의 폭염 관련 사망률이 공식 통계 수치보다 훨씬 높다는 것을 알 수 있다.[62] 실제로 고령자 다음으로 가장 위험한 연령대가 바로 이들이다. 아이가 어릴수록 더위는 더 큰 위협이 되고 특히 생후 1년 미만의 영아, 그중에서도 신생아가 가장 취약하다. 지구가 더워질수록 다른 연령대보다 이들이 겪을 폭염 사망률의 증가는 더 클 것으로 예측된다. 특히 에어컨 보급률이 낮은 지역에서 사망 위험은 더욱 크다.

같은 방식의 분석을 통해 비정상적으로 무더운 날들이 아동과 성인에게서 일어나는 매우 다양한 건강 문제와 연결되어 있다는 사실도 드러났다. 예컨대 내가 버스 정류장에서 보았던 작은 여자아이에게 심부전증을 앓는 할아버지가 있었다면 폭염으로 심장 기능의 부담이 커져 그의 병세가 악화될 수 있다.[63] 여자아이의 아기 동생은 영아돌연사증후군에 더 취약해진다.[64]

그 아이들의 어머니가 임신 중이었다면 더위로 인해 열 관련 질환뿐 아니라 생명을 위협하는 임신 합병증의 위험까지 높아진다.[65] 임신 유지가 어려워지거나 유산하거나 조산할 가능성도 높아지는데 이는 태어난 아기에게 큰 어려움으로 작용할 것이다.[66] 임신 초기에 폭염의 영향을 받으면 태아에게 척추가 완전히 폐쇄되지 않은 척추 이분증spina bifida 같은 선천적 결함이 생길 수도 있다.[67] 임신 2기와 3기에 지속적으로 고온에 노출되면 저체중 출산 위험이 높아지고 저체중아는 평생에 걸친 건강상의 문제를 겪을 수 있다.[68] 저체중아는 성인이 되면서 심혈관 질환, 신장 질환, 당뇨병을 앓게 될 확률도 높다.[69] 그 이유 중 하나는 자궁 내 스드레스가 태아의 성장을 지연할 뿐 아니라 특정 유전자의 발현 방식까지 바꾸어놓아 이러한 질환들이 일어날 확률을 높이기 때문이다. 이는 어린 몸이 겪은 충격이 평생의 건강을 좌우할 수 있다는 사실을 보여주는 강력한 사례다.

앞 장에서 살펴보았듯이 대기 오염도 똑같은 합병증을 일으킬 수 있다. 폭염은 오존 농도를 높이고 산불 발생을 유발하면서 공기의 질을 악화시킨다. 그래서 임신한 여성과 태아가 더

위로 겪을 수 있는 위험은 대기 오염으로 인해 몇 배 더 위험해진다.[70] 특히 저소득층 지역은 더 덥고 교통량도 많아 오염 수준이 높기 때문에 위험도 배가 된다.

버스 정류장에서 본 작은 여자아이는 두통과 구토 외에도 전반적인 건강 상태에 따라 다양한 위험에 노출될 수 있다. 폭염 기간에는 공기의 질이 나빠지기에 천식이 있는 아이들은 폭염 동안이나 직후에 기침과 천명음이 심해질 수 있다.[71] 당뇨병을 앓는 어린이들은 혈당이 더 높아지고, 간질(뇌전증)이 있는 아이들은 발작이 더 잦아진다.[72] 탈수로 인한 신장 손상도 늘어나는데 특히 비만 아동이나 낭포성 섬유증Cystic Fibrosis 같은 발한 장애를 앓고 있어 체온 조절이 어려운 아이들에게 위험이 크다.[73] 이런 이유로 인해 아주 더운 날 소아 응급실에는 환자가 급증한다.[74] 그런데도 아이가 아플 때 결정적인 원인을 더위로 돌리는 경우는 거의 없다.

하지만 일부 응급실 의사들은 온도계의 눈금이 올라갈 때 발생하는 비극적 문제를 분명하게 목격해왔다.

더위와 분노

새크라멘토에서 레지던트 과정을 마무리하던 무렵의 어느 여름밤에 나는 소아과 응급실에서 야간 근무를 하고 있었다.

구급차로 두 살배기 아이가 실려왔다. 그날 밤 아파트 전체의 에어컨이 고장 나 집마다 찜통이었고 아기가 더위 때문에 잠을 이루지 못하고 계속 울고 보채자 성이 난 이웃 사람이 찾아와 아이와 엄마에게 무차별 폭행을 가한 것이었다. 현장에 출동했던 구급대원과 경찰 몇 명이 병원을 떠나지 못하고 아이의 상태를 알기 위해 응급실 복도에 서성거리고 있었다. 멜빵으로 연결된 방화복을 입은 거구의 소방대원이 흐느끼는 모습도 보았다. 간호사들이 정맥을 찾지 못해 주사를 놓지 못하자 나는 왼손으로 아이의 자그마한 종아리를 잡고 오른손으로 아이의 경골에 골내 주삿바늘을 밀어 넣었다. 골내에 직접 수액을 투여하기 위해서였다. 나는 작은 몸을 다루는 데 워낙에 익숙한 편이었지만 아이의 너무나 작은 몸과 그 몸이 당한 폭력의 흔적은 내 머릿속에서 결코 지워지지 않는 이미지로 남았다.

몇 년이 지나 이 책을 쓰기 시작한 다음에 그날의 기온이 어느 정도였는지 찾아보았고 이웃 남자의 폭행이 일어난 그날이 비정상적으로 더웠던 혹서 기간이었다는 것을 알게 되었다. 폭염이 계속되던 날이었다. 그 사실을 알고 나자 도저히 이해하기 어려웠던 일이 조금은 설명이 되는 것 같기도 했지만 그다지 위로가 되지는 않는다. 다양한 연구에서 더위가 우리의 몸뿐 아니라 정신에도 영향을 미친다는 사실이 밝혀지고 있다.[75] 온도계의 온도가 1도씩 오를 때마다, 더 많은 여성과 아이들이 학대를 당한다는 조사 결과도 있다.

굳이 깊이 생각하지 않아도 직관적으로 우리는 그 이유를 알고 있다. 더우면 쉽게 짜증이 나기 마련이고 이성적 판단이 흐려지며 폭력으로 넘어가는 문턱도 낮아진다. 1970년대 심리학자들이 실험으로 밝혀낸 것처럼 어떤 사람이 짜증이 나는 일을 겪고 있을 때, 이를테면 옆집 아기가 쉬지 않고 울어대는 경우 마침 기온이 높다면 그 사람이 공격적으로 변할 확률은 증가한다.[76]

연구자들은 이러한 경향이 일상의 다양한 상황에서 여러 방식으로 나타날 수 있다고 말한다. 예를 들어 무더운 날씨에 운전자들은 더 자주 경적을 울린다.[77] 야구 경기에서는 투수의 공이 타자의 몸을 더 자주 맞힌다.[78] 폭력 범죄율도 증가한다.[79]

아이들에게 가장 심각할 수 있는 일은 집 안에서 나타난다. 폭염 중에는 성인 우울증과 다른 정신 건강 문제가 악화될 수 있고 부모가 아이를 돌보는 능력이 현저히 떨어지며 가정 폭력 또한 눈에 띄게 증가한다.[80] 격한 부부 싸움은 아이들에게 커다란 트라우마가 될 수 있다.[81] 그래서 많은 지역에서는 아이가 보는 앞에서 배우자에게 폭력을 행사하는 일을 별도의 중대한 범죄로 다루기도 한다.

미국에서는 매년 50만 명이 넘는 아동이 학대를 당하거나 방치되는데 가끔은 기온 상승도 아동 학대의 원인이 될 수 있다.[82] 2019년에 오클라호마시티의 의사들이 10년치 응급실 자료를 검토한 결과 기온이 오르면 아동 학대와 관련한 응급실 방문 횟수가 상승한다는 사실을 보여주었다.[83] 또한 미국 본토 48개 주 아동보호국의 기록을 분석해보니 여름 기온이 5.5도씩 오를 때마다 아동 학대 신고 건수가 약 5퍼센트 늘어났다는 사실도 드러났다.[84] 특히 영유아기 아동은 가장 큰 위험에 처해 있다.[85]

당연하지만 이 세상의 어떤 가정도 외딴섬처럼 존재하지 않는다. 가족은 지역 사회 안에서 살아가고 국가에 속해 있다. 따라서 더 광범위한 차원에서도 기후 변화는 갈등을 심화시키고 아이들의 삶을 흔들어놓는다. 전 세계 곳곳에서 인간에게 고통을 주는 극단적인 날씨가 장기간 이어지면 사회적 불안, 민족 간 폭력, 내전이 더 쉽게 발생한다.[86]

기후 변화는 아이들의 행동과 발달에도 부정적인 영향을 미친다. 부모와 마찬가지로 아이들도 더우면 더 쉽게 짜증을 낸다.[87] 학교에서 서로 협동하거나 배려를 하는 데 어려움을 겪고 학습 부진이 나타날 수도 있다. 한 학년 동안 평균 야외 기온이 올라갈수록 표준화 시험 점수가 떨어진다는 연구 결과도 있다. 이는 아이들에게뿐 아니라 사회 전체에도 심각한 의미를 지닌다.

사실 이 모든 연구 결과들이 그리 새삼스럽게 다가오지는 않을 것이다. 당연히 기온은 우리 몸의 기능은 물론이고 세포 속 분자에까지 깊이 관여한다. 화석 연료는 인류가 진화해온 환경 조건 자체를 바꾸어놓았고 이 변화는 앞으로 아이들의 삶의 모든 영역에 영향을 미칠 것이다.

아기와 풋볼 선수들

소아의 열 관련 질환이 보도되는 경우는 적지만 매년 열 관련 질환 때문에 반복적으로 뉴스에 오르는 두 집단이 있다. 바로 여름에 운동장에서 훈련을 받다가 쓰러지는 고등학교 풋볼 선수들과 보호자가 저지른 잠깐의 실수로 자동차 안에서 더위 때문에 숨지는 아기들이다.

이만큼 어이없고 가슴 아픈 뉴스도 드물 것이다. 여러 아이를 챙기고 온갖 볼일을 처리하느라 정신이 없던 부모가 뒷좌석에서 잠든 영아나 유아를 깜박 잊고 차에서 내렸다가 한두시간 뒤에 끔찍한 비극과 마주하게 되는 것이다. 한여름에 밀폐된 자동차 안에 남겨진 아기의 심부 체온은 불과 몇 분 만에 40도에 다다를 수 있고 이는 아기를 빠르게 사망에 이르게 한다.[88] 1990년대 이전까지만 해도 이런 사건은 드물었다. 운전자의 생명을 보호하기 위한 앞좌석 에어백이 발명되고 에어백이 부풀어 나올 때의 충격에서 보호하기 위해 아기들의 카시트를 뒷좌석에 놓게 되면서 부모가 잠시 깜빡하고 아이를 차에 두고 내리는 일이 이전보다 늘어난 것이다. 1998년 이후 차량 내 열사병으로 숨진 미국 어린이는 960명이 넘었는데 이는 한 해 평균 38명꼴이다.[89] 그런데 2018년과 2019년에는 그 수가 50명을 넘었는데 이는 그해의 기온 상승이 적지 않은 영향을 미쳤을 가능성이 크다. 날씨가 분명히 아주 중요한 역할을 하고 대체로 미국 남부의 더운 주들에서 이런 사건이 가장 많이 발생한다.

이렇게 안타까운 사건이 재차 발생하자 2021년 미 연방 정부는 신차에 '뒷좌석 확인' 기능을 의무화하는 법을 통과시켰다. 엔진이 꺼질 때 자동으로 뒷자리 탑승 유무가 감지되는 기능이다.[90] 주요 자동차 제조사들은 이미 이 기능을 의무화하는 데 동의했다.[91] 일부 회사는 더 나아가 안전 전문가들이 선호하는 더 정교한 '탑승자 감지 및 경고' 시스템을 장착했다.[92] 구형 차량을 운전하는 부모를 위해 스마트폰 애플리케이션이나 카시트 센서도 마련되어 있다. 코로나19로 이동이 줄어들었던 2020년과 2021년에는 영아 자동차 질식 사망자 수가 크게 감소했다. 그러나 더운 날 자체가 늘어나는 현 상황에서는 아주 잠깐 동안의 방심이 돌이킬 수 없는 비극으로 이어질 위험 또한 커질 수밖에 없다.

고등학생 풋볼 선수들도 해마다 반복적으로 폭염 관련 뉴스의 주인공이 된다. 미국에서는 매년 9200명 이상의 고등학교 운동 선수가 더위 관련 질환으로 고생하는데 특히 1990년대 후반 이후 운동 선수의 더위와 관련한 응급실 방문 건수는 2배 이상 증가했다.[93] 그중에서도 특히 아직 어린 나이의 풋볼 선수들이 열사병으로 사망할 가능성이 가장 높았다. 1994년에서

2009년 사이에는 사망 사고가 3배로 늘었다.[94]

이런 추세의 최종 책임자는 다름 아닌 기후 위기다.[95] 당연하지만 운동 선수들은 이전보다 훨씬 더 높은 온도에서 훈련하고 경기할 수밖에 없다. 게다가 따뜻한 공기는 더 많은 습기를 머금기 때문에 습도 상승이 땀의 증발을 막아 체온 조절을 훨씬 어렵게 만든다. 풋볼 선수들이 특히 더 위험한 이유는 훈련이나 경기를 할 때 무겁고 두꺼운 패드가 들어간 보호 장비를 착용하기 때문이다. 이 장비는 피부 표면의 열 발산을 막고 체온을 내부에 가둔다. 열사병으로 사망한 선수들 중 많은 수가 비만이기도 한데(86퍼센트가 수비를 맡는 포지션인 라인배커다) 비만 역시 체온 조절 기능을 악화시킨다.[96] 결국 지구 온난화는 이미 심각한 미국의 어린이·청소년 비만 문제에 또 다른 위험 요인이 되었다.

조이와 코디의 경우처럼 십 대 운동 선수들은 운동 중에 열사병을 겪으며 이는 예방이 가능하다. 코치는 선수들에게 수분을 자주 섭취하게끔 해야 하고 경기 중에 휴식과 물을 참는 것이 강한 정신력의 증거라는 잘못된 인식을 없애야 한다. 또한 경기장의 환경을 확인하기 위해 '습구 흑구 온도계'를 설치해 온도와 습도와 바람과 일사량을 측정할 수 있어야 한다. 특히 훈련 초기 2주는 아이들이 아직 어느 정도 더위 수준에서까지 운동을 해야 하는지 판단하지 못하고 적응하지 못할 때라 열사병으로 인한 사망이 가장 많이 발생한다. 전문가들은 또한 경기장 가장자리에 '냉각 욕조'를 두는 것을 권한다. 더위를 호소하는 선수들이 얼음 욕조에 들어가는 이 응급 처치는 이미 많은 청소년의 생명을 구했다.

어쩌면 등산로 초입 화장실에 얼음이 채워진 냉동고와 냉각 욕조가 설치되어 있었다면 코디의 상황도 다르게 펼쳐졌을지 모른다. 아이를 더 빠르게 얼음물에 넣을수록 생존 가능성은 크게 높아진다. 1분 1초 차이로 생사가 갈릴 수 있다. 나는 아파치 워시 등산로를 직접 찾아가본 적이 있다. 등산로 초입에는 수도꼭지 하나 없었다.

폭염 살인

구급대원들은 코디를 들것에 실은 다음 산을 뛰어 내려왔다. ABC15 방송국의 헬기는 이를 상공에서 찍었고 피닉스의 모든 사람들이 그 장면을 볼 수 있었다.[97] 진한 남색의 소방서 티셔츠를 입은 구급대원들이 둥글게 둘러싸서 내려오는 동안 들것은 울퉁불퉁한 산길 위에서 흔들렸다. 코디의 머리맡에서 뛰던 구급대원은 인공호흡 주머니를 계속 눌렀다. 주차장에 도착하자 구급차와 소방차 쪽에서 더 많은 대원들이 쏟아져 내려 이들에게 합류했다. 멀리서 보면 아이 한 명이 파란 구름 위에 떠 있는 듯했다. 병원 헬리콥터가 도착하자 대부분의 대원들은 뒤로 물러났고 네 명만이 회전 날개 아래로 몸을 낮추고 들어갔다. 한 대원의 모자가 벗겨져 바람을 타고 멀리 날아가는 중에 대원들은 헬리콥터에 코디를 싣고 피닉스 소아과 병원으로 향했다.

브라이언 플롬은 전 아내에게서 전화를 받았을 때 전혀 상황을 파악하지 못했다. "등산로 말고 바로 병원으로 가." 그날은 무언가의 끝이자 시작이었다. 그날을 기점으로 하여 그의 삶은 둘로 나뉘었다.

코디를 데리고 등산을 갔던 남자는 분명 그날의 등산이 위험하다는 점을 알고는 있었을 것이다. 피닉스에 살면서 모르는 것이 더 이상하긴 했다. 몇 주 동안 연일 저녁 뉴스에서 더위 구조와 사망 사고 뉴스가 보도되었다. 뉴스에서는 거의 매일 구조 헬기가 등산로에 착륙하고 응급 의료팀이 들것을 들고 달리는 장면들이 나왔다. 하지만 이보다 더 나쁜 경우는 응급 요원들이 달리지 않고 걸을 때였다. 이미 골든아워를 넘어섰다는 의미였다.

그해 여름의 피해자 중에는 최근에 피닉스로 이주한 사람이나 관광객뿐 아니라 피닉스에 오래 거주한 주민들도 있었다. 새로운 삶을 시작하기 위해 시애틀에서 이사를 온 열아홉 살 청년도 있었고 애리조나에서 열리는 학회에 참석하기 위해 온 57세의 독일인 연구자도 있었다.[98] 꽤 건강하고 근력이 좋은 사람들도 있었는데 전직 운동 트레이너 여성과 전직 운동 선수였던 젊은 남성도 있었다. 가볍게 산책이나 하려 나온 중년 여성도 더위로 사망했다.

카메라가 미처 비추지 못한 다른 피해자들도 있었다. 그들이 자신의 집을 한 발짝도 벗어나지 않은 채 사망했기 때문이다. 사망자 대부분이 독거노인이었는데 매년 매리코파 카운티에서 자주 발생하는 사건이었다. 노인들은 에어컨이 고장 나거나 전기세 때문에 에어컨을 틀지 않아서, 혹은 안전한 곳으로 데려다줄 사람이 없어 죽어갔다.[99] 피해자 중에는 노숙자도 있었다. 이들은 사회학자 에릭 클리넨버그가 1995년 시카고 폭염으로 739명이 숨진 사건을 다룬 책『폭염 사회』에서 지적했듯이, 폭염이 다른 자연 재해보다 관심을 덜 받는 이유를 설명해주는 사람들이다.[100] 폭염은 "조용하고 보이지 않는 사람들을 죽이는, 조용하고 보이지 않는 살인자"이기 때문이다.

피닉스 주민들은 더위를 알 만큼 안다고 자부할 것이다. 하지만 더위는 눈에 보이지 않는 석이기에 쉽게 과소평가될 수 있고 오히려 그 적을 가장 잘 안다고 생각하는 사람들에게 간과되기도 한다. 피닉스 주민들은 기온이 1도씩 올라갈 때마다 더위가 어떻게 조금씩, 전혀 다른 무언가로 바뀌어버리는지 인식하지 못한다. 조이의 어머니는 말했다. "저는 여기서 태어나고 자랐거든요. 더위는 우리에게 생활의 일부였어요. 생명에 지장이 있을 정도로 치명적이라고는 생각하지 못했어요." 피닉스가 언제 안 더운 적이 있었냐면서 현지 사람들은 어깨를 으쓱

한다. 그 말은 사실이다.

그러나 초기 정착민들이 이 도시에 찾아와 야영지를 꾸렸던 때부터 더위가 주는 위험은 점점 증가하다 극적으로 커졌다. 나는 주 소속 기후학자인 낸시 셀로버에게 과거의 기상 기록 자료를 찾아달라고 부탁했고 우리는 로버트 콜리가 살던 시기의 기후와 코디 플롬의 시대를 비교해보았다.[101] 결과는 충격적이었다. 로버트가 도착한 1919년부터 코디가 등산을 했던 2016년까지 약 100년 사이에 피닉스에서 연평균 38도 이상의 폭염 일수가 52퍼센트 증가했다. 로버트가 살던 시절에는 연간 43도 이상인 날이 보통 1년에 나흘 정도에 불과했지만 코디가 살던 시기에는 21일에 달했다. 한 해 동안 38도 이상으로 올라간 첫날부터 마지막 날까지의 기간이 한 달 이상 길어졌고, 연평균 기온은 6도 이상 상승했다. 텔레비전 뉴스 기자들이 이 사건을 보도할 때 특별히 강조하지는 않았지만 코디가 등산을 했던 달인 2016년 7월에는 무려 22일간 피닉스의 낮과 밤 기온이 모두 과거 평균을 웃돌았다.[102]

우리는 지금 과거에 건강을 찾아 이주한 사람들과는 다른 도전을 마주하고 있다. 지금 우리 앞에 닥친 고난은 결핵과 독감을 피해 서부로 향하던 시절보다 훨씬 더 음울하고 해결하기 어려울 수 있다.

피닉스의 지도자들은 지금 벌어지는 일들을 분명히 이해하고 있다. 여러 기관과 단체 들은 도시를 조금이라도 식히기 위해 다양한 적응 전략을 추진하고 있다.[103] 나무를 심고 주차장과 건물 위에 그늘막과 태양광 패널을 설치하고 생수를 배포하고 도로를 옅은 회색으로 칠하고 열을 덜 흡수하는 새로운 건설 자재를 사용하기도 한다. 에어컨이 설치된 '냉방 스테이션'이 폭염 사망률이 카운티 평균보다 20배나 높은 저소득층 지역에 마련되어 있기도 하다. 그러나 안타깝게도 팬데믹 기간에는 전염병 확산의 위험 때문에 이용이 크게 제한되었고 이 기간의 더위는 저소득층 지역 사회에 이중의 위협이 되었다.[104]

애리조나 주립대학의 폭염·건강 연구자인 데이비드 혼들라는 그래도 피닉스라는 도시의 생존 가능성을 낙관적으로 본다.[105] 그는 피닉스가 "매우 독특한 위치에 있는데 어쩌면 다른 도시들에게 더위에 대처하는 법뿐 아니라 현재보다 더 더워진 미래에서도 어떻게 잘 살아갈 수 있는지를 보여주는 긍정적인 사례가 될 수 있다"라고 말했다. 그는 또한 매년 기온이 오르고 있는데도 20세기에는 에어컨 덕분에 폭염 사망률이 극적으로 감소했다는 사실을 지적하면서 이는 우리 인간이 달라진 기후에도 새로운 기술로 적응할 능력이 있음을 보여준다고 말했다.

하지만 우리는 이때 각주로 들어가야 할 내용을 다루지 않았다. 에어컨이 우리가 사는 주택과 일하는 건물을 시원하게 해줄수록 지구는 뜨거워진다는 점이다. 아이들의 오늘을 안전하게 지켜주는 에어컨이 그들의 내일을 위험하게 만든다는 이야기다. 그 이유는 현재 대부분의 에어컨이 화석 연료를 연료로 사용하는 전력 회사의 전기에 의해 작동되기 때문이다. 이러한 전력 시설은 미국에서 탄소 오염을 일으키는 가장 큰 요인 중 하나다.[106] 또한 에어컨에서 새어 나오는 냉매인 수소불화탄소 HFCs는 현재 알려진 온실 가스 중에 가장 강력하다.

물론 에어컨은 피닉스 어디에나 존재한다. 앞으로 수십 년 동안 기온이 오르면서 전 세계적으로 에어컨 사용은 폭발적으로 증가할 것이다. 다행히 과학자들은 수소불화탄소를 대체할 새로운 기후 친화적인 냉매를 개발했으며 화석 연료의 연소 없이 난방과 냉방을 제공하는 히트 펌프라는 대안도 있다.[107] 그러나 우리가 이러한 신기술을 빠르게 도입하지 않거나 태양광과 풍력처럼 지속 가능한 전기 에너지원으로 전환하지 않는다면 당장 우리가 사는 공간을 시원하게 하는 행위는 우리가 해결하고자 하는 문제 자체를 악화시킬 뿐이다.

애리조나의 유권자들은 이 사실을 알 필요가 있다. 그러나 내가 코디가 걸었던 등산로를 걸은 다음 해에 애리조나 주 정부는 2030년까지 주 전력의 절반을 재생 에너지로 전환하는 정책을 거부했다.[108] 지역 전력 회사들이 수천만 달러의 로비 자금을 들여서 화석 연료 사용 감소가 가장 이로운 방향은 아니라고 설득했기 때문이다.

그러는 사이 피닉스는 계속 성장하고 있고 계속 더워지고 있다.

도시는 더 늦지 않게 가능한 만큼의 조치를 취할 수 있다.

그러나 더 넓은 세계에서 온실 가스 배출이 줄어들지 않는다면 어떻게 될까? 피닉스가 버틸 수 있는 한계는 어디까지일까? 60도? 65도? 지금 당장 습관과 생활 방식을 바꾸지 않는다면 그 어떤 마법적 사고로도 애리조나가 그런 기온까지 치솟는 것을 막을 방도는 없다. 물리 법칙이 그런 일이 반드시 일어날 것임을 규정하고 있어서다.

이 피할 수 없는 현실 때문에 피닉스는 2020년에 전 세계 주요 도시들과 함께 자체 탄소 배출을 줄이겠다고 약속했다.[109] 기후 위기에 대한 적응은 필수적이지만 그것만으로는 충분하지 않다. 우리는 현재의 변화에 적응하려 노력하는 동시에 미래의 지속 가능성을 추구해야 한다. 매일 위기를 악화시키는 대기 오염을 멈춰야 한다.

피닉스Pheonix라는 이름은 잿더미에서 다시 태어난다는 신화 속의 불사조에서 따왔다. 어쩌면 이 도시는 더 뜨거운 세상 속에서도 비범하게 살아남고 강건하게 번창할지노 모른다. 성말로 이 도시는 전 세계의 마을과 도시들이 더워질수록 참고해야 할 모범적인 선례가 될지도 모른다. 더위에서 살아남으며 얻은 귀한 교훈이 전 세계의 도시에 도움을 줄 수도 있다.

그러나 사람들은 앞으로도 야외 활동을 하러 나갈 것이고 그러는 도중에 치명적인 위험에 노출될 것이다. 매년 피닉스의 등산로에서는 실신한 등산객 수백 명이 구조된다.[110]

공원 사무국은 다양한 교육을 시도해왔다. 코디 어머니의 남자 친구는 등산로 입구에 있는 새빨간 경고판을 코디와 함께 지나쳤다. 매년 4월에서 10월 사이에, 열 탈진으로 인해 심각한 질환을 앓거나 사망하는 등산객들이 많다는 내용이었다. 산으로 향하는 차 안에 틀어둔 라디오에서 같은 내용이 나왔을 수도 있다. 오늘도 무더위 조심하세요. 물을 가져가세요. 열사병의 징후에 대해 공부하세요. 여러분과 구급대원을 위험하게 만들지 마세요.

그가 코디를 산에 데려간 날로부터 불과 3주 전, 시는 청문회를 열고 또 다른 대책을 논의했다. 극도로 더운 날에는 등산로를 폐쇄하자는 안건이었다.[111] 회의장을 가득 메운 반대자들은 구조가 필요한 등산객은 본인이 내린 어리석은 판단의 피해자일 뿐이며, 지각 있는 나머지 시민들에게 이래라저래라 명령할 권리는 없다고 주장했다.

등산 금지에 격렬한 반발이 일자 시는 결국 기온이 38도를 넘으면 반려견의 등산로 출입을 금지하기로 결정했다. 아파치 워시 등산로 입구의 표지판에도 이 문구가 적혀 있다. 하지만 사람의 출입을 제한하자는 의견, 특히 어린이들의 출입 제한은 부결됐다. 그래서 폭염 속에서 열두 살 아이를 사막의 산으로 데리고 가는 일은 불법이 아니었다.

코디의 목소리

코디의 아버지 브라이언이 피닉스 아동 병원에 도착했을 때 코디는 응급실에 있었다. 코디는 오후 5시 26분에 병원에 도착했다. 당시의 공포와 혼란은 코디의 생명을 살리려 노력했던 의사의 메모에 그대로 남아 있다. 의사의 기록에 따르면 코디는 들판에서 쓰러진 상태로 발견되었다. 구급대원들은 코디가 등산로에 대략 한 시간 이상 누워 있었던 것으로 보았다. 그날 밤 병원 앞에서 뉴스를 전하던 기자들은 어머니의 남자 친구가 휴대전화가 터지지 않아 도움을 구하러 산 아래까지 뛰어 내려갔다고 전했다.

코디를 사랑했던 모든 이들은 한 가지 사실, 코디가 사막에 혼자 버려져 있었다는 사실을 머릿속에서 떠나보내지 못한다.

코니가 구급내원들에게 빌건되있을 때 그는 이미 혼수 상태였다. 코디는 자신을 구출하기 위해 살인적인 더위 속에서 산을 달려 올라갔던 대원들의 얼굴을 영원히 알지 못할 것이다. 그 대원들 또한 그날 본 장면의 환영에서 벗어나지 못하고 그 기억과 함께 살아가고 있다. "그 사건은 특히 제 마음에서 떠나지가 않더라고요." 대원 한 명이 내게 말했다.

입원 기록을 보면 코디에게 별다른 병력은 없었다고 적혀 있다. 그의 폐는 깨끗했고 처음에는 심장도 규칙적으로 뛰었다.

하지만 피부 화상이 심했고 몸 여기저기가 열상으로 멍들어 있었다. 병원에 도착했을 당시 코디의 체온은 42도였다. 의료진은 계속해서 그의 온몸을 얼음으로 감쌌고 차가운 수액을 투여했다. 그러나 얼마 가지 않아 코디의 심장은 제 기능을 잃기 시작했다.

경찰 조사를 받던 코디 어머니의 남자 친구는 두 사람이 약 1.5킬로미터 정도 걸어 들어갔다가 주차장으로 돌아오는 길이었고 코디가 메스키트 고목 아래에서 풀썩 쓰러졌다고 말했다.

그 후 몇 주 동안 수십 명의 사람들이 등산로에 올라 그 메스키트 나무에 코디가 좋아했던 핫핑크 색의 리본을 묶었다.

† † †

이듬해 봄에 나는 코디의 아버지 브라이언과 그의 현 아내 헤더를 북부 피닉스에 있는 레스토랑에서 만나 함께 커피를 마셨다. 그들은 애도와 슬픔 속에서 한 가지 유산을 건져 올렸다. 코디의 목소리Cody's Voice라는 자선 단체를 세워 그날의 일을 반복해서 이야기하고 알려 다른 부모들에게 더위의 위험에 대해 교육하는 것이었다. 단체명에 들어간 목소리라는 단어는 코디의 가족에게 특별한 의미를 지닌다. "우리 아이는 자신에게 벌어진 일에 대해서 목소리를 낼 수 없었잖아요." 브라이언이 말했다.

무더운 날에 그들은 등산로 입구에서 등산객들에게 코디의 웃는 얼굴이 붙은 생수병을 나누어준다. 브라이언은 지역 방송에 여러 번 출연해 부모들에게 무더위를 절대 가볍게 보아서는 안 된다고 경고한다. 후원자들에게는 핫핑크 색으로 된 '코디의 목소리' 팔찌를 선물한다. 코디가 속해 있던 보이스카우트 단원들도 프로젝트에 참여해 더위와 건강에 대한 대중 교육 프로젝트를 진행하며 친구의 이야기를 널리 알리고 있다.

코디의 가족은 절망했고 브라이언은 세상에서 가장 깊은 상실을 겪었다. 코디는 그의 외동아들이었다. "이 분노를 늘 안고 살아야만 한다는 게 참 괴롭습니다. 사람을 완전히 뒤바꿔놓죠." 그가 내게 말했다. 아들의 생명은 너무 무책임하게 다루어졌고 그 사실을 아는 부모의 고통은 영원히 끝나지 않는다. "충분히 예방할 수 있는 일이었잖습니까?" 그가 말했다.

† † †

마거릿 콜리와 앨버트 콜리 부부는 아들이 역사상 인류를 강타한 가장 큰 재앙에서 벗어날 수 있기만을 간절히 바라며 애리조나로 향했다. 당시 백색의 사신(결핵)과 독감의 유행은 압도적이고 공포스러운 사건이었다. 전염병에 대한 의학의 이해가 아주 기초적인 수준이었던 시대에 마치 코로나19 같은 재난

이 동시에 두 번 연달아 터진 것과 같았다.

그러나 콜리 부부는 절망하지 않았다. 가만히 앉아 있지 않고 아이를 지키기 위해 일어나 행동했다. 나는 낡고 바랜 사진 속 콜리 부부의 얼굴을 유심히 보며 생각한다. 그들은 서니슬로프의 학교 운동장에서 건강하게 뛰어노는 로버트를 보면서 자신들의 판단과 노력이 아들을 살렸다는 사실을 알았을 것이고 그 모습을 보기 위해서라면 무엇이든 바칠 수 있었다고 생각하지 않았을까?

오늘날 내가 매일 만나는 부모들은 완전히 새로운 유형의 재난과 직면하고 있다.

코디 플롬이 산을 오르던 해 이후 매년 매리코파 카운티의 폭염 사망자 수는 과거의 기록을 갈아치우며 수많은 사람들의 마음을 아프게 한다.[112] 2023년에는 최소 645명이 열사병으로 사망했는데 이는 2016년 사망자 수의 4배를 웃돈다.[113]

2021년 말에 피닉스 공원 사무국은 마침내 한계에 다다랐다고 판단하고 극심한 더위가 닥쳤을 때는 등산로 출입을 전면 금지하기로 결정했다.[114] 이번에는 반대하는 사람이 거의 없었다. 이전 해의 구조 과정에서 더위 관련 질환을 겪은 소방관만 열두 명이었고 소방 노조는 상승하는 기온 때문에 구급대원들의 생명까지 위험해지고 있다고 경고했다.[115]

피닉스 호텔에서 보낸 첫날 밤에 내가 예측 기사에서 읽었던 내용은 생각했던 것보다 훨씬 빠르게 현실이 되고 있다. 비단 애리조나만의 일이 아니다. 전 세계적으로 기온이 급상승하면서 2023년은 인류 역사상 가장 더운 해였고 2016년의 기록을 가뿐히 넘었다.[116] 그해 여름 피닉스는 관측 기록 역사상 가장 뜨거웠고 43도를 넘긴 날이 무려 54일에 달했다.[117] 코디가 등산한 해의 2배가 넘는 수치였다.

그리고 또 한 번의 더 뜨거운 해가 우리에게 다가올 것이다.

열사병 치료의 관건은 신속함에 있다. 단 몇 분이 생사를 결정할 수 있다. 조이 아수엘라가 살아남을 수 있었던 이유는 빠른 속도로 몸을 식혔기 때문이다. 그런데 우리는 어떨까? 전 세계가 기온 상승을 지켜보는 동안 우리는 제자리에서 망설이며 행동을 미룬다. 그 사이 우리는 지구를 되돌릴 수 없는, 급격하고 통제 불가능한 변화의 전환점으로 밀어 넣고 있다. 우리의 대응 속도가 모든 것을 결정한다. 그리고 그 속도는 우리 아이들이 어떤 미래를 누리게 될지를 결정한다. 물론 미래 자체를 누리게 될 경우의 이야기다.

피닉스를 떠나던 날에 승무원들은 승객들에게 비행기가 지상에 있는 동안 실내 온도가 너무 높아질 수 있으니 창문 가리개를 내려달라고 요청했다. 이륙한 뒤 나는 가리개를 올리고 아래를 내려다보았다. 햇빛에 번쩍이는 건물들과 눈부신 사막과 고속도로 위로 흐르는 자동차의 강이 보였다. 햇볕을 온몸으로 받아내는 수천 개의 지붕이 떠나는 우리를 바라보고 있었다.

애리조나는 지구에서 가장 태양이 강하게 내리 꽂히는 지역 중 하나지만 주 전력의 대부분은 여전히 화석 연료를 사용한다.[118] 나는 알고 있다. 이 비행기는 배기 가스를 뿜어대고 활주로와 도로와 건물들은 열기 속에서 한껏 뜨거워졌다가 깊은 밤까지도 복사열을 내뿜어 도시가 시원해지는 것을 막을 것이다.

우리는 모두 저녁이면 아이들이 있는 집으로 돌아가 아이들이 내 인생의 전부라고 말한다. 그러나 지구의 풍경을 멀리서 바라보면서 그 아이들을 떠올리지는 않는다. 피닉스와 그 주변 지역에는 백만 명이 넘는 아이들이 살고 있고 지구에는 거의 20억 명의 아이들이 살고 있다. 그들은 지금 지구에서 벌어지는 일을 통제할 수 없으며 가장 어린아이들은 무슨 일이 벌어지는지조차 모른다. 그저 아이들은 우리 어른들이 자신들을 지켜줄 것이라고 철석같이 믿고 있다. 그리고 우리는 그 기대를 저버리고 있다.

3장

천장이 무너진 집

"엄마. 나 천만 분, 아니, 1조 분 동안 무서웠어요." 아이가 엄마
에게 말했다.

아이는 작은 두 손으로 엄마의 양 볼을 붙잡고 엄마의 시
선이 바깥으로 절대 나가지 못하게 했다. 아이는 자신과 엄마
를 받아준 친구네 집 남는 방 안에서 엄마의 무릎에 앉아 있었
다. 우리 아기가 용감해서 해낸 거야. 엄마는 방금 전에 이렇게
말한 다음 아이의 앞머리를 옆으로 살짝 밀어내고 이마에 입을
맞췄다. 엄마는 이 위로의 의식을 매일 반복했다. 하지만 이번
에 아이는 엄마의 얼굴을 붙잡고 자기의 말을 들어달라고 하고
있었다. 아이는 자기가 용감하다고 느끼지 않았고 무서웠다고
말하고 싶었다.

어린 아들이 사뭇 진지한 표정을 지으면 엄마는 보통은 귀

여워서 웃어버리곤 했다. 하지만 아이의 표정을 본 엄마는 죄책감으로 얼굴이 굳어졌다. 그녀 또한 자기가 용감하지 못했다고 생각했다. 한없이 몸이 밑으로 가라앉는 기분이 들었다.

아들은 몇 달 동안 이전과 다를 바 없어 보였다. 아니, 그렇다고 생각했다. 지금은 아이가 잘 때 그날 밤의 장면들이 마치 반갑지 않은 홍수처럼 아이의 꿈속에 들이닥친다. 아이는 집 안에 물이 차는 광경을 또다시 본다. 물은 마치 강도처럼 방문 밑으로 기어들어와 매트리스까지 다가와서 침대에 있는 아이를 깨운다. 악몽은 물이 머리까지 차오르고 부모님이 자기를 잊고 떠났다는 것을 아이가 깨닫는 순간에 끝났다.

아이는 엄마의 외침을 들었다. 쌍둥이 얼른 안아 올려. 왜 엄마는 루커스를 안으라고 말하지는 않은 걸까?

"아이는 아마 이해 못 할 거예요." 엄마는 울먹거리면서 나에게 말했다. "일이 얼마나 순식간에 벌어졌는지 몰라요."

루커스는 그날 밤 안전하게 잠자리에 들었다. 참나무 가지는 집 주변을 보호하듯 드리워져 있었고 참나무의 몸통은 집 옆에 단단히 서서 그의 세계를 지탱해주고 있었다. 새벽에 아이는 전혀 다른 곳에서 깨어났다. 부모님의 고함 소리가 들렸다. 물이 첨벙첨벙거리는 소리가 났는데 욕조에서 물놀이를 할 때 나는 소리였다. 아이는 어둠 속에서 침대 아래로 내려왔다. 무슨 일이 일어나고 있는지 알고 싶었다. 그 순간 발이 미끄러졌고 물속에 풍덩 빠졌다.

　루커스는 울음을 터트렸고 엄마가 달려왔다. 엄마는 무섭지 않은 척하려고 애쓰고 있었다. 엄마는 아이를 안아 올렸고 그 순간 아이는 엄마 다리 주변에 둥둥 떠다니는 자기 장난감들을 보았다. 두 사람이 가까스로 물을 헤치고 방을 나갔을 때 루커스는 엄마에게 안긴 채 뒤를 돌아보았다. 침대가 검은 호수 한가운데에 떠 있는 것처럼 보였다.

　지금도 가끔 검은 물 위에 둥둥 떠 있던 스파이더맨 인형이 떠오르고 그 장면만 생각하면 아이는 늘 가슴이 아프다.

　엄마와 아들은 일단 거실로 나갔다. 물은 강물처럼 집 안에 넘실거리며 흐르고 있었다. 물은 문 아래에서 찰랑거렸고 창문 틈과 복도 벽장으로도 들어왔는데 벽은 이미 뜯겨 나가고 없었다. 루커스는 아직도 비몽사몽 중이었고 어쩌면 자기네 가족이 배를 타고 있는 걸지도 모른다고 생각했다. 하지만 왜 배에 타게 되었는지가 기억나지 않았고 이제 그 배가 가라앉고 있다는 사실만 느껴졌다. 엄마는 아이를 물이 강처럼 흐르는 바닥에 내려놓을 수 없어서 시멘트 벽돌 위에 얹어둔 소파로 데려가 소파에 쌓아둔 사진 앨범들 옆에 앉혔다. 하지만 얼마 안 가 소파도 물에 둥둥 뜨기 시작했고 천장이 루커스에게 점점 더 가까워졌다. 그 일이 있고 나서 한참 동안 루커스는 어떤 건물에 들어가도 천장을 올려다보지 않으려 했다.

　아이의 부모는 완전히 사색이 되었다. 두 사람은 가능한 모든 연락처에 번갈아가며 전화를 걸었지만 도와주러 온다는 사람은 아무도 없었다. 물은 곧 어른 허리까지 차올랐고 조만간 이들 모두를 삼켜버릴 것 같았다. 부부는 창문만을 바라보았다. 그때 아빠가 말했다. 지금 우리 나가야겠다. 이러다 너무 늦겠어.

가족이 현관문을 열고 밖으로 나갔다. 깜깜한 어둠 속이었지만 차고 앞에 있는 차가 보였다. 하지만 의자 등받이 위쪽까지 이미 물에 잠겨 있었다. 그 차를 본 아빠는 더 겁이 났다.

루커스는 엄마에게 꼭 매달려 있었다. 아빠는 이제 갓 돌이 된 쌍둥이 남매를 양팔에 한 명씩 안았다. 반려견 맥스가 옆에서 헤엄쳤다. 양동이로 물을 붓는 것처럼 쏟아지는 빗물이 이미 출렁거리는 물 위에 떨어지는 소리가 너무 커서 누군가 귀 옆에서 드럼을 치는 것 같았다. 가족은 소리 높여 말했지만 서로의 목소리는 잘 들리지 않았다. 아이들 데리고는 지붕에 못 올라가! 올라가다가 애가 떨어지면 어떡해! 엄마가 소리쳤다. 그들은 물을 헤치며 막다른 골목을 건너 이웃집으로 갔다. 이층집이라 아직 완전히 가라앉진 않았다. 하지만 물은 이미 너무 높이 차올라 있었고 그 집까지 갈 수 있는 방도가 없었다.

그때 누군가가 외치는 소리가 들렸다. 이웃집의 십 대 아들들이 두 집 사이를 가르는 울타리를 따라 막다른 골목 끝에 살짝 올라온 언덕 위를 살살 걸어서 그들을 향해 다가오고 있었다.

소년들 중 하나가 루커스를 받아서 어깨에 앉혔고 루커스는 두 팔로 형의 이마를 꼭 감싸안았다. 다른 소년은 헤엄치고 있던 강아지의 목줄을 잡아끌었다. 엄마와 아빠는 각각 쌍둥이 한 명씩을 안았다. 십 대 청소년 둘과 어른 둘은 울타리를 꼭 붙잡고 그들을 계속 끌어내리려는 거센 물살에 휩쓸리지 않기 위해 몸을 최대한 낮추어 앞으로 한 발씩 나아갔다.

엄마는 루커스에게 앞만 보고 있으라고 했다. 하지만 루커스는 참지 못하고 고개를 돌려 그들의 집이 어떻게 되었는지 보았다. 물은 이미 창문 위까지 차올랐고 집의 크기는 점점 작아졌다. 얼마 전에도 킥보드를 타고 저 길에서 놀았는데, 너무나 잘 알던 길이었는데 이제 루커스는 자기가 다른 장소에 있는 다른 아이가 되어버린 것만 같았다.

이웃집에 간신히 도착했지만 그 집에도 이미 물이 차오르고 있었다. 루커스는 물이 어디까지 높아질지 궁금했다. 강아지 맥스는 그 집의 계단을 뛰어 올라가더니 몸을 털어 말리고 뒤돌아서 1층으로 밀려드는 물을 향해 컹컹 짖거나 낑낑거렸다. 강아지는 루커스에게 이 상황을 해결해달라고 부탁하는 것처럼 꼬마 주인을 빤히 바라보았다.

아빠는 그 집에 머물지 않았다. 아빠는 울타리가 댐처럼 물이 빠져나가지 못하게 막고 있으니 두 집에 물이 더 고인다고 말하며 나가서 울타리를 뜯어내야 한다고 했다. 아빠는 키가 무척 큰 편이었지만 그들과 멀어져 물속을 헤쳐 걸어갈 때는 그의 가슴까지 물이 차올라 있었다.

루커스의 가족은 모두 아직은 물이 차지 않은 2층으로 올라가 이웃 가족과 함께 있었다. 엄마는 아빠의 목소리를 들을 수 있게 창문을 열어두었다. 루커스의 젖은 파자마는 너무도 차가웠다. 쌍둥이가 울음을 그치지 않자 엄마는 "울지 마, 괜찮아"라고 말하며 달랬다. 그러면서도 엄마의 눈은 아빠에게, 그리고 길 건너편의 집에 가 닿았다. 집은 점차 물 밑으로 사라져갔다. 엄마도 쌍둥이 아기들처럼 눈물을 주르륵 흘렸다.

해가 떠오르고 있었다. 엄마는 루커스를 양팔로 꼭 끌어안았다. 우리 아기 장하다. 잘했어. 엄마는 루커스가 자랑스럽다고 계속 말했다. 우리는 괜찮을 거야. 다 괜찮을 거야. 엄마와 루커스는 아빠가 울타리를 뽑아내 세상을 집어 삼킬 것만 같은 흉측한 물을 떠나보내려 하는 모습을 지켜보았다. 아빠는 가족을 구하려 하는 중이었다.

무언가가 물 위를 떠내려가고 있었다. 불개미 떼였다. 텍사스의 아이들이라면 누구나 무서워하는 불개미는 작은 나뭇가지 하나에 매달린 채 서로 몸을 꼭 붙이고 있었다. 루커스는 더는 불개미들이 무섭지 않았다. 불개미들에게 미안했고 그저 안쓰러웠다. 루커스는 몸을 떨며 조용히 앉아서 물살에 떠내려가는 불개미들을 바라보았다. 오직 살고 싶어서 꿈틀거리며 서로에게 밀착해 있는 이 작은 생명들도 거세게 흐르는 물 앞에서는 그저 속수무책이었다.

침실로 찾아온 홍수

몇 달 후 나는 루커스 가족이 한밤중에 빠져나와야만 했던 그들의 집 앞에 섰다. 루커스의 엄마 테스가 미리 주소를 알려 주었고 원래 우리는 집 앞에서 만나기로 약속했지만 막판에 테스에게서 아직은 감당하기 어렵다는 말이 돌아왔다. 테스는 여전히 그날 밤 일어난 악몽에서 벗어나지 못하고 있었다.

집은 텍사스주 휴스턴의 가로수가 늘어선 소박한 주택가인 마이어랜드에 있었다. 이 지역은 그날 태풍으로 가장 큰 피해를 입은 곳이기도 했다. 허리케인 하비라 불리는 태풍의 파괴력이 워낙 컸던 것을 생각하면, 이와 같은 사실은 매우 중요한 이야기를 담고 있기도 하다. 나는 텍사스로 가기 전 태풍이 시작된 날 밤에 지역 방송국의 기자와 촬영 기자가 이 지역을 찍은 영상을 보았다.[1] 기자들은 배를 타고 거리들을 지나가면서 탐조등으로 주변을 비추었다. 탐조등의 빛이 스쳐 지나갈 때마다 까만 어둠 속에서 반쯤 물에 잠긴 유령 같은 집들이 몇 킬로미터씩 이어지며 나타났다가 사라졌다.

내가 루커스 가족의 집을 방문했던 2018년 초의 화창한 아침에는 물은 이미 빠졌지만 폭우가 할퀴고 간 상흔이 그대로 남아 있었다. 물난리 뒤에 남은 미사토가 벽마다 붙어 있었고 깨진 창문 아래로도 고운 모래가 촉수처럼 소용돌이 모양으로 집을 휘감고 있었다. 차고 문은 마치 누군가 양쪽 끝을 잡은 뒤에 거칠게 비틀어서 우그러뜨린 것처럼 네 모서리가 삼각형 모양으로 접혀 틈이 벌어져 있었다. 나는 그 틈 하나를 통해 안을 들여다보았다. 차고 안쪽에 나뭇잎들이 마구잡이로 쌓여 있었는데 그 사이로 곰팡이가 핀 인형 팔 하나가 삐죽 삐져나와 있었다.

루커스 가족이 살던 현대식 단층 랜치 하우스 앞마당에는 잡초만 무성하게 자라 있었다. 진흙에 박힌 가느다란 철사 끝에 작은 보안 경고판이 달려 있었다. "본 주택은 보호되고 있습니다." 홍수는 그 문구를 비웃기라도 하듯이 바닥에 닿도록 철사를 휘어놓았고 집 정면의 벽은 세로로 길게 찢어놓았다. 마치 지붕에서 바닥까지 지퍼를 열어놓은 것 같았다.

그 커다란 틈 위에서 흐릿한 가로선 하나가 보였는데 바로 그 선이 물이 가장 높이 차올랐던 자리였다. 나는 몸을 낮춰 보았다. 키가 고작 1미터 정도인 아이의 눈높이에서 거의 2미터에 가까운 물기둥은 과연 어떻게 보였을까?

겨우 다섯 살에 불과했던 루커스는 오늘날 미국의 어떤 성인도 기억하지 못할 만큼 깊고, 넓고, 사나운 홍수와 만났다. 『워싱턴포스트』는 이렇게 보도했다. "허리케인 하비가 기록적인 폭우를 쏟아낼 동안 강수량의 강도와 범위가 너무 어마어마해서 기상 전문가와 구조대원을 비롯한 피해자들, 사실상 모든 사람이 자신의 눈을 믿지 못했다. 이 홍수는 미국의 그 어떤 태풍과도 비교할 수 없었고 완전히 다른 차원이었다."[2]

나는 그 광경을 멀리서 지켜보았는데 눈이 하나 달린 거대한 괴물이 휴스턴 위에 자리를 잡은 뒤에 떠나지 않겠다고 며칠 동안 고집을 부리고 있는 것만 같았다. 허리케인은 자기가 있던 자리에서 무섭게 회전하며 멕시코만에서 물을 끌어 올려 땅 위에 퍼부어댔고 결국 대륙 역사상 가장 강력한 집중 호우를 쏟아부어 일부 지역을 폐허로 만들었다.[3] 단 한 번의 태풍으로 1500밀리미터에 달하는 폭우가 쏟아졌다. "저는 특히 그 소리가 잊히지 않아요. 어떻게 설명해야 할까요." 한 엄마는 그날 이후 아이들과 머물고 있다는 호텔 방에서 나에게 전화를 하며 말했다. "빗물이 정말로 지붕을 뚫어버릴 기세였거든요."

해리스 카운티에서만 6만 명이 넘는 사람을 구조해야 했다.[4] 휴스턴 지역 전체 주택의 절반 가까이가 피해를 입었고 그 집에 살고 있던 수십만 명의 아이들이 재난의 희생자가 되었다.[5] 따라서 어떻게 보면 루커스의 이야기는 그렇게까지 특별한 사연이 아니다. 아마도 미국 전역에서 더 많은 아이들이 앞으로 그와 같은 일을 겪게 될 수도 있다. 2017년은 2016년이 지구 관측 역사상 가장 더운 해였다는 뉴스를 전하며 시작했었는데 결국 미국 역사상 가장 파괴적인 자연 재해의 해로 기록되며 끝났다.[6]

특히 놀라운 일이 있었다. 기록을 갈아치운 세 개의 허리케인 하비, 어마, 마리아가 4주라는 짧은 기간에 걸쳐 멕시코만 연안과 카리브해를 연달아 강타한 것이다. 그 지역들이 아직도 충격에서 벗어나지 못하고 비틀거리는 사이에 캘리포니아 북부와 남부에서는 전례 없는 도시형 산불이 일어나 단 몇 시간 만에 수많은 동네를 잿더미로 만들었다.

그해 가을은 미국인들이 기후 위기를 체감하는 방식에서 하나의 이정표로 남을 만했다. 수백만 명이 충격을 받고 완전히 넋이 빠져서 현실감을 상실할 정도였다. 수백 개의 지역 공동체가 바람과 물로 인해 무너져 내렸다. 이런 사건들이 미국은 물론이고 전 세계 언론에서 크게 보도되었지만 이와 같은 재해가 아이들에게 어떤 신체적·정서적 충격을 남겼는지 말하는 이는 거의 없었다. 어른들보다 더 작고 어른의 도움 없이는 혼자 도망칠 수도 없고 트라우마를 이해할 정도로 성숙하지 못하고 표현할 언어가 부족한 아이들에게 미친 충격은 경제적 손실을 계산하던 사람들의 눈에는 보이지 않았다.

대부분의 사람들이 잃은 것은 집이라 불리는 장소였다. 그리고 많은 어린이들과 그들의 부모가 잃은 것은 집이라는 공간이 의미하는 모든 것이었다. 집이 주어야 할 안전함과 안정감, 가족의 과거를 묶어주는 닻이 순식간에 사라진 것이다.

자연 재해는 언제나 인류를 정기적으로 찾아와 자신의 존재를 과시해왔으니 사건 자체만 놓고 보면 새롭지는 않다. 하지만 문제는 지구가 뜨거워지면서 이 재해들의 '수위'가 점점 더 높아지고 있고 그에 따라 이재민의 트라우마가 커질 가능성도 높아진다는 점이다. 물론 어떤 해는 다른 해들보다 더 수월하게 지나갈 때도 있다. 그러나 날씨와 관련된 재난이 장기적으로 악화되고 있다는 사실은 충분히 확인할 수 있다. 재해의 빈도는 증가하고 위력은 거세지고 파괴력은 강해진다. 전 세계적으로 자연 재해는 지난 반세기 동안 5배나 증가했다.[7] 극단적인 기상 현상, 이를 테면 백 년에 한 번 일어나는 대홍수나 초강력 4등급 허리케인처럼 최악의 사례들이 점점 더 심각해지고, 더 자주 일어난다.[8]

그러나 이러한 재난에 관한 통계는 우리 중 가장 작은 존재들에게 그것이 어떤 경험인지를 거의 말해주지 못한다.

어떤 아이들에게는 집이 무너지고 학교가 사라지고 공동체가 산산조각으로 갈라지는 경험이 이들의 정신과 신체와 미래까지 바꾸어놓을 정도로 극심한 트라우마가 된다. 이들에게 집이란 부모님과 가족과 선생님과 친구가 있는 곳이다. 이곳에서 아이들은 사랑하고 사랑받는 법을 배운다. 이곳에서 아이들은 세상에 관한 자신들만의 이야기를 쓴다. 이 세상이 믿을 만하고 좋은 곳인지, 아니면 적대적이고 두려운지를 배운다.

악화되는 자연 재해를 강도나 경제적 손실로만 설명하려 하면 이처럼 오래 지속될지 모르는 정서적 상처를 간과할 수 있다. 집이란 단순한 건물 한 채가 아니다. 한 아이가 느낀 공포는 숫자로 계산할 수 없다. 루커스나 그와 비슷한 일을 겪은 아이들에게 허리케인이나 산불이 남긴 정신적 피해는 스프레드시트 몇 장으로 요약되지 않는다.

"말하고 싶지 않아요. 말하면 자꾸 생각나서 힘들어요." 아이는 그렇게 말하더니 울음을 터뜨렸다.

아이의 목소리를 듣기 위해서는 몸을 조금 더 앞으로 기울여야 했다. "소피아. 말하기 싫으면 안 해도 돼. 네가 이야기하고 싶을 때 하자." 나는 조심스럽게 말했다. 소피아는 이민 가정 출신의 키가 자그마한 열다섯 살 소녀다. 검은 머리는 꽃무늬 집게핀 두 개로 묶었는데 머리핀과 라벤더색 스웨터가 잘 어울렸다. 아이는 어깨가 들썩일 정도로 흐느꼈다. 우리가 앉아 있는 곳은 휴스턴의 걸프턴에 있는 학교 상담실이었다. 저소득층 가정이 많은 낙후 지역인 걸프턴은 허리케인 하비로 큰 피해를 입었다.

"그 이후로 우리 동네 거리만 걸어도 그냥……." 소피아의 말이 끊겼다. "기억이 나요. 모든 순간이요. 다 기억나요. 그래서 힘들어요."

소피아의 머릿속에는 늘 같은 장면이 재생된다. 태풍이 오기 직전 부모님이 식탁 위에 가족들의 모든 신발을 하나씩 늘어놓던 모습이다. "왜 하필 그 장면이 자꾸 생각나?"

"왜냐하면 우리는요…… 가진 걸 모두 잃었으니까요." 그때 식탁에 올려놓았던 신발도, 신발이 올라가 있던 식탁도 가족이 소유했던 거의 모든 물건과 함께 버려야만 했다. 소피아와 부모님과 남동생은 몇 달째 텅 비고 곰팡이가 가득 핀 집의 맨바닥에서 자고 있다.

지금은 그날의 소리와 장면이 또 다른 공포로 다가온다. 소피아는 헬리콥터 날개가 돌아가는 소리나 빗소리를 듣거나 인도 위에 생긴 작은 물웅덩이를 보기만 해도 그 끔찍했던 한 주가 떠오른다. 일상 속에서 그날을 떠올리는 단서를 발견할 때마다 손이 덜덜 떨린다. 소피아는 악몽도 자주 꾼다. 모두 죽을지도 모른다는 공포 속에서 다락방에 웅크리고 앉아 있던 그 길고 긴 밤이 자꾸 꿈에 등장한다.

지금 소피아는 외상 후 스트레스 장애Post-traumatic Stress Disorder, PTSD의 전형적인 증상을 보여주고 있다.

흔히 PTSD라고 하면 참전 군인이 연상되지만 이 증상은 공포스러운 사건을 직접 겪거나 목격한 사람이라면 누구에게나 나타날 수 있다.[9] 아이들도 어른들과 마찬가지로 악몽과 침투적 사고intrusive thought에 시달린다. 침투적 사고란 어떤 사소한 계기나 연상을 통해 원치 않는 고통스러운 이미지들이 예기치 않게 떠오르는 증상을 가리킨다. 아이들은 불면증을 겪기도 하고 부모와 분리되었을 때 극도로 불안해하기도 하며 그 사건을 떠올리게 하는 장소나 주제를 회피하기도 한다. 이런 아이들은 짧게는 몇 주, 길게는 몇 년 동안 그 사건을 과거로 보내지 못해 이전의 상태로 돌아오지 못한다.

자연 재해는 언제나 사람들에게 PTSD라는 여파를 남기곤 했다.[10] 기후 위기로 인해 재난이 점점 더 극단적으로 변하고 있으며 당연히 소아과 의사와 심리학자 들은 자연 재해가 어린이 생존자들에게 미치는 영향을 우려하고 있다. 이들의 우려는 미국 역사상 가장 치명적이었던 자연 재해를 겪고 살아남은 아이들의 삶을 가까이 관찰하면서 더 깊어지고 있다.

† † †

2005년 허리케인 카트리나로 인해 백만 명 이상이 집을 떠나야 했고 1800명 이상이 목숨을 잃었다.[11] 하지만 나는 그 폭풍을 떠올릴 때면 그 어떤 통계보다도 단 한 사람이 떠오른다. 5년 후 우리 병원을 찾아온 십 대 소녀 니아다. 카트리나가 휩쓸고 간 직후 니아가 아홉 살이었을 때 니아의 주 양육자였던 할머니가 세상을 떠났다. 니아는 이후 몇 년간 휴스턴에 사는 이모 집에서 지내다가 일마 전에 리노로 왔다고 했다. 그때가 열네 살이었다.

니아의 이모가 미리 나에게 전해준 바에 따르면 니아는 할머니의 죽음에 대한 기억과 폐허가 된 옛집에 한참 동안 "집착했다". 진료실에서 니아는 몸을 가만히 두지 못하고 꼼지락거렸고 학교 선생님의 메모에는 ADHD가 의심된다는 내용이 적혀 있었다. 니아는 또래보다 키가 크고 마른 체형이었고 두피에 붙여 땋은 머리카락을 어깨까지 늘어뜨리고 있었다. 니아는 처음 나와 만났을 때는 밝게 웃었지만 눈을 잘 마주치지 않으려 했고 내가 질문을 하면 한참 망설인 후에야 대답했다. 학교 생활은 어떤지, 운동을 좋아하는지와 같은 간단한 질문에도 틀린 대답을 말할까 봐 두려워하는 것 같았다.

나는 니아에게서 할머니 이야기를 듣고 애도를 표하며 사진이 있느냐고 물었다. 니아는 잠시 주저하다가 가방 속 지갑을 꺼내 한 장의 사진을 보여주었다. 쉰 살쯤 되어 보이는 여성이 환하게 웃으며 니아를 꼭 안고 있는 사진이었다. "저희 할머니예요." 니아가 말했다.

그해 말에 발표된 '카트리나의 아이들'에 관한 연구 결과에 나는 전혀 놀라지 않았다.[12] 폭풍으로 집을 잃거나 이주한 아이들 중 3분의 1이 PTSD 기준에 해당되거나 불안 장애와 우울증에 시달렸고 ADHD 증상을 보였다. '심각한 정서 장애'를 보인 비율은 재난을 겪지 않은 아이들에 비해 5배나 높았다.

또 다른 연구자들은 니아처럼 집이나 사랑하는 사람을 잃은 십 대들이 약물이나 알코올에 의존할 가능성이 더 높다는 사실을 발견했다.[13] 그러나 이 두 가지 외에 정서적 고통을 거의 정확하게 예측하는 요소가 하나 더 있었는데 바로 교육의 상실이었다.

니아와 마찬가지로 뉴올리언스에 살던 수십만 명의 아이들은 파손된 학교 건물 때문에, 혹은 수차례의 이주 때문에 학교로 돌아가지 못했다.[14] 허리케인으로 인해 아이들에게 학습 공백이 생겼고, 그 결과 이들은 동일 연령대의 다른 학생들에 비해 학업 성취도에서 눈에 띄게 낮은 점수를 받았으며, 끝내 그 격차를 따라잡지 못했다. 2015년에 『디 애틀랜틱』은 카트리나 이후 10년을 두고 "카트리나 시대의 청소년들은 대체로 극심한 트라우마와 불안정 속에 지내는 경우가 많았고 공부 자체가 거의 불가능했다"고 보도했다. 한 교육자는 이렇게 표현하기도 했다. "마치 시멘트 바닥에 씨앗을 뿌리려는 시도 같았다."

그 인용문을 읽었을 때 나는 허리케인 피해 당사자인 아이들이 절대 그 기사를 보지 않기를 바랐다. 물론 내가 보아도 니아는 분명 여러 가지 어려움을 겪고 있었지만 그렇다고 해서 아이의 마음과 생각이 시멘트처럼 굳어버린 것은 아니었다. 약물 치료를 하고 상담을 받고 이모가 사랑으로 돌봐주고 스스로 열심히 노력하면서 니아는 그 기사가 실리기 전에 고등학교를 무사히 졸업했다. 마지막으로 니아를 본 것은 열여덟 번째 생일에 니아가 마시막으로 우리 소아과에 신료를 받으러 왔을 때였다. 가족은 다른 친척들과 가까이 살기 위해 휴스턴으로 다시 이사를 간다고 했다. 니아는 사무직으로 일하고 싶다고 말했다. 나는 니아를 꼭 안아주면서 바라는 대로 될 것이라고 말해주었다.

몇 넌 뒤 휴스턴에서 소피아와 허리케인 하비에 대해 이야기하던 중 문득 니아가 이 근처에 살고 있을 거라는 생각이 들었다. 니아 역시 소피아와 비슷한 일을 겪었을 수도 있다. 니아는 허리케인 카트리나를 피해 휴스턴으로 이주한 10만 명의 이재민 중의 한 명이었는데 이사한 곳에서 또 다른 대형 허리케인이자 폭우인 하비와 만난 것은 아닐까?

나는 사무실에 전화해서 니아가 이사 후 보내준 크리스마스카드에 적힌 주소를 알려달라고 부탁했다. 다음 날 찾아간 니아 이모의 집에는 쇠사슬 울타리가 쳐져 있었고 그 위에는 짙은 초록색 방수포가 덮혀 있었다. 허리케인 하비의 피해를 입은 집이라는 표시였다. 동네 곳곳에서 침수로 뜯어진 석고보드가 날아가는 소리, 카펫이 창문 밖으로 날아가 땅에 떨어지는 소리가 났다. 길가에 내놓은 곰팡이 핀 폐기물 더미를 보며 나는 니아의 폐부터 걱정이 되었다. 니아는 많은 뉴올리언스 아이들처럼 허리케인 카트리나 이후 집 안에 잔뜩 피어난 곰팡이 때문에 천식 증상이 악화되었다.[15]

메모라도 남기기 위해 우체통을 찾았으나 보이지 않았다. 만약 있었다 하더라도 이미 물에 떠내려갔을 터였다.

기후 재난은 니아를 한 장소에서 또 다른 장소로 내몰았다. 이전 같으면 이런 이야기는 단순히 지독한 불운이 겹친 사례라 생각하고 지나갔을 수도 있다. 하지만 이번 세기 이전에는 니아처럼 짧은 생애 동안 이렇게 극단적인 기상 재난을 두 번 연속으로 겪는다는 것은 불가능한 일이었다. 허리케인 하비 하나를 겪는 것만으로도 전례가 없는 일이었는데 북미에서 그 정도의 집중 호우를 쏟아낸 태풍은 단 한 번도 없었기 때문이다.[16]

우리는 하비의 규모가 기후 변화 때문이었다는 것을 알고 있다.[17] 그렇다면 니아의 불운 중 하나는 니아가 단지 이런 시대에 태어났다는 것인지도 모른다. 이들은 어른들이 수십 년 전부터 찾아올 것을 알고 있었지만 방치해버린 전 지구적 위기를 강제로 떠맡은 이 시대의 청소년들이다.

모든 것이 어른들의 나태 때문이다. 더 뜨거워진 지구는 더 혼란스러운 세계를 초래한다. 날씨도 사람의 생각도 극단으로 치닫게 하며 자연과 인간 양쪽에서 폭력이 자행된다. 그 세계는 니아가 사상 최악의 폭풍을 가까스로 버텨낸 뒤 다시 또 다른 사상 최악의 폭풍을 마주할 수 있는 세계다. 또한 소피아의 가족이 기후 변화로 인한 최악의 가뭄 때문에 작황이 나빠지고 갈등이 심화된 과테말라를 떠나 꾸린 새로운 보금자리마저 최악의 홍수로 잃을 수도 있는 세계다.

이 소녀들이 겪는 반복적인 트라우마는 기후 변화가 초래하는 선상 문제 중에서도 가상 우려해야 할 문제다. 특히 한 자례의 재난에서조차 회복할 자원이 부족한 가정의 아이들에게는 더욱 그렇다. 하지만 허리케인과 홍수는 이런 트라우마의 근원이 되는 유일한 재난도 아니고 멕시코만 연안에서만 이런 일이 일어나는 것도 아니다. 휴스턴에 다녀온 지 얼마 되지 않아 3200킬로미터나 떨어진 지역에서 비슷한 운명을 겪게 될 또 한 명의 어린 소녀를 만났다.

루커스와 마찬가지로 샤니도 다섯 살 때 기후 변화와 관련된 자연 재해를 겪고 가족과 함께 탈출했다.[18] 샤니에게 닥친 재해는 물이 아니라 불이었다.

나는 2018년에 도심의 공원에서 샤니와 일곱 살 많은 오빠와 그들의 엄마를 만났다. 공원은 탈출했던 동네에서 그리 멀지 않았다. 엄마는 우리가 앉은 벤치에서 샤니와 오빠가 축구공을 차는 모습을 지켜보며 담담하게 그날의 이야기를 들려주었다. 이야기가 끝난 뒤 나는 그녀의 허락을 받고 그들의 집터가 어떻게 되었는지 직접 보러 갔다.

캘리포니아 산타로사 중심부에 있는 코피 파크는 평범한 중산층 가정이 모여 있는 고즈넉하고 아름다운 주택가였다. 주민들이 온라인에 올린 옛 사진 속에서 아이들은 나무 그늘이 드리운 울타리 없는 앞마당을 자유롭게 뛰어다니고 있었다. 샤니의 집 앞에는 집보다도 더 큰 버드나무 한 그루가 있었고 나뭇가지에는 방과 후 동네 아이들이 너도나도 모여 놀던 그네도 하나 매달려 있었다.

나는 이 집이 있던 자리에서 서쪽과 북쪽을 바라보았다. 코피 파크에 남아 있는 것은 내 눈이 닿는 곳까지 계속 이어지는 음산한 잿빛 황무지뿐이었다. 텅 빈 거리, 자동차 진입로만 남은 집터가 몇 블록씩 이어졌다. 마을에 가까이 다가갔을 때 수 킬로미터 밖에서도 나던 그을린 목재 냄새는 동네로 들어오니 너무 강해서 스웨터를 당겨 내 코를 가려야 했다. 2017년 10월 9일 주민들이 잠든 새벽에 이 마을에 닥친 터브스 화재로 인해 단 몇 시간 만에 수천 채의 건물이 소실되었고 스물두 명이 사망했다.[19]

샤니는 그날 밤 호랑이 인형을 안고 잠들어 있다가 문이 쾅 닫히는 소리에 화들짝 깼다. 휘몰아치는 바람 때문에 집 안의 모든 문이 쾅쾅 소리를 냈고 샤니는 본능적으로 소리를 질렀다. 엄마! 엄마! 엄마가 달려와 샤니를 안아주면서 괜찮을 거라고 말했다. 둘은 1층으로 내려갔다. 집은 캄캄했고 까만 연기로 가득 차 있었다.

거실 창밖으로 처음 보는 이상한 느낌의 주황색 광채가 어른거렸다. 앞마당에 있던 버드나무가 활활 불타면서 내는 빛이었다. 거인의 횃불처럼 커다란 화염 덩어리가 나무를 뒤덮었고 거센 바람에 휩쓸린 나뭇가지는 불붙은 쌀나리처럼 휘석거렸다. 오랫동안 이들의 친구였던 나무가 제발 살려달라고 외치는 것만 같았다.

이웃집 창문 안쪽에서 손전등 불빛이 깜빡였지만 새까맣게 피어오르는 연기 때문에 잘 보이지 않았다. 불붙은 잔해들이 공중에서 부유하다가 마당 여기저기에 떨어지며 불을 옮겼다. 쿵쿵거리는 소리가 들렸다. 불이 자동차나 프로판 탱크에 옮겨붙을 때 나는 소리는 마치 괴물의 발자국 소리 같았다. 연기 냄

새는 점차 변했다. 처음에는 나무 타는 냄새가 나다가 플라스틱
이 녹는 냄새도 나다가 기화된 화학 물질이 공기 중에 퍼지는
냄새도 났다.

엄마는 샤니에게 일단 집 안에 있으라고 했다. 그런 다음
혼자 밖으로 나가 정원의 수도꼭지 호스를 틀어 버드나무에 뿌
렸다. 그때 자동차를 타고 지나가던 사람이 거센 바람 소리와
활활 타오르는 불길의 굉음을 뚫고 외쳤다. "뭐하세요. 지금 당
장 나와요!" 엄마는 손에 고무호스를 쥔 채 잠시 꼼짝 않고 서
있다가 곧 호스를 내던지고 안으로 달려가 샤니에게 신발을 신
으라고 말한 다음 위층으로 뛰어 올라가서 아직 침대에서 자고
있던 샤니의 오빠를 깨웠다.

강아지는 보이지 않아 두고 가야 할지도 모른다고 생각했
는데 알고 보니 차고에서 웅크리고 있었다. 물건 하나 챙길 시
간도 없었다. 몇 분 후에 세 사람은 차에 탔다. 샤니는 자기의
카시트 벨트를 채워주는 엄마의 손이 덜덜 떨리고 있는 것을
보았다. 엄마는 나중에야 정전 때문에 옆집에 사는 노인이 차고
문을 열지 못해 탈출할 수 없었다는 사실을 알게 되었다. 이후
자동차가 출발하던 순간을 죄책감과 공포 속에서 수없이 되새
기면서 그때로 돌아가서 노인을 도울 수 있었다면 좋았겠다고
생각했다.

집에서 한 블록밖에 나오지 못했는데 도로에 차가 빽빽해
앞으로 나갈 수가 없었다. 온 동네 사람들이 대피하기 위해 2차

선 도로로 몰려든 탓이었다. 샤니의 엄마는 백미러로 뒤쪽의 불길을 보며 차를 버리고 셋이 같이 뛰어야 할지도 모른다고 생각했다. 아이들은 친구들 집이 순식간에 불길에 휩싸이는 모습을 말없이 지켜보고 있었다. 소방차 한 대가 사이렌도 울리지 않은 채 지나갔는데 그 안에 있는 소방대원들도 충격으로 말이 나오지 않는 듯했다.

서행으로 가까스로 2차선을 빠져나와 큰 도로까지 나갔고 다행히 샤니의 이모 집에 도착할 수 있었다. 다른 가족들도 이미 와 있었다. 하지만 그들은 또다시 움직여야 했다. "조금 있다 보니까 언니 집도 안전하지 않겠다는 생각이 들더라고요. 그래서 더 서쪽으로 가서 도시를 완전히 벗어나기로 했어요. 탁 트인 시골 국도에 가서 계곡 건너편을 보니 화염이 가로로 길게 뻗어서 평생 우리가 고향이라 부른 그 동네를 몽땅 삼켜버리고 있었습니다. 그때 처음으로 저도 울었던 것 같아요." 셋은 그날 밤 자에서 잠을 샀다.

이튿날 신문에는 그들이 사랑했던 버드나무 사진이 실려 있었다. 까맣게 그을리고 휘어진 버드나무 가지는 그들이 잃어버린 모든 것을 상징하는 것만 같았다. 나는 샤니의 엄마에게 그때 어떤 느낌이 들었냐고 물었다. "충격이죠, 충격. 불의 힘이 너무 파괴적이었어요. 방금까지 모든 게 그 자리에 있었는데, 다음 순간엔 다 사라져버리는 거예요." 샤니의 엄마가 말했다. 샤니는 안고 자던 호랑이 인형을 가져오지 못해 슬프다고 했다.

나는 그 지역이 재건되는 동안 계속 샤니의 가족과 연락을 주고받았다. 그들은 2년가량 임시 거처를 전전한 다음 2019년 말에는 같은 자리 위에 새로 건축된 집으로 이사할 수 있었다. 지역 뉴스는 돌아온 가족들의 사연을 전하면서 코피 파크의 부활을 축하했다.[20] 하지만 몇 주도 지나지 않아서 그 지역 주민들은 또다시 대피를 해야 했는데 이번에는 킨케이드 화재 때문이었다.[21] 2015년 이후 와인 컨트리 근방에서만 18건의 대형 산불이 일어났고[22] 샤니와 오빠는 그때마다 하늘을 올려다보면서 혹시라도 연기가 집 쪽으로 다가오는 것은 아닐지 걱정해야 했다. 2020년 가을 남매는 인근 화재로 인해 피처럼 붉게 변한 하늘을 보았고 이 이미지는 지구 종말의 징후라는 제목으로 전 세계 뉴스를 장식했다.[23]

나도 이 근방에서 자랐지만 어린 시절에 나는 대형 산불을 목격하거나 경험한 적이 한 번도 없었다. 그래서 나는 모든 것을 한 번이 아니라 여러 번 잃을지도 모른다는 공포를 안고 세상을 바라본다는 것이 어떤 느낌인지 솔직히 알지 못한다. 루커스의 경우도 이들과 다르지 않다. 지난 30년 동안 휴스턴에서는 집중 호우가 발생하는 빈도가 2배로 늘어나 홍수가 점점 잦아지고 있다.[24] 현재 전 세계 수백만 명의 아이들이 크고 작은 형태의 자연 재해를 겪고 있는데 이런 종류의 경험은 장기적으로 이들의 정신 건강에 어떤 영향을 미칠까? 점점 더 심각해지는 자연 재해를 견뎌야 하는 아이들을 돕기 위해 부모와 소아과 의사와 심리학자가 무엇을 할 수 있을까? 나는 휴스턴에서 바로 이 질문에 대한 해답을 모색하고 있던 사람을 만났다.

허리케인 하비의 아이들

허리케인 하비가 상륙했을 때 줄리 캐플로 박사는 텍사스 아동 병원 건물 안에 있는 자신의 새 사무실에서 짐을 풀고 있었다.

아동 심리학자인 캐플로 박사는 큰 상실을 겪거나 학대를 당하거나 끔찍한 사건을 경험한 아동의 반응 방식이라는 주제를 연구해왔다. 그녀는 병원에 채용되면서 병원과 연계된 의과 대학인 베일러 의과 대학으로부터 소아 트라우마 애도 센터를 설립해달라는 요청을 받았다. 안타깝다고도 할 수 있는 것은 그녀가 이곳에 부임한 시점이 완벽했나는 점이다.

새 직장에 출근한 지 불과 2주 만에, 책을 상자에서도 꺼내기도 전에 미국 역사상 가장 파괴적인 홍수가 그 도시를 폐허로 만든 것이었다. 캐플로 박사는 뜻하지 않게 전혀 예상하지 못한 프로젝트를 시작하게 되었는데 바로 허리케인 하비로 트라우마를 겪은 아이들을 위한 '하비 회복과 회복 탄력성 프로그램'이었다.

2018년 초에 캐플로 박사를 그의 진료실에서 만났다. 그 즈음 이 지역에는 약 2만 2000명의 아이들이 집을 잃고 대부분 임시 호텔에서 지내는 중이었다.[25] 50만 명이 넘는 어린이의 가정이 허리케인으로 일부 피해를 입었거나 완전히 파괴된 상태였다.[26] 캐플로 박사는 하비 프로그램에 매달 대략 100여 명이 신청을 한다고 말했다. 소아과 의사, 교사, 사회복지사, 부모 외에도 주변에 도움이 필요한 아이가 있는 사람이면 누구나 연락을 해왔다.[27]

캐플로 박사는 하비 같은 규모의 태풍이면 남동부 텍사스에 살던 아이들에게 크나큰 심적 고통을 일으켜 이 상처를 제대로 다루지 못할 경우 성인이 될 때까지도 아이들의 삶에 후폭풍을 남길 수 있다는 것을 알았다. 하지만 그와 동시에 같은 경험을 한 아이가 모두 같은 위험에 처해 있지는 않았다. 많은 아이들은 단기간 정서적 스트레스를 겪은 뒤에 놀라운 속도로 회복되기도 한다. 하지만 어떤 아이들은 마치 터널에 갇힌 것처럼 학업, 인간관계, 직장 생활에서도 자신의 잠재력을 완전히 펼치지 못한 채로 살아간다. 무엇 때문에 이런 차이가 생기는 걸까?

그 해답의 일부는 과거에 일어난 대형 재난인 허리케인 카트리나, 앤드루, 샌디, 그리고 캐나다의 파괴적인 산불인 포트 맥머리 화재를 겪은 아이들을 대상으로 한 연구 결과에서 찾아볼 수 있었다.[28] 이런 재난을 직접적으로 체험한 아이들 가운데 30퍼센트에서 70퍼센트의 아이들에게 정신 건강 문제나 학업 부진 문제가 1년 이상 지속되었다. 그들의 이야기를 통해 장기적인 증상이 나타날 가능성은 재난 자체뿐 아니라 재난이 일어나기 이전과 재난 도중과 그 이후의 여러 경험에 따라 달라진다는 사실을 알 수 있다. 또한 어떤 경험은 다른 경험보다 더 강력하기도 하다.

이 결과를 토대로 하여 캐플로 박사와 동료들은 지역 사회에서 허리케인 하비로 피해를 본 아이들을 검사하여 그중에 어떤 아이들에게 특별히 더 지원이 필요한지 알아보기로 했다. 이전 연구자들은 주로 부모의 관찰이나 서술에 의존했지만 캐플로 팀은 아이들을 위한 간단한 설문지를 작성했는데 특히 기억과 감정을 자기 언어로 묘사할 수 있는 여덟 살 이상을 대상으로 했다. 내가 캐플로 박사를 만나 이야기를 들은 때가 2018년이었고 2019년에 캐플로 팀은 초기 단계의 연구 결과를 발표했다.[29] 나는 이들의 연구 결과가 내가 그동안 인터뷰한 아이들의 모습과 놀라울 정도로 닮아 있다는 사실을 확인했다.

그들의 연구를 보면 허리케인이 일어나는 동안 겪은 두 가지 경험을 기준으로 하여 아이가 PTSD 증상과 우울 증상을 보일지 아닐지를 어렵지 않게 추측할 수 있다. 첫 번째는 아이들이 "우리 가족과 내가 심각하게 다치거나 어쩌면 죽을 수도 있어"라고 생각한 경험이었다. 대체로 신체적 위협을 받거나 실제로 신체적 피해를 입었을 때 트라우마가 가장 깊게 남는다는 것을 생각하면 그리 놀랍지 않은 결과다.

두 번째는 "우리 집 반려동물이 다쳤거나 죽었어요"라고 말한 아이들의 경험이었다. 허리케인 하비의 전체 사상자는 100명 이하였지만 캐플로 박사의 프로그램에 참여한 아이들 중 약 7퍼센트가 반려동물이 다쳤거나 죽었다고 보고했고 이 일이 아이들의 마음에 큰 상처를 남겼다는 사실을 충분히 짐작할 수 있었다.

이 외에도 허리케인이 일어나는 동안 겪은 열 가지 정도의 사건들로 PTSD나 우울증을 예측할 수 있었고 이 사건들이 서로 겹쳤을 경우에는 증상이 나타날 가능성이 높아졌다. 예를 들어 부모와 강제로 떨어져 있었던 경험, 반려동물을 두고 집에서 나와야 했던 일이 동시에 일어날 수도 있었다. 내가 다쳤거나 누군가가 다치거나 죽는 것을 목격했거나 배나 헬리콥터로 구조되었던 기억도 오래 남았다. 부모가 미등록 이민자이기에 도움을 요청하지 못하는 상황도 있었다. 이런 경험들은 누적될수록 악화되어 아이가 겪은 사건이 많을수록 PTSD와 우울증이 나타날 가능성이 높았다.

홍수 이후의 시기 역시 중요했다. 많은 아이들은 무너진 집과 망가진 자동차와 파손된 학교와 사라진 물건 곁으로 다시 돌아가야 했다. 대피소에서 지내는 아이도 있었고 계속 짐을 싸고 이동하는 아이들도 있었다. 허리케인 하비 이후 기본적인 생활을 누리지 못했던 아이들, 즉 집과 음식과 옷과 교통수단이 부족했던 아이들은 정서적 어려움을 겪을 가능성이 훨씬 더 높았다. 가난은 언제나 어린 마음을 상처에 노출시킨다는 사실이 또 한 번 드러났다.

그러나 어린이의 정신 건강 문제를 예측하는 가장 큰 요인은 종종 허리케인 하비가 일어나는 동안이나 직후에 무슨 일이 있었는지보다는 그 이전에 아이가 어떤 삶을 살아왔는가에 있었다. 재난을 겪기 이전에 과거의 어떤 사건으로 인해 트라우마가 생긴 아이들, 예컨대 학대나 방임을 경험했거나 생명을 위협하는 사건을 겪은 아이들은 이런 과거가 없는 아이들보다 정서적으로 흔들릴 가능성이 높았고 후폭풍도 더 오래 이어졌다. 허리케인 카트리나가 발생했을 때 할머니를 잃은 니아처럼 재해 중에 가족과 사별한 아이들이 만약 또다시 자연 재해를 만난다면 더 쉽게 무너질 수 있었다.

캐플로 박사는 내게 이렇게 말했다. "대부분의 아이들에겐 회복 탄력성이 있어요. 여파가 있을 수는 있죠. 악몽을 꾸기도 하고 자다가 무서워서 울면서 부모님의 침대로 오기도 하죠. 얼마간은 그날의 장면이 문득 떠오를 수도 있어요. 자연스러운 현상이고 보통은 시간이 지나면 잦아들어요. 하지만 과거에 상처와 아픔을 겪은 아이라면 어떨까요? 그건 적신호예요. 아이가 장기적으로 스트레스를 받을 확률이 아주 높다는 이야기거든요."

다시 말해서 과거의 불행이 현재의 불행에 대한 반응을 한층 악화시킬 수 있다. 이것이 더욱 큰 문제가 될 수 있는 이유는 자연 재해의 빈도와 위력이 계속 증가하고 있고 아이들이 이런 재해에 반복적으로 노출되고 있기 때문이다. 이런 재해 속에서 공포에 떨고 상실을 경험할 때마다 아이는 장기적으로 정서적 고통을 겪고 학습 능력도 지체될 가능성이 높아진다. 캐플로 박사의 프로그램에서 스트레스 지수가 높았던 아이들 중 5분의 1은 허리케인 하비 이전에 이미 허리케인이나 홍수나 토네이도를 만난 적이 있었다.

폭우나 화재 같은 큰 재난뿐 아니라 폭염이나 가뭄 같은 비교적 조용한 재난들 역시 아이들의 가정에 혼란을 일으킨다. 상황 대처 능력이 부족한 어른들이 극심한 스트레스에 처했을 때 서로에게, 그리고 아이들에게 상처를 줄 수 있기 때문이다.[30] 돌봄과 위로를 주고받아야 할 가까운 관계에서 생긴 사적인 트라우마는 아이의 삶의 이력의 일부로 굳어진다.

아동의 정신 건강은 부모의 정신 건강과 분리해서 볼 수 없다. 아이들은 부모의 감정, 부모의 표정과 목소리의 톤과 작은 신호에 매우 민감하기에 재난에 대한 아이들의 반응은 그들의 부모가 어떻게 반응하느냐에 좌우될 수 있다. 캐플로 박사가 관찰한 바는 이러했다. "치료와 상담 과정에서 원하는 모든 방법을 시도해볼 수 있어요. 하지만 아이의 부모가 심하게 힘들어하고 있으면 그 어떤 방법도 아이에게 통하지가 않더군요." 비행기 승무원은 비상 시 산소 마스크를 쓰는 법을 설명할 때 다른 사람을 챙기기 전에 자기 자신부터 먼저 산소 마스크를 쓰라고 강조한다. 캐플로 박사는 이처럼 부모가 아이 곁에서 힘이 되어주려면 부모 역시 감정적 지지를 받아야 한다고 강조했다. 부모가 심각한 스트레스를 받아 일상생활을 제대로 수행하지 못한다면 그 부모 또한 상담과 치료를 받아야 한다. 허리케인 하비 이후 2년 동안 피해를 입은 성인 중 25퍼센트가 자기들 또한 심각한 스트레스와 기능 저하를 경험했다고 고백했다.[31]

나는 전적으로 동의했지만 박사와 나 둘 다 알고 있었다. 언제나 말은 쉽고 실천은 어렵다. 성인과 아이 모두 큰 부담 없이 받을 수 있는 정신 건강 서비스가 충분했던 적은 없었고 재난 이후에 이런 서비스는 더욱 희소해졌다. 캐플로 박사가 몸담고 있는 병원의 하비 프로그램은 설문 조사를 실시한 다음 재난으로 인한 심리적 어려움이 유독 더 크게 나타난 아이들에게 단기 개별 치료를 제공하는 방식으로 이 공백을 메꾸려 하고 있다. 치료는 먼저 기본적인 대처 기술을 가르치는 데 초점을 두고 아이들에게 자신의 감정을 어떻게 인식해야 하는지 알려준다. 호흡이나 여러 연습을 통해 감정을 조절하는 법을 이야기해주고 도움이 안 되는 부정적인 생각을 그치거나 바꾸는 법들을 가르쳤다. (예를 들어 어떤 아이가 "휴스턴은 살기 나쁘고 위험하대요"라고 말하면 이렇게 말하도록 유도한다. "저는 지금 안전하고 제 주변에는 날 보호해주는 어른들이 있어요.")

초기 결과는 이러한 노력이 효과가 있음을 증명했다.[32] 이 프로그램을 통해 허리케인 하비의 피해를 받았던 아이들의

PTSD와 우울증의 빈도가 줄어들었고, 비적응적 애도maladaptive grief의 빈도도 줄어들었다. 이는 상실의 슬픔이 지속되어 일상 생활을 수행하는 데 장기적인 어려움을 겪는 현상을 말한다. 또한 아이들의 학교 생활도 나아졌고 또래와의 관계도 점차 회복되었다.

내가 캐플로 박사를 만난 이후에 정신 건강 서비스에 대한 수요는 더 많아졌다. 허리케인 하비가 발생한 지 2년이 지난 2019년에 서비스를 신청한 아동의 숫자가 줄기는커녕 오히려 2배 이상 증가해 한 달에 250건에 달했다.[33] 피해가 심했던 일부 가족들에게는 폭우가 물러가고 한참이 지났어도 그들 위에 태풍이 계속 남아 있는 것처럼 보였다.

이렇게 회복 프로그램을 신청하는 아동과 가족이 넘친다는 것은 기후 위기가 남기는 정신적 고통이 얼마나 큰지 보여 주는 신호이기도 하다. 허리케인 하비는 우리에게 닥친 수많은 재난 중 하나에 불과했다. 2020년 한 해에만 미국에서 피해 규모가 10억 달러에 달하는 날씨 관련 재난이 총 22건 발생했다.[34] 물론 새로운 기록 경신이었다. 여기에 코로나19 팬데믹이라는 우환까지 겹치자 수많은 아이들은 감당하기 어려운 현실 속에 내던져졌다. 이 추세가 사그라들 기미는 보이지 않았고 2023년에 다시 기록이 깨졌다. 피해 규모 10억 달러 이상의 기상 이변이 25건 발생했다. 마우이섬에 대규모 산불이 발생했고 버몬트에도 역대급의 집중 호우가 쏟아졌다.[35]

다행히 하비 프로그램에서 사용된 접근 방식을 다른 재난에도 적용할 수 있다. 미국 연방 정부가 설립한 '아동 트라우마 스트레스 대응 네트워크'의 협력 기관인 '트라우마와 애도 센터'는 병원, 대학, 지역 공동체 들이 모여 트라우마를 겪은 가족을 돕는 데 효과적인 자원을 공유하는 연합 단체다.[36] 여기에는 트라우마와 애도를 고려한 평가 도구, 재난 후에 개인별 필요 사항을 파악하는 데 사용되는 스마트폰 애플리케이션인 심리적 응급 처치Psychological First Aid 같은 예방에 필요한 도구가 포함된다.[37] 또한 재난 대응 그림책 시리즈인 트링카 앤 샘Trinka and Sam 시리즈도 출간되었다. 이 책들은 어른이 아이들에게 재난에 대비하고 대응하는 법을 교육시키고 자신의 경험을 설명할 언어를 가르쳐주면 아이들에게 힘이 되고 트라우마 증상이 줄어든다는 개념을 바탕으로 한다. 하비 프로그램과 마찬가지로 이 재난 대응 그림책이 목표로 하는 것은 아이들이 자신의 운명을 주체적으로 끌고 가고 있다고 느끼는 자기 통제감이다.

† † †

휴스턴에 다녀온 뒤 내 환자들이 기후 위기를 언급할 때마다 나는 이 자기 통제감의 중요성을 기억하려고 노력한다. 나의 환자들 중 일곱 살짜리 아이조차 지구에 일어나는 일을 생각하면 슬프다고 말한다. 나는 그 아이들에게 남녀노소 전 세계의 많은 사람들이 더 나은 미래를 위해 싸우고 있다고 이야기해준다. 그리고 너희들도 동참할 수 있다고, 집이나 학교에서 할 수 있는 일을 하고 더 큰 변화를 바라보며 밀고 나가라고 말한다. 그런 다음 나 자신에게는 이 싸움이 아직 끝나지 않았으니 정신을 바짝 차리라고 말한다. 차트를 마저 쓰면서 사태를 이 지경까지 몰고 온 책임자들, 자기들이 저지른 일을 돈으로 환산할 수 있다고 생각한 그들을 떠올리며 조용히 분노한다.

지붕에서 구조되다

루커스는 모터보트가 다가오는 소리를 먼저 들었다. 모터보트는 거의 쓰러질 듯 옆으로 기울어진 채 코너를 돌아 울타리로 다가왔다. 보트 안에 세 명의 남자가 있었고 모두 헬멧을 쓰고 형광 노란색 재킷을 입고 있었다.

"여기예요!" 루커스의 엄마가 소리를 질렀다. 울타리를 뽑으러 갔던 루커스의 아빠는 목까지 잠긴 물속에서 두 팔을 번쩍 들어서 흔들기 시작했다.

보트는 부두에 정박을 하듯이 지붕으로 다가와 배를 세웠다. 남자들 중 한 명이 창문으로 올라와 빵빵한 주황색 구명조끼 두 개를 엄마에게 건넸고 엄마는 자기가 먼저 입은 다음 루커스에게 입혔다. "쌍둥이 아기들은 어떻게 하죠?" 엄마가 물어

보니 남자는 이렇게 대답했다. "죄송합니다." 그는 갓난아기에게 입힐 만큼 작은 구명조끼는 없다고 했다. 엄마는 잠시 그 남자를 바라보더니 창문 밖으로 나가 지붕 위로 올라갔다. 엄마는 그 위에 앉아 루커스를 향해 팔을 뻗었다.

루커스는 엄마의 뻗은 팔을 바라보았다. 엄마의 뒤쪽으로, 출렁거리는 물 건너편으로 루커스 집의 지붕 꼭대기만 간신히 보였다. "여기 계속 있으면 안 돼요? 왜 가야 해요?" "여기엔 먹을 음식도 없고 마실 물도 없고 기저귀도 없잖아. 엄마가 너를 더 안전한 곳으로 데려가야 해." 옆집 아주머니가 몸을 숙이고 말했다.

잠옷 밑으로도, 손바닥 아래로도 지붕의 거칠거칠한 표면이 그대로 느껴졌다. 루커스는 미끄러지지 않으려고 엄마의 손을 잡고 천천히 내려갔고 배에 타고 있던 남자 한 명이 팔을 뻗어 루커스를 번쩍 들어 올려 보트에 태웠다. 엄마는 그날 생전 처음 보는 남자들에게 울고 있는 아기를 한 명씩 건넸다. 마지막으로 엄마는 맥스에게 지붕으로 내려와 배에 타라고 손짓했다.

"개는 안 됩니다." 남자들이 단호하게 말했다. "강아지는 두고 가셔야 해요." 이 근처에 다락에 갇힌 사람들이 또 있어서 그들을 태워야 한다고 덧붙였다. 루커스는 울음을 터트렸다. 맥스가 얼마나 무서울까. 혹시 혼자 헤엄쳐서 따라오다가 물에 빠지거나 길을 잃어버릴지도 모른다.

아빠는 소리쳤다. "나는 내가 알아서 나갈게요. 제발 강아지도 데려가주세요."

　어쨌든 남자들은 서둘러야 했고 그 틈에 엄마는 맥스를 안아 배에 태웠다. 그렇게 그들은 깊고 어두운 물속에 아빠만 남겨둔 채 떠났다. 루커스는 계속 뒤를 돌아보면서 모퉁이를 돌아 끝내 보이지 않을 때까지 울타리 옆에 서 있는 아빠를 바라보았다.

　보트의 엔진 소리가 이웃집들에서 튕겨져 나와 공중에 메아리처럼 울렸다. 그들이 배를 타고 가는 동안 한때 거리였던 이곳은 둥둥 떠다니는 지붕들로 이루어진 이상한 늪지 수로가 되었다. 배가 지나가며 생기는 물결이 창문에 부딪혔다. 동네 사람들 몇 명이 자기 집 지붕 위에 앉아서 구조를 기다리고 있었다. 남자들이 말했다. "어머니, 곧 돌아올 테니까 애들하고 기다리고 계세요."

　엄마는 쌍둥이를 안고 있었지만 이제 아기들은 울음소리를 내지 않았고 맥스도 입을 다물었다. 모두가 침울한 얼굴로 가도 가도 끝없이 이어지는 고동색의 물바다만을 바라보고 있었다. 루커스가 다니던 초등학교 앞을 지나가는데 놀이터의 놀이 기구 한쪽이 난파된 배처럼 물 위로 삐죽 솟아나와 있었다. 루커스는 노아의 홍수를 떠올렸다. 하나님이 나쁜 사람들을 벌하기 위해 홍수를 내렸다고 했는데 혹시 우리는 나쁜 사람일까? 내가 무슨 잘못을 한 걸까?

더 작은 몸, 더 큰 충격

아이들이 괴로운 일이나 비극적인 사건을 겪을 때 부모는 그 경험이 아이에게 오래 남을까 봐 걱정한다. 캐플로 박사의 연구가 아니라 해도 대부분의 어른들은 잊히지 않는 어린 시절의 기억이나 다른 사람들의 기구한 사연을 통해 어린 시절의 트라우마가 한 사람의 삶에 어두운 그림자를 드리우기도 한다는 사실을 이해한다. 왜 그런 것일까?

다음의 대답은 분명 어디선가 들어본 이야기일 것이다. 아이들의 몸은 더 작고 계속 자라나는 중이기 때문에 주변 환경의 영향을 더 크게 받는다. 아이들의 폐가 공기의 질에 영향을 받는 것처럼, 아이들의 피부와 혈액 순환과 신경이 외부 온도에 민감하게 반응하는 것처럼 아이들의 뇌 발달 역시 환경과 정교하게 연결되어 있다. 아이들의 뇌는 세상과 상호작용하며 성장한다.

처음부터 명확한 해답이 있지는 않았다. 철학자와 의사 들은 아이의 마음이 '유전'과 '환경', 즉 선천적 기질과 후천적 학습 중 어디에 더 영향을 받는지를 놓고 수천 년간 논쟁해왔다. 이제는 우리 모두 정답을 안다. 둘 다 중요하다는 것을. 똑같은 설계도에 따라 집을 지어도 시공의 질에 따라 집이 천차만별일 수 있는 것처럼 아이의 유전자가 두뇌의 구조를 결정할 수는 있지만 아이의 경험은 발달 수준을 차별화할 수 있다. 신경가소성neuroplasticity이라고 부르는 이 현상은 아기와 어린아이에게 가장 두드러지고 나이가 들면서 크게 감소한다.[38] 따라서 아이들의 머리와 마음은 자연 재해가 불러온 트라우마에 더 취약하고 같은 경험이라도 어린 시절에 겪으면 어른보다 더 오랜 기간 영향을 받는다.

루커스를 예로 들어 아이의 두뇌 발달 과정을 설명해보자. 루커스의 뇌가 허리케인 하비가 불러온 사건들에 어떻게 반응했는지 이해하려면 이 사건 이전에 그의 뇌가 어떻게 발달하고 있었는지부터 이해해야 한다.

루커스가 태어날 때 그의 뇌에는 평생 갖고 갈 수십억 개의 신경 세포, 즉 뉴런 대부분이 들어 있었다.[39] 뉴런은 뇌의 얇은 바깥층인 피질에 별처럼 흩어져 있고, 이 피질은 특유의 색 때문에 '회백질'이라고도 불린다. 이 회백질 안에 외롭게 떨어져 있던 세포들은 곧 서로를 향해 덩굴처럼 손을 뻗어 화학 신호를 주고받으며 소통을 하기 시작하는데, 이는 전화선으로 목소리가 오가는 것과 같다. 신경 세포들이 신호를 주고받는 이런 연결 지점을 시냅스라고 부른다.

루커스의 시냅스에는 루커스가 배우고 익한 것들이 차곡차곡 저장된다. 시냅스는 기억이 자리 잡는 곳이기도 하다. 아기일 때는 어마어마한 양의 새로운 정보를 흡수하기 때문에 시냅스는 폭발적으로 증가하고 두 살 무렵에는 수조 개가 형성된다. 만약 그 시기에 루커스의 뇌 피질의 단면을 들여다볼 수 있었다면 아마 촘촘하게 얽힌 전선망처럼 보였을 것이다.

그와 동시에 루커스의 뇌는 자신이 몸담은 세계에 반응하면서 모양을 바꿔가기 시작한다. 유용한 기술이나 지식을 담당하는 시냅스는 반복해서 활성화되면서 더 두껍고 강해지고, 사용되지 않는 시냅스는 점점 약해지다 사라진다. 이 때문에 풍요로운 환경, 즉 말을 많이 주고받고 사랑이 풍부하고 학습이 잘되는 환경이 어린 시절에 매우 중요한 것이다. 환경이 말 그대로 아이의 뇌를 길러낸다.

정교한 가지치기가 계속되면서 루커스의 뇌 피질 여러 부분은 서로 다른 역할을 맡기 시작한다. 예를 들어 언어를 조절하는 영역은 루커스의 왼쪽 귀 근처에서 성숙해가고 루커스의 성격은 이마 뒤쪽에 있는 우측 안와 전두 피질right orbitofrontal cortex에서 형성된다. 루커스의 가족은 자신들도 모르는 사이에 아이의 뇌 변화를 실시간으로 목격하는 셈이다. 영유아 시절에 루커스가 보여준 발달상의 굵직굵직한 이정표들, 예컨대 첫 걸음마를 한다거나 첫 단어를 말하는 것은 뇌 피질의 다른 영역이 제기능을 시작했다는 신호다.

피질만이 중요한 활동을 하는 것은 아니다. 루커스의 뇌 대부분을 차지하는 백질 안에서는 더 굵은 신경 섬유 다발이 피질의 여러 영역을 교환대의 케이블처럼 이어준다. 또한 이 신경 섬유들은 피질을 뇌의 더 깊은 구조와 연결해주는데, 예를 들어 우측 안와 전두 피질은 갈고리 섬유 다발uncinate fasciculus이라 불리는 신경 다발을 통해 뇌의 중심부에 위치한 감정 조절에 중요한 영역인 변연계와 연결된다. 이 백질 신경로의 강도 역시 아이가 자라는 환경과 밀접하게 관련되어 있다.

이 사실을 알게 된 이유는 새롭게 개발된 MRI 기법으로 신경과학자들이 좋거나 나쁜 경험이 아이의 뇌에 남기는 영향을 시각적으로 확인할 수 있게 되었기 때문이다. 특히 어린 시절의 경험은 피질의 두께와 백질 신경로를 다르게 만든다. 따라서 심리학자들의 관찰을 생물학적 사실로 설명하는 것이 가능해졌다.

그래서 아이의 정서적 반응은 부모의 정서와 분리될 수 없다는 캐플로 박사의 주장도 생물학적으로 증명할 수 있다.

물론 심리학자와 소아과 의사 들은 수십 년 동안 이 사실을 알고 있었다. 갓난아기와 부모 사이의 사랑과 소통, 즉 우리가 육아서나 심리학 입문서에서 배운 대로 애착은 아이의 정서 발달에 매우 중요하다. 안정 애착을 형성한 아이들, 즉 헌신적인 보호자와 단단하고 신뢰가 오가는 유대 관계를 맺은 아이들은 더 안정적인 어른으로 성장할 가능성이 높다. 반대로 부모가 학대하거나 방임하거나 심리적으로 불안정하거나 부재하는 바람에 적절한 돌봄을 받지 못한 아이들은 불안정 애착을 형성해 학습과 행동이 늦어지고 공감 능력이 발달하지 못할 수도 있다.

MRI를 통해서도 이 사실을 확인할 수 있다. 생후 2, 3년 동안 성격과 감정 형성에 가장 중요한 영향을 미치는 우뇌의 구조는 부모의 성숙한 뇌와 주고받는 상호작용을 통해 형성된다. 마치 배가 등대의 불빛을 쫓아가듯이 아기의 뇌 영역은 부모의 뇌에서 오는 신호가 있어야 올바른 경로를 따라 항로를 조정한다. 루커스처럼 안정 애착을 보이는 아이들은 우뇌가 발달되어 있다. 말 그대로 부모의 사랑을 내면화하는 것이다. 반면 불안정 애착을 보이거나 트라우마를 경험한 아이들에게서는 우뇌의 구조에서 이상 징후가 발견되기도 한다.

애착 연구를 통해 우리는 허리케인 하비가 루커스의 집을 덮쳤을 때 루커스의 뇌가 본능적으로 엄마의 반응을 찾도록 만들어져 있다는 것을 알 수 있다. 아이의 감정도 엄마의 감정과 연결되어 있는데 태어날 때부터 아이의 뇌는 엄마의 뇌와 주고받는 상호작용 속에서 발달해왔기 때문이다. 그들이 이웃집에 도착해서 구조를 기다리고 있을 때 엄마 테스가 침착하게 루커스를 안아서 달래주었고, 이때 엄마는 쿠션처럼 방금 일어난 충격으로부터 루커스를 보호해준 것이다. 그러나 그 후 어른인 테스 또한 자신의 트라우마와 싸워야 했다. 가족이 죽을 수도 있었다는 공포와 모든 것을 잃었다는 상실과 집이 사라졌다는 현실 속에서 자신을 추스르느라 힘겨운 나날을 보내야 했을 때, 루커스는 본능적으로 엄마의 감정을 느꼈을 가능성이 높고 이때 자신의 기억이 겹쳐져 더 괴로웠을 것이다.

애착 연구를 통해 루커스가 엄마와 유대를 잘 맺어왔기에 역경에 더 잘 대처할 수 있는 뇌를 갖게 되었다는 사실도 알 수 있다. 루커스의 잘 발달한 우뇌 구조는 긍정적인 자아 정체감을 만들어주었고 다른 사람과 관계를 맺고 공감을 하고 위로를 구하는 능력을 키워주었다. 이런 특성은 아이의 회복 탄력성을 높여준다. 아이에게 결국 이전의 정신적 안정 상태로 돌아갈 수 있는 능력을 키워준 것이다.

하지만 모든 아이가 이렇게 운이 좋은 것은 아니다. 루커스의 사례는 캐플로 박사의 또 다른 관찰로 이어진다. 아픈 과거가 있는 아이일수록 폭풍이나 산불 같은 재난이 닥쳤을 때 더 큰 상처를 입는다. 이들은 재난 이후 회복 탄력성이 더 낮게 나타나는 경우가 많다. 이들의 고충을 이해하려면 트라우마가 정상적인 뇌 발달을 어떻게 저해하는지, 몇 년 후에 이들이 스트레스를 받는 사건에 어떻게 반응하는지를 살펴보아야 한다.

독성 스트레스, 뇌를 조각하다

허리케인 하비의 생존자인 소피아의 사례를 떠올려보자. 소피아의 가족은 소피아가 서너 살 때 중앙아메리카의 기후 재난에서 탈출했다. 모든 아이는 종종 스트레스를 느낀다. 또한 적당한 양의 스트레스는 사랑이 있는 양육 환경에서 적절한 대처 기술을 배울 수 있을 경우에는 건강하고 균형 잡힌 성인으로 성장하기 위해 필요한 요소이기도 하다. 하지만 소피아는 어렸을 때 소아과 의사들이 독성 스트레스Toxic Stress라고 부르는 상황을 겪었을 가능성이 크다. 독성 스트레스란 불리한 환경에서 발생하는 심각하고 빈번하거나 지속적인 스트레스를 가리킨다.[40] 일반적인 스트레스와 다른 점은 스트레스의 강도나 기간이 아이가 감내할 수 있는 수준을 넘어선다는 것이다.

독성 스트레스라는 이름은 아이의 뇌와 몸을 실제로 손상시켜 성장과 발달에 악영향을 미칠 수 있다는 의미에서 붙여졌다. 독성 스트레스는 큰 불행이나 비극을 겪은 가정에서 나타날 수 있다. 빈곤, 부모의 약물 중독, 가족의 중병, 물리적·정서적 학대나 폭력, 자연 재해 이후의 혼란 등이 그 예다. 이런 극단적으로 힘든 상황을 어른들의 포옹이나 위로 없이 혼자 헤쳐 나가야 할 때 아이들은 독성 스트레스를 경험한다. 때로는 부모가 심리적으로 더 압도되거나 질병을 앓고 있을 수도 있고 아이와 부모가 떨어져 지내는 상황일 수도 있다. 혹은 부모 자체가 트라우마의 직집직인 원인이 되기도 하는네 아동을 학내하거나 방치하는 경우가 그렇다.

소피아와 이야기할 때 소피아의 가족이 이동하는 중에 독성 스트레스로 상처를 입었는지는 나도 알 수 없다. 하지만 만약 그랬다면 그 흔적은 신경 세포와 심한 경우 유전자에도 새겨졌을 수 있다. 이렇게 몸에 각인이 되어버리면 독성 스트레스가 마치 자주 다녀서 편해진 길처럼 허리케인 하비에 대한 소피아의 반응을 지배했을 수도 있다.

독성 스트레스는 몸에 어떤 흔적을 남길까? 먼저 발달하는 뇌의 구조적 토대에 영향을 미치는데 특히 애착 구조부터 주시해야 한다. 아기가 부모에게 사랑과 위안을 원하지만 거의 얻지 못할 때, 예를 들어 부모가 내전 속에서 살아남는 데 몰두하느라 아이의 욕구를 채워주지 못한다면 아기의 우뇌에 있는 애착 조절 회로가 건강하게 형성되지 못할 수 있다.

독성 스트레스는 뇌의 다른 영역도 형성한다. 아이의 신경 연결성은 얼마나 사용되느냐에 따라 성장하거나 약해진다. 우리가 위협에 반응하도록 도와주는 뇌 구조, 즉 위험을 감지하고 빠르게 반응하게 만드는 영역은 트라우마를 겪은 아이에게 과도하게 발달할 수 있다. 이들은 실제적인 위협이 없는 상황에서도 쉽게 두려움을 느낀다. 한편 뇌의 영역 중에서 논리적으로 사고하고 신중하게 계획하고 자기 통제력을 발휘하게 하는 영역은 충분히 발달하지 못해 충동적인 행동을 보일 수 있다.

이런 신체적 변화는 가끔은 너무 눈에 띄게 커서 MRI로도 보일 정도다. 그러나 독성 스트레스가 흔적을 남기는 두 번째 방식은 더 미묘해 감지하기가 쉽지 않다. 이는 몸의 화학적 구성을 바꿀 정도로 스트레스 반응 체계stress response system를 재프로그래밍한다. 이 체계는 뇌와 뇌하수체와 부신으로 이루어져 있으며 호르몬을 조절해 우리가 위협을 감지할 때 반응하도록 돕는다. 이 체계 역시 가소성이 매우 높아서 어린 시절의 경험에 따라 다른 모양으로 형성될 수 있다.

보통 스트레스 반응 체계가 작동하는 방식은 다음과 같다. 소피아는 가족이 죽음을 무릅쓴 고난을 겪는 동안 위험을 감지했을 것이고, 그때 소피아의 뇌는 의식적인 지시 없이 즉각적으로 뇌의 중앙부 하단에 있는 작은 내분비 기관인 뇌하수체에 신호를 보낸다. 그러면 뇌하수체는 신장 위에 있는 부신으로 또 다른 신호를 보내고, 부신은 아드레날린♦과 코르티솔♦♦을 혈류로 방출한다. 이 호르몬들은 소피아의 심장 박동과 호흡을 빠르게 하고 혈압을 높이며 근육을 긴장시켜 달릴 수 있도록 한다. 이 호르몬 덕분에 소피아는 더 강하고 더 빠르고 더 집중하게 되고 위험에서 벗어날 가능성도 높아진다.

어린 시절 여러 번의 역경을 겪은 아이들, 즉 부정적 아동기 경험adverse childhood experiences을 겪은 아이들은 아드레날린과 코르티솔의 수치가 비정상적으로 높은 경우가 많다. 이는 어린 시절의 트라우마가 이 호르몬들을 조절하는 유전자를 바꾸기 때문이다. 그 변화는 화학적 표식을 통해 유선사를 '켜거나' '끄는' 방식으로 일어난다. 이처럼 유전자 발현을 조절하는 화학적 표식의 집합을 '유전자 위에' 존재한다는 의미에서 후생유전체epogenome라고 한다. 예를 들어 단백질 유전자는 몸에 신호를 보

♦　부신 속질에서 분비되는 호르몬. 교감 신경을 흥분시키고 혈당량을 증가하거나 혈압을 상승하는 작용을 한다.

♦♦　부신 겉질에서 분비되는 호르몬. 염증을 억제하는 작용을 하여 각종 염증성 알레르기 질환을 치료하는 데 이용한다.

내 코르티솔 분비를 늦추라고 명령하는데 이 단백질 유전자에 특정한 표지가 붙으면 작동이 꺼지고 그 결과 코르티솔 수치가 더 높아진다. 어린 시절에 학대를 경험한 성인은 이 유전자가 강하게 억제된 상태로 나타나며 학대가 심하거나 오래 지속될수록 유전자 발현은 더 억제된다.

소피아에게 이런 후생유전적 변화가 있었다면 과거에 트라우마가 없는 아이에 비해 스트레스 호르몬이 더 극적으로 반응하고 정상 수치로 돌아오는 데도 더 오랜 시간이 걸렸을 것이다. 허리케인 하비가 덮쳐 가족이 거의 익사할 뻔했을 때 이렇게 입력된 기질은 새로운 트라우마가 남긴 생리적·감정적 충격을 더 크게 만들었을 것이다. 그 결과 PTSD가 생길 확률은 더 높아지고 지속 기간도 더 길어졌을 것이다.

과거의 경험에 비추어 형태를 바꾸는 뇌의 능력에는 분명 장점이 있다. 위험한 환경에서는 즉각적 반응이 이성적 추론보다 더 중요하기 때문에 '스트레스에 특화된' 아이가 생존할 확률이 높아질 수 있다. 그러나 스트레스에 특화된 뇌 구조는 장기적으로는 부적응을 낳기도 한다. '투쟁 혹은 도피'♦ 상태가 이어지면서 건강 문제가 생길 수 있기 때문이다. 동물 연구에서는 만성적으로 높은 코르티솔 수치가 신경 발달을 방해하고 뇌를

♦   긴급 상황 시 빠르게 방어하는 행동을 하거나 문제를 해결하기 위해 교감 신경계가 작용하여 생긴 에너지를 소비한 결과로 나타나는 심리적으로 흥분된 상태.

작게 만들며 성장 부진, 행동 문제, 학습 문제를 일으킨다는 사실을 밝혀냈다. 사람의 경우 부정적 아동기 경험을 여러 번 한 성인은 우울증과 약물 남용의 확률이 높을 뿐 아니라 관상동맥 질환이라든가 당뇨 진단을 받을 가능성도 높다. 과거는 역사 속으로 사라지지 않는다. 많은 사람들은 그 과거를 몸에 지닌 채 살아간다.

기후 변화는 폭풍과 산불에 반복적으로 시달리는 지역의 아이들에게 독성 스트레스를 증가시키는 것으로 보인다. 단지 재난 자체가 정서적 충격을 주기 때문이 아니라 재난의 강력한 여파가 한 가족을 몇 달 혹은 몇 년 동안이나 뒤흔들 수 있다. 그 여파는 사랑하는 사람을 잃는 슬픔일 수도 있고 집을 잃고 떠도는 생활일 수도 있으며 경제적 압박, 약물 남용, 가정 폭력, 강제 이주로 이어질 수도 있다. 가정에 이렇게 만성적인 긴장이 감돌면 부모의 돌봄과 보호 능력은 약화되고 아이들의 마음은 그에 따라 형태가 변한다. 다시 말해, 자연 재해는 전 세계적인 뉴스가 되지만 자연 재해의 영향은 지극히 사적이라 겪은 사람만이 체감한다. 어떤 아이들에게는 나라는 사람을 결정하는 사건이 될 수도 있다.

나는 몇 년째 네바다대학 의과 대학에서 어린 시절 트라우마의 영향이라는 주제로 강의를 하고 있다. 그러다 보면 나를 쳐다보는 몇몇 학생들의 얼굴에 걱정스러운 표정이 스쳐간다. 이 학생들 중에는 어린 시절의 비극적 사건이나 상처로 트라우마가 생겼지만 결국 의과 대학까지 온 이들이 있다. 남달리 힘겨운 어린 시절을 보내고도 공감 능력이 있고 건강한 성인이 될 수 있는가? 분명히 그렇다. 아픈 과거가 문제가 될 가능성이 있다는 뜻이지 반드시 그렇다는 의미는 아니다. 나이에 상관없이 이 세상의 어떤 아이도 그가 끔찍한 어린 시절을 보냈다고 해서 '가망 없는 사람'으로 여겨져서는 안 된다. 나는 학생들에게 어떤 아이들은 유전적으로 독성 스트레스에 더 취약할 수도 있다고 설명한다. 하지만 회복 탄력성에 가장 중요한 요인이 하나 있다. 나는 어린 시절의 트라우마를 극복하기 위해서는 적어도 한 명의 어른에게 돌봄과 지원을 받아야 한다고 말한다. 이 말을 하면 아까 걱정스러운 표정을 지었던 학생들이 고개를 끄덕거린다.

실제로 사랑은 시간이 지나면서 독성 스트레스가 남긴 상처의 일부를 치유할 수 있다. 그리고 외부적으로도 도움을 받을 수 있다면, 예컨대 텍사스 아동 병원의 프로그램 같은 전문적 지원이 있다면 트라우마를 겪은 아이들은 아픈 경험 속에서도 더 강한 사람으로 성장한다. 그러나 어떤 연구자들이 말했듯이 "뇌는 무한정으로 가소적이지 않다".[41] 트라우마가 반복되어 상처가 내면에 누적되면 흉터는 쉽게 희미해지지 않는다.

요약하자면 한 사람의 어린 시절은 정서적 발달에 매우 큰 영향력을 지닌다. 어린 시절은 한 사람의 일생에 보호의 그늘이 되기도 하고 취약함의 그늘이 되기도 하며 오랫동안 영향을 미친다. 심화되는 자연 재해는 부정적 아동기 경험과 독성 스트레스까지 늘리고 있으며 그것이 남긴 결과는 쉽게 되돌릴 수 없다.

자연스럽지 않은 자연 재해들

나는 캐플로 박사에게 시간을 내주어 고맙다고 인사한 뒤에 텍사스 아동 병원의 복도를 걸어 나왔다. 이 병원은 번쩍이는 고층 건물들이 작은 맨해튼처럼 늘어서 있는, 미국에서 가장 큰 소아 병원 단지다. 통창이 나 있는 병원 복도에서 미국항공우주국의 로고가 박힌 모자를 쓴 한 아빠가 두 아이의 손을 잡고 내가 방금 나왔던 트라우마 애도 센터로 가고 있었다. 작은 아들은 신발을 질질 끌며 카펫 위를 걸었고 그들이 지나가는 벽면에는 밝은 색의 현판이 하나 붙어 있었다. 병원이 다국적 에너지 기업 세브론의 소중한 기부에 감사해한다는 내용이었다.

나는 뒤돌아 그 가족이 코너를 돌아 보이지 않을 때까지 바라보았다. 저 아빠가 현판을 보았을까? 보았다면 어떤 생각을 했을까? 아동과 청소년의 건강을 위해 반드시 필요한 기부금의 일부가 이 땅의 모든 아이들을 위험하게 만드는 기업에서 왔다는 사실을 알고 있을까? 어쩌면 그 기업이 그의 아들과 딸이 살아갈 미래에 지금보다 더 심한 허리케인을 불러오는 주범일지도 모른다는 사실 말이다.

물론 이런 생각 또한 휴스턴 주민들이 볼 때는 외부자의 시선이다. 내가 휴스턴에서 만난 사람들 대부분은 석유 산업에 종사하거나 친구나 친지가 이 산업과 관련이 있었다. 휴스턴은 석유 산업의 기반 위에 세워졌고 석유 산업의 성공을 통해 부유해졌다. 그러나 그 아빠의 모자를 보자 휴스턴에 있는 또 하나의 주요 고용주가 떠올랐다. 이 기관은 이미 수백만 명의 생명을 재난에서 구했으며, 앞으로 수십억 명을 더 구할지도 모른다.

† † †

허리케인 경보는 우리에게는 너무나 당연하고 익숙해서 실은 이것이 얼마나 놀라운 현대 기술인지 잊어버리기 쉽다. 오늘날의 조부모 세대가 어린이였을 때 기상학자들이 사용할 수 있는 가장 정교한 도구는 기상 관측용 풍선이었다. 이 상황은 1969년 4월 14일에 미국항공우주국이 소리 소문 없이 기상 관측 위성 님버스 3호를 발사하면서 극적으로 달라졌다.[42] 인류는 역사상 최초로 지구보다 훨씬 높은 위치에서 지구의 변화를 내려다보면서 날씨를 예측할 수 있게 되었다.[43] 이전까지는 제대로 된 예고 없이 땅 위에서 날씨를 겪는 수밖에 없었다.

님버스 3호는 20세기의 가장 중요한 공중 보건계의 혁신이었고 백신과 항생제와 정수 시설만큼이나 어린이들의 건강과 복지에 필수적인 존재였다. 최초의 실질적인 기상 위성인 이 작은 인공 위성과 그 뒤를 이은 위성들은 폭풍 경보 체계를 개선시켜 자연 재해로 인한 연간 사망률을 크게 줄였다.[44] 1920년대에는 자연 재해로 1년에 무려 50만 명이 숨졌으나 2000년대에 이르러 사망자 수가 10만 명 이하로 감소했다. 그 사이에 인구가 증가하고 극한 기상 현상이 더 잦아진 것을 고려하면 큰 변화다.

님버스 3호의 위업이 가장 큰 의미를 지니게 된 장소는 지금까지도 미국 역사상 가장 최악의 재난으로 일컬어지는 허리케인이 일어난 남동부 텍사스다.[45] 1900년 9월 8일에 거대한 허리케인이 멕시코만 연안을 따라 길게 뻗은 섬 위에 세워진 도시 갤버스턴을 강타했다. 쿠바의 기상학자들은 무시무시한 허리케인이 텍사스로 이동하고 있다고 필사적으로 경고했으나 당시 새로 세워진 미국 기상국은 쿠바의 경보를 과장되었다고 치부하고 전보를 차단했다. 이 허리케인으로 인해 총 6000명에서 1만 2000명에 이르는 사람들이 사망했고 그중 어린이가 몇 명인지는 기록되지 않았다.[46]

한 세기가 지난 뒤 찾아온 허리케인 하비 또한 엄청난 파괴력으로 도시를 휩쓸어 인명 피해와 트라우마를 남겼지만 수천 명의 주민이 목숨을 잃지는 않았다. 위성 관측 사진 덕분에 휴스턴 주민들은 도시를 향해 탐욕스럽게 다가오는 거대한 회오리 폭풍의 모습을 실시간으로 볼 수 있었고 일부 주민들은 미리 대피할 수 있었다. 위성 데이터를 바탕으로 하여 국립기상청은 이전 갤버스턴 때보다 더 충격적인 경고를 보도했다. "이번 사태는 전례가 없으며 그 영향은 아직 파악되지 않았고 과거의 어떤 경험도 능가할 것으로 보입니다."[47]

그러나 님버스 3호의 발사가 공중 보건에서 중요한 의미를 지니는 이유는 또 있다. 이 새로운 위성 덕분에 대기 중 기체의 비율과 그 기체의 온도를 이전보다 훨씬 정확하게 파악할 수 있었다.[48] 과학자들은 태양 에너지가 얼마큼 지구로 들어오고 빠져나가는지 계산할 수 있게 되었다. 그러면서 이산화탄소와 메탄가스 같은 오염 물질이 늘어날수록 더 많은 태양열이 지구에 갇힌다는 사실을 확인했다. 다시 말하면 미국항공우주국의 첫 실질적 기상 위성에는 미래를 보는 창이 장착되어 있었고, 이제 우리는 인간이 하늘을 어떻게 바꾸고 있으며 지구가 어떻게 뜨거워지고 있는지 추적할 수 있다.

미국항공우주국의 과학자들이 예측하지 못했던 점이 하나 있다. 이 세상은 어떤 종류의 위성 경고에는 반응하면서 다른 종류의 것에는 반응하지 않으려 한다는 점이다. 기상 위성은 그리스 신화의 카산드라처럼 진실한 예언을 할 수 있는 능력은 있지만 믿어주는 이가 없는 저주를 받은 것만 같았다.

님버스 3호 발사 이후 수십 년 동안 미국항공우주국은 화석 연료가 인류의 존재까지 위협하고 있음을 경고해왔다. 인공위성들은 화석 연료가 대기에 끼치는 충격적인 영향을 추적해왔다. 하지만 아폴로 13호가 "휴스턴, 우리에게 문제가 생겼습니다"라는 메시지를 남긴 곳인 미국항공우주국의 존슨우주센터 주변에는 증명된 과학적 사실을 쉬쉬하기 위해 수십억 달러를 쓰는 기업들이 즐비하다.

이 거대 에너지 기업들은 허리케인 하비가 일어나고 몇 달 뒤 과학자들이 이번 태풍의 강우량이 거의 40퍼센트나 증가한 것은 지구 온난화 때문이라고 발표했을 때 침묵했다.[49] 이들의 상품에서 비롯된 대기 오염이 지구를 뜨겁게 했고 허리케인을 지금의 이 무시무시한 괴물로 키웠지만 이들은 침묵했다. 이제 루커스와 소피아와 이 지역의 수많은 아이들을 괴롭히고 있는 홍수가 휴스턴 경제를 혈관처럼 관통하는 석유가 만들어낸 비자연적인 재난이라는 사실 앞에서도 침묵했다.

텍사스 아동 병원 역시 재난의 피해에서 자유롭지 못했다.[50] 병원이 홍수로 고립되어 수많은 환자들이 며칠 동안 병원에 접근할 수 없었는데 그중에는 투석이 필요한 신장 질환을 앓는 어린이가 서른 명이 넘었다. 혈액 속 독소 수치가 올라가 생명이 위험한 단계에 이른 이들은 헬기와 배를 동원한 온갖 종류의 영웅적 행동과 기적적인 방법으로 병원으로 이송되었다.

하지만 셰브론은 꿈쩍하지 않았다. 기후 변화에 대한 수사만 살짝 바꿀 뿐 여전히 석유와 가스 생산 확대를 추진하고 태양광과 풍력과 다른 지속 가능한 에너지 기술에 반대하는 로비 단체에 자금을 지원한다.[51] 나는 셰브론 경영진을 생각하면 영화 「반지의 제왕」에 나오는 골룸이 떠오른다. 용암 속으로 떨어지면서도 손에 있는 절대 반지를 놓지 않는 탐욕과 집착이 그들에게서도 보인다. 지금의 화석 연료로 인해 얻는 이익이 그들이 만드는 미래에 어떤 의미가 있을까? 그들이 병원에 아무리 기부금을 낸다 한들 휴스턴에서건 다른 어느 곳에서건 그 미래가 아이들에게 가하는 피해를 치료해줄 수 있는 병원은 없을 것이다.

사랑과 물

테스는 도로 옆 인도에 서 있었지만 여기가 어디쯤이고 자신이 어떤 길에 있는지 전혀 감을 잡을 수가 없었다. 물이 얕아지자 모터보트가 멈췄다. 구조해준 사람들은 테스에게 내리라고 하고 구명조끼를 돌려받은 다음에 다시 떠났다. 모터 소리가 멀어지자 테스의 심장이 뛰는 소리는 밖에서 들릴 정도로 쿵쿵 뛰었다. 양팔에는 쌍둥이를 한 명씩 안았고 첫째 루커스는 다리에 매달려 있었다. 반려견은 낑낑거리고 있었다. 이제 어떻게 하지? 집의 현관과 벽이 힘없이 무너지고 그 사이로 물이 들이 닥치던 장면이 떠올랐다. 그제야 그녀는 잃어버린 것들을 하나씩 생각했다. 사진도 옷도 없다. 자동차도 물에 잠겼다. 루커스의 천식약도 없다. 쌍둥이에게 물려야 할 공갈 젖꼭지도 없다. 손에는 아무것도 없다. 게다가 남편도 그 물속에 두고 왔다.

일단 먹을 음식이 필요했고 잠시라도 앉아 있을 곳이 절실했다. 깨끗한 기저귀가 단 몇 장만이라도 있어야 했다. 하지만 거리에는 아무도 없었고 대부분 물에 잠겨 있었으며 상점의 문은 닫혀 있었고 불도 다 꺼져 있었다. 테스는 아이 셋과 개까지 끌고 물속을 철벅철벅 걸어갈 수 없었다. 휴대전화도 터지지 않았다.

그때 SUV 한 대가 물이 조금 빠진 도로 위로 천천히 오더니 그들 앞에 멈춰 섰다. 운전자는 처음 보는 여성이었다. 그녀는 차에서 내리더니 조수석 문을 열고 타라고 했다. 자신의 집으로 가자는 것이었다. 테스가 들여다보니 차량의 실내가 너무도 하얗고 깨끗했다. 자기 가족은 신흙투성이였다. 그 여성이 말했다. "우리 집에 아들만 셋이에요. 지저분한 거 신경 하나도 안 써요."

그래서 테스와 아이 셋과 강아지 한 마리는 하루 반나절 정도 그 여성의 집에 머물 수 있었다. 씻고 먹고 그 집의 세 아들 중 한 아들 방에서 잠을 잤다. 그 아들은 대학의 스타 농구 선수였는데 우는 쌍둥이 아기들을 보더니 아직도 물난리가 여전한 시내로 나가 공갈 젖꼭지를 사 오기도 했다. "그 가족이 우리의 생명의 은인이에요." 테스는 이렇게 말하며 울먹였다. 테스는 허리케인 하비를 겪으며 이 한 가지 사실에는 감동했다. 재난이 닥칠 때 인종이나 정치 성향 같은 것은 상관없었다. 사람들은 서로를 돕게 되어 있다.

남편 소식은 다음 날 오후에야 전화로 들을 수 있었다. 남편은 물로 가득 찬 도시의 맞은편에 있는 대피소에서 하루를 보냈다고 했다. 물이 빠지고 가족은 상봉했다. 그다음부터는 친구들이 양팔 벌려 그들을 맞아주었고 당분간은 거처를 어렵지 않게 찾을 수 있었다.

이제 가족은 안전했다. 하지만 대형 태풍이 아직 물러났다고 할 수 없었다.

† † †

나는 그날 아침 휴대전화 화면으로 도시 전체가 물에 잠긴 사진들을 보고 있었는데 전화가 울렸다. 테스였다. 내가 허리케인 하비로 트라우마를 겪은 아이들을 찾고 있다는 이야기를 들었다고 했다.

그녀는 아들 루커스 이야기를 하며 울먹거렸다. "그날 루커스가 그렇게 큰 충격을 받았는지 저도 몰랐거든요." 테스는 자기가 잘못한 것 같다고 했다. 루커스는 그날 그렇게 아빠를 물속에 버려두고 가고 싶지 않았다고 했다. 요즘에도 가슴께까지 오는 물속에서 손을 흔들던 아빠의 모습이 느닷없이 떠오른다고 했다. 비만 오면 루커스는 혹시 바깥에 물이 불어나고 있지는 않는지 1분에 한 번씩 문을 열어본다. 빗물이 조금이라도 고인 웅덩이를 보면 "엄마, 주차장에 홍수 났어요!"라고 말한다.

테스 또한 힘겨운 싸움 중이었다. 이틀에 한 번은 악몽에 시달렸다. 아이들을 물에서 건지려고 하는데 아이들이 물에 빠지는 꿈을 꾸었다. 매일 필요한 물건이 있지만 그것들은 모두 그 집에 있었다. 그럴 때마다 모든 것이 사라졌다는 사실을 또다시 실감했고 낯설고 새로운 슬픔을 느끼며 몸을 떨었다.

이듬해 봄이 되었지만 루커스 가족은 여전히 친구 집에 얹혀 살고 있다. 재해 보험금은 이미 바닥난 지 오래고 집은 철거가 예정되어 있다.

† † †

휴스턴을 떠나기 전에 나는 남쪽으로 한 시간쯤 차를 몰고 내려가 갤버스턴으로 갔다. 본토에서 다리를 건너 섬으로 들어간 다음 이 섬의 멕시코만 쪽에 있는 바닷가로 향했다. 특별히 찾고 싶은 것이 있어서였다. 그것은 1900년에 일어난 허리케인 이후에 생존자들이 쌓아 올린 16킬로미터 길이 방조제의 중간 지점에 있었다. 약간 기울어진 콘크리트 위에 서 있는 작은 역사 표지판이었다. '세인트 메리 고아원이 있던 부지'라고 적힌 표지판의 금속 명판은 무심히 지나치는 운전자들에게 제발 보라고 애원하듯이 도로를 향하고 있었다. 표지판의 뒷면은 바다를 등지고 있었는데 마치 아직까지도 화가 풀리지 않은 것처럼 보이기도 했다.

사이클론이 덮쳤을 당시에 이 부지에 세워져 있던 고아원에는 아흔세 명의 어린이와 열 명의 수녀가 있었다.[52] 그들을 찾아온 것은 아마도 4등급 허리케인이었을 것이다. 해변과 거의 같은 높이로 멕시코만에서 불과 몇십 미터 떨어진 곳에 세워진 목조 건물이 그 고아원이었다. 생존한 아이는 단 세 명이었고 아이들을 살리기 위해 자신과 아이들의 몸을 빨랫줄로 묶은 수녀들은 모두 사망했다.

나는 대재앙이 닥치기 전날 아침 그 수녀들이 어떤 마음이었을지 상상한다. 나날이 성장하고 있던 도시에 있는 커다란 건물 안에서 자신들이 극한의 위험에 처해 있다는 사실을 믿기란 쉽지 않았을 것이다. 정부가 생사를 가르는 경고를 외면할 줄은 몰랐을 것이고 창문 밖으로 끝없이 펼쳐진 눈부시게 아름다운 바다가 자신들을 배신하리라고는 상상하지 못했을 것이다. 그 끔찍했던 9월의 어느 날 파멸이 그들에게 다가오는 것을 보았을 때는 이미 너무 늦어 있었다.

방조제에서 계단 몇 개를 내려와 나는 양쪽으로 끝이 보이지 않을 만큼 길게 뻗은 넓은 해변을 천천히 걸었다. 잔잔한 파도가 모래 위로 찰싹이다 사라졌다. 그러나 그 평화로움 속에서도 나는 알았다. 이 바다는 1900년에 고아들이 놀던 시절보다 60센티미터가 높다.[53] 해수면은 해마다 조금씩 더, 이전보다 훨씬 빠른 속도로 높아진다.

휴스턴으로 돌아오는 중에 존슨우주센터를 지나쳤다. 하필 이곳이 갤버스턴섬에서 나오는 도로에 자리하고 있다는 사실이 상징적이라는 생각이 들었다. 우리는 참으로 먼 길을 걸어왔다. 만약 현재의 갤버스턴이 그때와 같은 폭풍을 맞는다면 어떻게 될까? 현대에는 기상 예보가 있고 아이들은 대피했을 것이다.

그러나 또 하나의 문제가 있다. 오늘날의 갤버스턴섬은 조금씩 바다에 잠기고 있다. 또한 오늘날 지구상의 모든 어린이들은 위험에 처해 있다.

† † †

갤버스턴에서 허리케인이 발생하고 넉 달 후에 보몬트 근처에서 석유 시추 중에 원유가 분수처럼 터져 나왔다.[54] 갤버스턴은 휘청거렸지만 휴스턴은 급부상했고 미국 석유 산업은 텍사스와 멕시코만 중심으로 옮겨졌다. 보몬트는 의학과 과학과 기술 분야에서 눈부신 성취를 이루며 새로운 시대를 이끌었다. 또한 땅속에 묻혀 있던 탄소를 대기로 옮겨 지구의 날씨 자체를 바꾸는 시대를 이끌기도 했다.

위성들은 해마다 날씨가 변하고 있다는 증거를 수집한다. 이 기록에 따르면 조만간 우리에게 경보 체계가 있다고 해도 갤버스턴 규모의 비극을 막지 못하는 시대가 올지도 모른다. 허리케인은 점점 더 강력해지고 앞으로 10년 안에 현재의 최고 단계인 카테고리 5급을 넘어서는 카테고리 6급의 허리케인이 등장할 수 있다.[55] 육지에 가까워질수록 세력은 커져 강풍은 거세지고 수면 상승으로 인해 폭풍 해일은 더욱 높아진다. 하지만 일단 상륙하면 이동 속도가 더 느려져서 어떤 기자가 허리케인 하비를 표현했던 것처럼 '돌연변이 나무늘보 허리케인mutant sloth'이 되기도 한다.[56] 이동하지 않고 같은 자리에서 폭우를 쏟아붓는 것이다.

누구나 미국항공우주국 웹사이트에 들어가면 위성의 렌즈를 통해 허리케인 하비, 터브스 화재, 그리고 최근의 다른 '비자연적인 재해'를 볼 수 있다.[57] 이 우울한 사진들은 2020년에 들어서면 폭증한다. 멕시코만 주변에는 사이클론의 줄이 끝없이 이어지고 서부 상공에는 수천 개의 연기 띠가 강처럼 둘러져 있다.

이는 공격당하고 있는 우리 집의 이미지를 보여준다. 응급실에 오는 부상 환자들처럼, 공포스러우면서도 눈을 뗄 수 없다. 우리가 아무리 반대로 믿고 싶어도 물리의 법칙은 피할 수가 없다.

그러나 나는 이 사진들을 보면서 위성으로는 볼 수 없는 것들, 이러한 거대한 시각적 이미지의 반대편에 있는 것들도 함께 떠올린다. 바로 사건에 휘말린 어린 뇌가 미세하게 재형성되는 이미지다. 나는 독성 스트레스로 인해 공부하고 사랑하는 능력을 상실해가는 아이들을 떠올린다. 폭풍과 화재, 가뭄과 기아와 전쟁으로 인한 트라우마로 삶이 흔들리는 아이들을 생각한다. 세상의 종말을 물려받은 것 같은 분노를 느끼며 기후 행동에 나서는 청소년들을 떠올린다.

그날 오후 호텔로 돌아와서 휴스턴 도심의 마천루를 바라보았다. 평평한 지형 위로 솟아올라 주변 지역에 긴 그림자를 드리우는 고층 빌딩 근처에서 석유 기업들의 펌프가 땅 속 깊은 곳의 석유를 퍼 올릴 것이다. 적지 않은 석유와 가스 시설들이 허리케인 하비로 인해 폐쇄되거나 파손되었다.[58] 이 시설에서 나온 독성 물질이 메이어랜드 같은 근처 지역으로 흘러 들어가 무너진 집들 주변의 침전물 속에 가라앉았다. 루커스의 동네를 걷고 있는데 한 어린아이가 플라스틱 양동이로 그 오염된 침전물을 퍼 담고 있었다. 우리 동네의 산불 연기가 아이에게 어떤 영향을 미칠지 잘 모르는 것처럼 그 아이의 소아과 의사나 부모 또한 아이가 어떤 오염 물질에 얼마나 노출되었고 이것이 어떤 결과를 낳을지 아직은 알지 못한다.

하지만 석유가 배출하는 다른 오염 물질에 대해서는 비밀도 없고 논란도 없다. 미국항공우주국은 그 피해의 대가를 명확히 보여준다. 매 시간마다 이런 물질이 우리 머리 위에 쌓이면서 앞으로 닥칠 재난을 확실하게 예고한다.

날이 어둑어둑해지자 나는 루커스의 가족들이 별을 보기 위해 잠깐 밖으로 나왔다가 루커스가 인공 위성을 별로 알고 손가락으로 가리키는 모습을 상상했다. 루커스는 그 별처럼 반짝이는 불빛들이 범죄의 조용한 목격자들이라는 사실은 아직 모를 것이다.

† † †

우리의 마음은 유전과 경험으로 빚어진다. 하지만 경험이 우리를 배신하기도 한다. 우리는 눈으로 볼 수 없는 것을 무시하고 믿고 싶지 않으면 외면한다. 우리의 선택이 어떤 결과를 낳는지를 과학이 대낮처럼 훤히 밝혀 보여줘도 부정한다.

그러면서도 우리는 목숨을 걸고 서로를 돕기도 한다. 배를 구해 타고 나가 모르는 사람들을 태운다. 물에 잠긴 도로를 지나가다 길가에 망연자실하게 서 있는 한 엄마와 아이들을 집으로 데려온다. 아이를 빨랫줄로 자기 몸에 묶어서라도 구하려 한다.

우리는 위성을 만들고 방파제를 세우고 어린이 전문 병원을 짓는다. 우리는 인류가 당면한 가장 시급한 문제를 해결할 수 있는 도구를 이미 만들어두었다. 너무 늦기 전에 행동하기만 하면 된다. 재앙이 다가오는 해변에서 무력하게 기다리고 있지 않아도 된다. 절망에 빠져 아무것도 하지 않는 것이야말로 화석 연료 업계가 대중에게 바라는 모습이다.

테스와 내가 처음 만났던 날 테스는 홍수 이후에 찍은 집 사진들을 보내주었다. 그들이 소유했던 모든 물건이 어그러진 채 쌓여 있었다. 마음이 아팠다. 이웃 사람이 찍은 또 다른 사진 한 장에는 이들을 지붕에서 배로 옮기는 모습이 담겨 있었다. 엄마 테스는 작은 구조선 안에 앉아 있고 그 옆에 아이들과 강 아지가 타고 있었다. 그 뒤로 그들의 집이 보인다.

루커스는 엄마 옆에 앉아 정면을 응시하고 있다. 바다나 수로처럼 넓게 펼쳐진 물을 가만히 바라보고만 있다.

4장

어느 역병의
탄생

"그 몇 개월 동안은 너도나도 병에 걸렸었어요." 여성은 에스파냐어로 말했다. "우리 집 맞은편에 살던 이웃도 걸렸고 옆집 사람들도 걸렸어요. 지금의 코로나와 비슷했다고 보면 돼요. 매일 누군가 그 바이러스에 걸렸다는 이야기가 들려왔죠."

여성의 팔에는 이제 다섯 살이 된 딸 다라가 안겨 있다. 아이는 입을 살짝 벌린 채 곤하게 잠들어 있고 아이의 작은 머리는 뒤로 살짝 젖혀졌다. 뉴저지 북부에 있는 그들의 집 거실에 놓인 소파 뒷벽에는 최근에 찍은 딸의 사진이 걸려 있다. 액자 속에는 짧은 검은색 곱슬머리를 하고 파란색 물방울무늬 원피스를 입은 아이가 정면을 바라보며 환하게 웃고 있다. 사진 속 아이의 얼굴은 해사하게 빛난다. 나는 그 얼굴이 어떤 얼굴인지 안다. 이 아이는 사랑을 듬뿍 받고 자랐다.

"그때는 다들 병에 걸렸기 때문에 우리는 대수롭지 않게 '유행에 탑승했다'고 말할 정도였어요." 클라우디아는 내 눈을 똑바로 보면서 차분하고 자신감 있는 어조로 말했고 팔로는 다라가 조금도 흔들리지 않게 안고 있었다. 그녀는 처음엔 그저 경미한 증상으로 치부했다. 어느 날 아침 남편이 자기 몸에 붉은색 반점이 생겼고 발진이 나고 가렵다고 말했다. 어젯밤에 무언가 잘못 먹었나? 딱히 원인이 생각나지는 않았다. 세 시간이 지나자 남편은 오한으로 몸을 떨었고 눈이 빨갛게 충혈되더니 피부가 뜨거워졌다. 그날 저녁에는 클라우디아의 팔과 다리에 발진이 일어나기 시작했다. 두 사람은 전날 밤 사랑을 나누었다.

클라우디아는 임신 초기였고 그때 뱃속에 품고 있던 아기가 지금 다섯 살이 된 다라다.

그 무렵 클라우디아는 고향 온두라스로 잠시 돌아와 마케팅 분야에서 일을 하면서 남편과 함께 아늘 하나를 키우고 있었다. 지역 대학에서 마케팅을 가르치기도 했다. 남편은 기자였고 의사 삼촌도 몇 있었고 어머니는 미생물학자였다. 그러니까 클라우디아는 무엇이 위험한지 알 만한 사람이었다. "예방에 철저한 편이었죠. 모기 퇴치제를 쓰고 집도 자주 소독하고요. 최대한 조심했어요." 클라우디아는 잠시 말을 멈추더니 왜 이 점을 강조하는지 설명했다. 어떤 사람들은 다라에게 이런 일이 일어난 이유가 엄마의 잘못 때문이라고 생각한다는 것이었다.

그다음 주에 남편의 증상은 악화되었다. 근육통과 두통은 더 심해졌고 열도 내려갈 줄 몰랐다. 그녀는 남편을 병원에 데려갔고 의사는 두 사람이 두려워하던 사실을 확인해주었다. 남편이 지카 바이러스에 걸린 것이었다. 지카 바이러스는 모기에 물려 감염되는 병인데 그들이 살던 지역에서 모기란 흔하디흔한 날벌레에 불과했다.

의사는 그래도 아내와 뱃속의 아기까지는 감염되지 않았을 가능성이 높다고 말했다. 2015년이었고 지카 바이러스 유행의 초창기였다. 성관계를 통해 남편으로부터 아내가 전염된 사례는 몇 건 되지 않았고 과학자들은 이런 방식의 전파 감염은 매우 드물다고 생각하고 있었다.[1] 이전의 다른 어떤 모기 매개 바이러스도 성관계를 통해 옮은 적이 없었기 때문에 지카 바이러스가 그런 방식으로 전파될 수 있다는 사실 자체가 학계뿐 아니라 일반인들 사이에서도 충격으로 받아들여졌다.

클라우디아의 어머니도 딸을 위로하려 노력했다. 설령 클라우디아가 지카 바이러스에 감염되었다고 해도 임신부의 바이러스가 항상 태반을 통과해 태아에게 전달되는 것은 아니니 태아에게 영향을 미칠 가능성은 매우 낮을 것이라 말했다. 그날 밤 클라우디아는 잠을 설쳤지만 그래도 자신이 운이 좋은 쪽에 속할 것이라 생각했다. 다음 날 바로 산부인과를 찾았고 의사는 발진을 알레르기 반응으로 진단했다. 최근 사용한 새로운 소독제 때문일 것 같다고 모든 게 괜찮다고 말했다.

하지만 임신 6개월 차가 되자 무언가 잘못되었다. 클라우디아와 남편은 평소처럼 산부인과에 정기 검진을 받으러 갔고 초음파 검사로 아기의 성별을 알 수 있는 날이라 기대하고 있었다. 첫째가 아들이었기 때문에 딸이라는 사실을 알게 되었을 때 두 사람은 매우 기뻐했다. 클라우디아의 봉긋한 배 위에서 복부 초음파를 움직이던 의사는 갑자기 말이 없어졌다. 의사는 몇 가지 측정을 마친 후에 초음파 기구를 들어 올리고 클라우디아의 팽팽한 피부에서 젤을 닦아냈다. 젊은 부부에게 설명을 시작할 때 의사의 얼굴은 어두웠다. 뇌에는 뇌척수액이 채워진 뇌실이라는 공간이 있는데 태아의 뇌실 중 하나가 정상적인 뇌실에 비해 너무 크다는 것이었다. 의사는 전문의를 찾아가야 한다고 말했다.

곧이어 고위험 임신 전문의가 끔찍한 소식을 전했다. 다라는 소두증microcephaly, 즉 뇌가 제대로 발달하지 않은 두뇌 기형 상태였다. 얼마 뒤 혈액 검사를 통해 클라우디아가 몇 달 전에 지카 바이러스에 감염되었음이 확인되었다. 전문의는 진심으로 안타까워했다. 이 부부의 아기는 자신이 본 최초의 지카 바이러스 소두증 사례였다. 물론 그날에는 앞으로 어떤 일이 닥칠지 누구도 알지 못했다. 그다음 두 달 동안 클라우디아가 고위험 임신 전문 병원에 갈 때마다 더 많은 임신부들이 똑같은 진단을 받았다.

아기의 상태는 분명 부부에게는 큰 충격이었다. 두 사람은 많은 눈물을 흘렸지만 그래도 최선을 희망하면서 상황을 대비하고 싶었다. 클라우디아는 그때부터 딸을 위해 할 수 있는 일은 무엇이든 배우고 실행하는 것을 사명으로 여겼다. 아기의 두뇌를 자극할 수 있는 용품이나 육아에 도움이 될 만한 것들을 찾아 헤매기 시작했다. 장난감을 사고 아기 방을 그에 맞게 꾸미고 특수 치료용 탁자와 바닥 매트까지 사며 마음을 다해 출산 준비를 했다. 출산 예정일을 한 달 앞두고 뉴저지에 있는 이모 댁에 일주일간 방문했던 이유도 그 때문이었다. 온두라스에서는 구할 수 없는 아기 용품 몇 가지를 사 오려고 한 것이다.

그러나 그들의 삶은 또다시 갑작스럽고 예상치 못한 방향으로 꺾였다. 집에서 멀리 떨어진 뉴저지까지 오니 아무래도 몸 상태가 좋지 않았다. 이모는 클라우디아를 해컨색의 한 병원으로 데려갔다. 의사들은 조기 진통이 왔다며 양수가 너무 부족하고 뱃속 아기는 생명이 위태로운 상태라고 말했다. 그대로 둘 수는 없었다.

다라는 2016년 5월 16일 응급 제왕 절개로 태어났다. 그리고 지금 내 앞에서 조용히 코를 골며 잠든 장애를 가진 이 작은 아이는 태어난 후 전 세계 언론의 헤드라인을 장식했다.[2]

선천성 지카 증후군

코로나19의 첫 환자가 등장하기 4년 전 그보다는 규모가 작고 심각성이 덜한 팬데믹이 반짝 미국을 놀라게 한 적이 있다. 2015년 지카 바이러스가 지구의 서반구에 퍼졌을 때는 학교가 폐쇄되지도 않았고 사람들이 마스크를 쓰지도 않았고 식당이나 카페에 가지 못하는 일도 없었다. 지카 바이러스는 호흡을 통해서 아니라 모기에 물려 전파되는 병이었고 인구 중에서도 아주 작은 한 집단, 엄마의 자궁 안에서 발달 중이던 태아에게만 치명적인 위험이 되었다. 그러나 이 병은 라틴 아메리카 대륙의 수십만 명을 아프게 했는데 그들은 대체로 독감과 비슷한 증세를 보였고 때로는 길랭-바레 증후군Guillain-Barré syndrome 이라는 일시적인 근력 마비 증상까지 겪는 환자들도 있었다. 하지만 미국에서 지카 바이러스의 확산은 그리 심각한 수준은 아니었나.[3] 2016년 말이 되자 시카 바이러스는 나타났던 속도만큼이나 빠르게 사라졌고 그에 따라 대중의 기억에서도 금세 희미해졌다. 그러나 이 바이러스는 아주 작은 생명을 건드렸고 다라 같은 아이들의 삶을 영원히 바꾸어놓았다.

다라는 미국 본토에서 태어난 최초의 선천성 지카 증후군 congenital Zika syndrome 아기다.[4] 이 증후군을 안고 태어난 생명에게는 여러 선천적인 장애가 동반되는데 그중에서도 특히 악명 높은 특징이 바로 머리 둘레가 현저하게 작은 소두증이다. 이

가슴 아픈 선천성 이상 현상은 그 전해 가을 브라질 신생아들 사이에서 이례적으로 많았고 이는 전 세계에 새롭고 기이한 건강 위협이 나타났음을 알리는 신호였다.[5] 의사들은 이 증상에 이름을 붙이고 정체를 파헤치기 시작했다. 지카 바이러스는 어린 신경 줄기 세포를 손상시키는데 만약 임신한 여성이 감염되면 태아의 뇌 발달을 심각하게 방해하여 아기는 비정상적으로 작은 머리를 갖고 태어나게 된다.[6] 하지만 지카 바이러스가 최초로 발견된 시기는 70여 년 전이었다. 한때는 대체로 경미하다고 알려졌던 바이러스가 왜 갑자기 이런 방식으로 변질된 것인지에 대해서는 학계에서도 명확하게 밝히지 못했다.[7]

나는 다라의 출생에 관한 뉴스를 뉴저지에서 수천 킬로미터 떨어진 나의 병원에서 근무를 하다가 읽었다. "혹시 선생님도 그 뉴스 보셨어요?" 간호사실에 서서 환자 차트를 쓰고 있는데 같은 부서의 소아과 의사 동료가 불쑥 물었다. 우리가 보건 당국 관계자에게 들은 바로는 지카 바이러스가 미국에서 대유행할 가능성은 매우 낮은데 주된 매개체인 이집트숲모기*Aedes aegypti*가 열대 기후를 더 선호하기 때문이라고 했다.[8] 하지만 지카 바이러스는 북쪽으로 계속 이동했고 이미 미국령 국가들에서도 피해 사례가 증가하고 있었다. 특히 푸에르토리코와 미국령 버진아일랜드는 다섯 달 전에 지카 바이러스의 침공을 당했고 발병 확산을 막기 위해 고투를 벌이는 중이었다.[9]

그날 오후 나는 출산을 앞둔 한 부부를 만나 '산전 면담'을 진행하면서 부부가 궁금해하는 점에 답하고 아기가 태어난 뒤 병원에서 어떻게 해주는지를 설명했다. 그리고 물었다. "두 분 혹시 최근에 지카 바이러스 발생 지역에 다녀온 적 있으세요?" 이는 지금도 모든 예비 부모에게 잊지 않고 꼭 하는 질문이다. 이 부부는 이전 겨울에 카리브해의 한 섬에 다녀왔는데 집에 도착하자 그곳에서 지카 바이러스가 발견되었다는 뉴스가 전해졌다고 했다. 산부인과 의사는 이 두 사람 중에 한 명이 혹시 지카 바이러스에 감염되었는지 확인하기 위해 두 사람의 혈액 검사를 의뢰한 상태였다. "저희도 뉴저지에서 태어난 그 아기 이야기를 들었어요." 지금까지 미소를 짓고 있던 예비 엄마의 표정이 한순간에 변했다. 그녀는 내가 앉자마자 건네준 병원의 안내 책자를 계속 접었다 폈다 하면서 불안한 기색을 감추지 못했다. "혹시나…… 무서워요."

충분히 무서워해야 할 일이 맞았고 사실 그 엄마가 알고 있는 것보다 훨씬 더 많은 이유로 무섭고 두려운 일이었다. 하지만 내가 해야 할 일 중에 하나가 부모를 안심시키는 것이었으므로 내가 알고 있는 이유를 세세하게 나열하지는 않았다. 그녀가 들은 이야기 뒤에 훨씬 더 큰 맥락과 차원의 이야기가 있고 그것은 뉴스나 신문에서는 다뤄지지 않는다. 나는 그간 곤충과 질병을 연구하는 과학자들이 이에 관해 어떤 논의를 하는지 지켜보았기 때문에 알고 있었다. 과학자들은 이미 지카 바이러스의 출현과 확산에 가장 큰 역할을 한 것은 그간 브라질에서 나타난 비정상적인 기후라는 의견을 제시하고 있었다. 또한 그들은 지금 우리가 보고 있는 현상은 전 세계에 모기 매개 질환이 급증하여 인류가 그로 인해 고통받게 될 미래에 대한 예고편일지도 모른다고 말하고 있었다.

과학자들은 지구 온난화가 말 그대로 우리를 쏘러 왔다고 경고한다. 이번에는 피를 빠는 곤충의 형태로 왔다.

모두의 숨은 얽혀 있다

그렇다면 기후 변화와 다라의 사례에는 어떤 연관성이 있을까? 다라가 살고 있는 뉴저지의 작은 아파트에서 벗어나 다라가 수억의 다른 생명체들과 공유하며 살아가는 이 행성을 비춰보자. 다라의 몸은 물과 공기를 통해서만 지구와 불가분의 관계로 얽혀 있는 것이 아니라 풍부한 생물체와 유기체의 바다와도 연결되어 있다. 때로는 우호적이기도 하고 적대적일 수도 있는 이들은 다라의 몸속과 몸 밖에 항상 존재하고 있다. 그리고 그 생명체들 대부분은 상승하는 기온과 오락가락하는 강수 패턴, 즉 서식지와 계절의 변화에 영향을 받고 있다.

여기에는 각종 미생물도 포함되는데 이 미생물들이 이른바 '감염'을 일으킨다. 우리는 이 감염이라는 단어를 일상적으로 쓰지만 그 의미를 가만히 들여다보면 SF 소설에 버금간다.

감염은 다른 형태의 생명체가 우리 몸을 침범하여 병을 일으키는 것이다. 대부분은 박테리아, 기생충, 곰팡이, 바이러스 때문에 발생한다. 하지만 생물학자들은 다른 생물체의 세포 없이는 스스로 복제할 수도 없는 이 단순한 유전 물질 덩어리가 과연 살아 있는 존재인지 아닌지를 두고 계속해서 논쟁 중이다.[10]

이와 같은 생명체 중 모기나 진드기처럼 피를 빨아 병원체를 옮기는 해충 역시 생명체인 포유류와 새들 안에서 진화한다. 상상을 초월할 정도로 다양한 생명체들이 기후 위기의 영향을 받고 있으며, 이 생명체들은 환경 변화에 반응하여 개체 수가 증가하거나 감소하며 변이를 겪거나 새로운 지역으로 이동하기도 한다. 이러한 기후와 환경의 변화가 인간의 질병에 어떤 결과를 가져올지 미리 예측하는 것은 매우 어려운 일이다. 그러나 대부분의 전문가들은 한 가지 점에는 동의한다. 따뜻해지는 지구에서 점점 커지는 위협 중에 하나가 감염병이라는 사실이다.

† † †

감염병의 위협은 끝나지 않은 팽팽한 공방전이라는 새로운 단계로 진입했다. 병원체가 공격하면 우리는 방어하고 그중 일부는 우위를 되찾기 위해 변이를 일으킨다. 인류는 이들과 벌이는 싸움에서 놀라운 발전을 이루어왔지만 코로나19는 이 병원체가 얼마나 빠르게 우리의 오만함을 꺾을 수 있는지를 다시 일깨워준 사건이었다. 지구에서 가장 지배적인 종인 인간은 모든 대륙을 정복하고 행성 자체를 재구성해왔다. 그런데도 걸리버가 소인국 사람들에게 꼼짝없이 붙잡혔던 것처럼, 어떤 의식이나 의도가 없는 작디작은 생명체와 준準생명체라는 존재들 앞에서 우리는 종종 속수무책이 된다.

우리를 지배하는 것은 매우 작은 생명체다. 나는 매일 병원에서 그 보이지 않는 바닷속을 이리저리 헤엄치는 것만 같다. 콧물이 줄줄 흐르는 아이나 목이 아프다는 어린이들, 고열로 볼에 빨갛게 열꽃이 핀 영유아를 진찰할 때마다 바이러스나 박테리아의 공격을 목격한다. 나의 한참 선배인 몇 세기 전의 의사들은 자신들이 병원체와 싸우고 있다는 사실도 몰랐다가 19세기 후반이 되어서야 대부분의 소아 질환이 '세균' 때문에 발생한다는 것을 깨달았다.[11] 나는 몇 시간 전만 해도 건강했던 어린 환자들이 어이 없이 세상을 떠나는 모습을 수없이 지켜보며 의사들이 그 무력감을 어떻게 견뎠을지 궁금해지곤 한다. 그때의 의사들은 지금은 내가 당연하게 여기는 무기 하나 없이 정체를 알 수 없는 살육자 부대와 싸워야 했다.

미국의 소아 사망률은 크게 감소했지만 감염병은 여전히 모든 소아과 의사들의 일상에서 가장 큰 비중을 차지하는 주요 질병이다.[12] 대부분의 감염병은 생명을 위협하지 않고 모든 부모가 익히 아는 질환이다. 가장 흔한 감염병으로는 일반 감기가 있고 중이염, 연쇄상구균 인후염, 크룹(급성 후두염), 사마귀, 돌발진, 요로 감염 등도 그 예로 꼽힌다. 그러나 이 중에서도 일부 감염병은 발병 속도와 강도가 놀랄 만큼 높다. 나를 찾아오는 아이들에게 그런 공격적인 감염병이 들이닥칠 때가 있다. 예컨대 세균성 뇌수막염이 의심되는 아픈 신생아에게 요추 천자◆를 시행해야 할 때도 있고 심한 폐렴으로 호흡이 가빠져 응급실에 실려 온 어린이에게는 급히 수액과 항생제와 산소를 투여하기도 한다. 이때는 현대의 의사인 내가 가진 도구에 감사하는 동시에 나의 작고 위협적인 적들을 존중하고 싶은 마음이 들기도 한다.

이제 기후 변화는 두 가지 방식으로 이 보이지 않는 적들을 적극적으로 돕고 있다. 하나는 우리를 약하게 하는 것이고 다른 하나는 적들을 강하게 만드는 것이다.

아이의 면역 시스템이 충분히 기능하려면 충분한 영양과 휴식과 사랑이 주어져야 한다. 그러나 기후 변화로 홍수와 가뭄이 증가하면서 전 세계의 수많은 아이들은 기아에 허덕이고 면역력이 떨어져 감염에 더 취약해지기도 한다.[13] 예를 들어 2021년 아프리카의 국가 마다가스카르에서는 몇 년간 심각한 가뭄이 발생해 전국 어린이의 절반이 영양실조에 걸렸고 그 결과 말라리아와 설사와 호흡기 감염이 급증했다.[14] 2022년 파키

◆　요추(척추) 사이에 바늘을 넣어 뇌척수액을 채취하는 검사.

스탄에 기록적인 폭우가 내려 대홍수가 덮쳤을 때도 수많은 아이들의 영양 상태가 급격히 악화되면서 더러운 물과 늘어나는 모기와 집을 잃은 사람들의 숨결 사이로 퍼지는 병원체에 맞설 힘이 약해졌다.[15]

안타깝게도 기후 관련 요인 중 자연 재해만이 식량 공급을 위협하는 것은 아니다. 벌의 개체 수가 줄어들고 곰팡이가 농작물을 공격하고 어장이 하나둘씩 사라지고 쌀과 밀의 영양소가 감소하는 것 또한 전 세계적 기아의 원인이 되고 있다.[16] 영유아는 체중 1킬로그램당 필요한 칼로리가 성인의 3~4배, 물의 경우에는 2~3배에 달하기 때문에 음식과 물이 부족하거나 오염되었을 때 훨씬 더 큰 위험에 처한다.[17] 또한 영유아는 체지방 저장량이 적고, 성장과 두뇌 발달과 면역 체계 형성을 위해서는 일정한 양의 영양소가 지속적으로 공급되지 않으면 안 된다.

그래서 영양실조는 아이들을 직접적으로 고통스럽게 하는 데서 끝나는 것이 아니라—이미 전 세계 수백만 명의 아이들이 건강하게 성장할 잠재력을 빼앗고 있다—미생물들이 아이들에게 침투할 기회를 활짝 열어준다.[18] 중증 감염은 아이에게 필요한 절대적인 에너지의 양을 늘리는 반면에 식욕과 소화 능력을 떨어뜨린다.[19] 사실 어린아이의 영양실조와 감염은 너무 밀접하게 얽혀 있고 각각의 문제가 서로를 더 악화시키기에 두 문제의 영향을 개별적으로 따지는 것은 무의미하다.[20]

아이들이 감염병에 걸리지 않게 보호하려면 제대로 기능

하는 정부와 안정된 사회가 필요하다. 우리가 소아 질환에 맞설 정도의 의학적인 발전을 이룰 수 있었던 것은 번영한 민주 국가들의 기반 시설 덕분이다.[21] 대학과 병원, 진료소와 약국, 정수 시설과 모기 방제 시스템, 공장과 도로 같은 것들은 바로 그 기반 위에서 발전했다. 그러나 환경 조건이 극심하게 악화되면 경제는 무너지고 국가에 내전 수준의 불안정이 닥쳐 이런 모든 시스템을 뒤흔들 수 있고, 그 결과 질병과 싸우는 우리의 능력마저도 위협을 받는다. 이미 몇몇 저소득 국가에서 이 시나리오는 현실이 되었다. 지난 수십 년간 공중 보건 단체들이 제발 이렇게 되지 않아야 한다고 생각한 시나리오가 점차 현실이 되는 모양새다.

지구 온난화는 병원체 그 자체의 힘을 강화하기도 한다. 2022년 발표된 한 연구에 따르면 인간에게 알려진 375가지 감염병 가운데 극단적으로 변한 기후로 인해 감소한 것은 극히 소수였던 반면 절반이 넘는 질병은 확산세를 보였다.[22] 점점 증가하는 질병들 대부분이 모두 직접적이든 간접적이든 기후에 매우 민감한 몇 가지 범주에 속한다는 것은 전혀 놀라운 일이 아니다.

뜨거운 것이 좋아

예를 들어 일부 곰팡이 감염fungal infection은 과거에는 큰 비중을 차지하지 않았던 질병이었으나 점점 더 급증하거나 더 위험한 형태로 변모하고 있다.[23] 대체로 박테리아에 의해 발생하는 물과 식품을 매개로 한 감염Water-and food-borne infection은 자연 재해로 인해 깨끗한 물 공급이 끊기고 하수 처리가 안 되고 냉장 시스템이 무너지면서 구토와 설사를 동반한 집단 유행을 일으킨다.[24] 수인성 병원균은 기온이 상승한 해안 지역을 다니거나 폭풍이 일어난 후 범람한 물속을 헤쳐 다닌 사람들에게 피부 감염, 호흡기 감염, 혈액 감염을 일으킨다.[25] 그리고 일명 뇌를 먹는 아메바라 불리는 담수에서 서식하는 아메바는 플로리다부터 미네소타에 이르는 넓은 지역에서 평소보다 따뜻해진 호수와 개울에서 수영한 아이들을 감염시키기도 했다.[26]

증가하는 감염병 가운데 두 가지 범주는 인류를 그 어떤 질환보다 더 위험에 빠뜨릴 수 있으며 지카 바이러스는 이 두 가지 범주 모두에 해당한다.

† † †

첫째, 기후 변화는 산림 파괴, 생물 다양성 감소, 불법 야생 동물 거래, '공장식 축산' 등과 더불어 인수 공통 감염병zoonotic infection의 위험을 높이는 요인이다. 인수 공통 감염병이란 동물에서 진화하여 동물과 사람 사이에 상호 전파되는 병원체에 의해 발생하는 전염병을 말한다. 이 전염병은 사람을 병들게 하는 새로운 병원체의 최대 4분의 3을 차지하는데, 흑사병과 스페인 독감에서부터 에볼라 바이러스와 후천성 면역 결핍증에 이르기까지 오래전부터 팬데믹과 대규모 유행병의 가장 강력한 원인이었다.[27]

일부 인수 공통 감염병은 가축에게서 발생하기도 한다. 대표적으로 돼지에게서 발생하는 치명적인 인플루엔자 변종('신종 플루')이 있고 가금류에서 유래한 '조류 독감'이 있다.[28] 그러나 최근 수십 년 동안 인수 공통 감염병이 증가한 가장 큰 이유는 야생 동물에서 유래한 새로운 병원체들 때문이다. 아이러니하게도 전 세계 야생 동물 개체 수가 급감하는 가운데 이런 일이 일어나고 있다. 실제로 오늘날의 아이들은 1970년대에 비해 야생 동물이 70퍼센트나 줄어든 지구에서 살아가고 있다.[29] 이는 기후 변화와 더불어 '복합적인 위기twin crisis'라 불리는 생태학적 재앙인 생물 다양성 감소의 결과다.

겉보기에는 모순처럼 보이는 이 두 가지 경향—동물은 줄어드는데 인수 공통 감염병은 늘어나는 현상—은 사실 같은 근원에서 비롯된다. 인간이 동물의 서식지와 삶을 교란하고 있기 때문이다. 기후 변화는 이러한 거대한 교란의 원인이며, 어떤 종은 멸종시키는 동시에 다른 어떤 종의 감염 위험은 높이고 있다. 그 교란 방식 중에 하나는 동물들을 강제로 이동하게 만드는 것이다. 기온이 오르고 강수일수가 달라지고 숲이 말라가고 불타오르면서 많은 종이 이동을 시작하고, 그 과정에서 서로 다른 종들과 인간을 완전히 새로운 장소에서 마주치게 되면서 그들이 지닌 바이러스도 함께 퍼지고 있다.[30] 우리가 겪은 가장 최근의 전염병인 코로나19 역시 그 한 예일 수 있다. 한 연구팀은 코로나19의 기원을 중국 남부에 있는 박쥐 서식지가 기후 변화로 인해 바뀌게 되면서 박쥐들이 이동하는 과정에서 바이러스를 퍼뜨린 것이라고 밝혔다.[31]

† † †

하지만 지구 온난화에 가장 직접적으로 영향을 받는 감염 범주는 매개체 감염병vector-borneinfection이다. 이는 지카 바이러스처럼 병원체가 동물 '매개체vector'를 이용해 사람에게 감염된다. 병원체는 우리가 비행기를 타고 도시에서 도시로 이동하듯 동물의 장기를 얻어 타고 옮겨 다닌다. 모기는 지구상에서 가장 중요한 질병 매개체로서 매년 수억 명을 괴롭히고 있다.[32] 그 외에도 특정 진드기, 벼룩, 흡혈 파리, 노린재 같은 곤충들도 매개체인데 각각 다른 종류의 병원체를 옮긴다. 절지동물에 속하는 이 동물들은 냉혈성이고 몸집이 작기 때문에 온도에 매우 민감하게 반응한다. 그리고 이 중 많은 종이 기후가 따뜻해지면서 급격히 번성하고 있다. 서식지를 확장하고 개체 수가 증가하며 더 많은 사람을 물고 더 많은 바이러스와 기생충을 전파하고 있다.

한 감염병 전문의가 내게 상황을 설명해주었다. 이 현상은 그렇게 단순하지 않다는 것이다.[33] 각 매개체 종은 저마다 원하는 최적의 온도와 습도 범위가 있어 지구 온난화에 모두 똑같은 방식으로 반응하지 않는다. 그리고 이 작은 동물들 역시 지구의 다른 생명체들과 마찬가지로 단지 기온 상승뿐 아니라 변화하는 기후에 전반적으로 영향을 받고 있다. "지금 전 세계 경관이 매우 빠른 속도로 바뀌고 있어요." 플로리다대학 교수이자 인간 활동과 매개체 감염병의 연관성을 연구하는 에이미 비터 박사가 도시 발전과 농업을 위해 자연 생태계를 파괴하는 현상을 가리키며 말했다. 비터 박사는 또 이렇게 덧붙였다. "기후 변화와 이런 질병들에 관해 일반적인 결론을 내리자면 아마 보기 종류가 가장 큰 문제를 일으킬 거예요. 모기나 진드기 종은 결국 인간이 만들어낸 환경 변화 속에서 오히려 잘 살아남거든요. 이들은 더 따뜻하고 덜 야생적이고, 더 개발된 세계를 좋아하고 활용해요." 라임병♦을 퍼뜨리는 사슴진드기*Ixodes scapularis*가 그중 하나이며 이집트숲모기도 마찬가지라고 그녀는

♦　곤충인 진드기가 사람을 무는 과정에서 보렐리아균이 신체에 침범하여 여러 기관에 병을 일으키는 감염성 질환. 주로 미국 북동부 지역에서 발생한다.

말했다.

"이집트숲모기는 인간을 정말 사랑한다니까요. 왜냐고요? 이 모기는 도심이 만들어내는 조건에서 창궐하거든요. 특히 빈곤하고 물의 양이나 질이 불안정한 지역에서 그렇죠. 이집트숲모기는 뎅기열이나 황열 같은 주요 질병을 옮길 뿐 아니라 지카 바이러스나 치쿤구니야♦처럼 우리 행성에서 새롭게 등장하는 인수 공통 바이러스까지 몸에 품었죠. 점점 더 따뜻해지고 덜 야생적이 된 지구에서 나타나는 병을 이 종이 옮겨요. 그러니까 정말이지 기회주의자 같은 녀석입니다." 비터 박사는 나를 바라보았다. "우리는 특히 이 이집트숲모기를 주시해야 합니다."

† † †

지카 바이러스 사태는 비터 박사 같은 과학자들이 예측해온 일의 교과서 같은 사례다. 지카 바이러스는 중앙아프리카의 원숭이에게서 처음 발생해서 모기를 통해 그 근처에 있던 사람들에게 전파되었고, 이후 인간 여행자의 혈액 속에 실려 지구를 횡단하며 이전에는 단 한 번도 가본 적 없는 나라에 도착했다.

♦　치쿤구니야 바이러스에 감염된 모기에 물려 걸리는 감염성 질환. 고열과 극심한 관절통을 유발하고 주로 아시아, 아프리카, 중남미 등지에서 발생한다.

미주 대륙을 따라 퍼져 나가는 동안에 기온 상승의 영향을 받아 바이러스도 이를 옮기는 이집트숲모기도 사람에게 훨씬 더 강력하고 위험한 형태로 변모했다. 몇 년이 지나서 과학자들이 되돌아보니 지카 바이러스는 뜨겁고 건조하며 도시화된 지역에서 가장 맹위를 떨쳤는데 그 지역들은 기후 변화 때문에 비정상적으로 더 뜨겁고 건조하게 변한 곳이기도 했다.

그러나 지카 바이러스가 또 다른 의미에서 중대하고 상징적이었던 이유는 이 바이러스 역시 아기와 어린아이에게 가장 큰 피해를 남긴 전염병들의 긴 목록에 이름을 올렸기 때문이다. 지카 바이러스가 어느 날 유행하다 갑자기 침묵한 듯 보여도 여전히 의사와 과학자들에게는 가장 우려할 일이자 경고 신호이다.

어린이 역병

"조지, 안녕. 내가 네 의사 선생님이야." 내 얼굴은 아기의 얼굴에서 30센티미터 정도 떨어져 있었고 나는 아기의 방황하는 듯한 파란 눈동자가 내 눈을 바라보기를 기다렸다. 아기는 작은 손으로 내가 내민 손가락을 꽉 잡았다. 몇 분 후 아기는 내 웃는 얼굴을 알아보았고 한 박자 뒤에 역시 방긋 웃으며 옹알이를 시작했다.

“너무 신기하고 놀라워요.” 조지의 엄마가 말했다. 그 엄마는 나처럼 진찰대 위로 몸을 숙이고 아기의 머리카락을 살살 쓸었다. “며칠 만에 사람이 된 거 있죠.”

나와 산전 면담을 했던 부부는 모두 지카 바이러스 검사에서 음성이 나왔고 그들의 아기는 건강하게 태어났다. 아기는 생후 두 달 검진을 받으러 왔고 같은 개월 수의 정상적으로 두뇌가 발달하는 아기와 비슷한 행동을 했다. 자기를 쳐다보거나 웃어주는 사람 모두에게 자연스럽게 반응하는 것이었다.

아기 조지가 엄마의 임신 기간 동안 지카 바이러스라는 미사일을 피했다는 것을 알면서도 나는 여전히 불안했다. 조지가 내원하기 한 달 전인 2016년 7월 지카 바이러스가 플로리다주 마이애미에서 폭발적으로 퍼졌다.[34] 결국 그 카운티에서 1470건이 넘는 현지 감염 및 해외 유입 사례가 보고되었고 그중에는 300명의 임신부도 포함되었다. 나는 그 지역의 젊은 가족들과 우리 병원에 찾아오는 가족들이 걱정되었다. 그중 다수는 우리 지역 내에서 라틴 아메리카를 정기적으로 방문하는 이들이었다. 내가 사는 네바다에서도 지카 바이러스가 창궐한 지역에 여행을 다녀와 확진을 받은 사례가 몇 건 있었지만 지역 내 발생을 우려하는 편은 아니었는데, 네바다에서는 이집트숲모기가 발견된 적이 없었기 때문이다.[35] 우리는 불과 1년 뒤 그 모기가 라스베이거스까지 다다를 것이라는 사실은 당시에는 모르고 있었다.[36]

나는 손바닥으로 조지의 정수리를 조심스럽게 쓸어보았다. 이는 '소아과 의사의 악수'라고 불리는 행위로 아기의 대천문(앞 숨구멍anterior fontanel)인 '말랑말랑한 부분'을 찾아서 만져보는 것이었다. 정상 크기였다. 조지는 작은 팔을 버둥거리며 내 얼굴을 빤히 바라봤는데 마치 내가 또 웃어주기를 기다리는 듯했다. "잘한다. 착하지, 조지." 나는 아기한테 말하고 엄마에게도 아이가 잘 크고 있다고 말했다. 아이의 심장 박동은 규칙적이었고 폐는 깨끗했으며 적당히 통통한 배는 꼬르륵 소리를 냈다.

조지는 신생아 시기를 무사히 넘겼다. 그 시기에는 특히 세균 감염이 큰 위험이 되곤 한다. 앞으로 몇 년간, 적어도 다섯 살 미만까지는 이 아기는 여전히 취약한 집단에 속해 있을 것이었다. 영유아는 대체로 기본 면역력이 있어 여러 바이러스를 이겨낸다. 그렇지 않다면 이 아이들 중 누구도 어린이집에 갈 수 없고 형제자매와 같은 공간에서 지낼 수 없을 것이다. 그러나 면역 체계가 아직 완전히 발달하지 않은 데다 몸집이 작기 때문에 여전히 감염의 고위험군에 속한다고 할 수 있다.

이 세상의 모든 소아과 의사는 이런 사실을 자기 이름만큼이나 훤히 알고 있다. 그래서 과거의 수많은 유행병이 아이들의 생명을 가장 많이 앗아간 것이다. "그야말로 아이들 사이의 역병이었다." 사전 편집자이자 언어학자인 노아 웹스터는 18세기에 뉴잉글랜드를 휩쓸고 간 공포의 디프테리아에 대해 이렇게 썼다. "어떤 가족은 아이 서넛을 연달아 잃었고 어떤 가족은 아이 전부를 잃기도 했다."[37]

그 과거는 매일 나의 현재로 이어지고 있으며 생후 몇 개월 만에 내원한 조지의 삶에도 여전히 가까이 닿아 있다. 나는 진찰을 마치고 나오면서 의료 보조원에게 조지에게 생후 2개월 예방접종을 해주라고 말했다. 아기들이 맞는 첫 필수 예방접종 세트였다. 보조원은 백신 전용 냉장고로 갔고 그 안에는 그동안 인류가 겪어온 '어린이 역병'의 이름이 적힌 수백 개의 작은 유리 바이알이 있었다. 소아마비, 홍역, 백일해, 로타 바이러스, 유행성이하선염 등 수십 가지가 넘었다. 그 형형색색의 바이알 안에 가지런히 정리된 백신을 보면 과거의 혼돈을 전혀 짐작할 수 없다. 의료 보조원은 네 개의 바이알을 골라 주사기에 옮긴 뒤 조지에게 주사를 놓고 경구용 약을 투여했다. 이는 여러 치명적인 감염을 예방해줄 것이었으며 한때 수많은 부모를 공포로 몰아넣었던 디프테리아도 비껴갈 수 있을 것이었다.

아기들은 바이러스에 특히 취약하기 때문에 생후 18개월 안에 집중적으로 예방접종을 실시한다. 그래서 이 연령대의 건강 상태는 한 사회가 얼마나 선진적인지를 보여주는 대표적인 지표가 되기도 한다. 예를 들어 100년 전만 해도 미국 전체 사망자의 40퍼센트가 다섯 살 미만의 아이들이었고 사망의 원인 대부분은 감염병 때문이었다.[38] 하지만 2018년에 이르면 백신과 깨끗한 식수, 항생제, 저온 살균 우유, 모기 방제 같은 공중보건의 발전 덕분에 미국에서 사망한 사람들 중 영유아는 2퍼센트에 불과했고, 주요 사망 원인 열 가지 중 어느 하나도 감염병은 아니었다.

소아 감염병을 하나씩 정복해낸 것은 분명 인류의 성취이며 문명의 가장 위대한 승리 중 하나였다. 그 덕분에 수억 명의 생명을 구할 수 있었다.[39] 턱밑까지 다가온 기후 변화의 규모에 압도되거나, 그 피해를 뻔히 알면서도 현재의 아이들에게 재앙을 초래한 결정권자들에게 분노가 치밀 때면 나는 18세기부터 오늘날까지 이 사회를 더 나은 곳으로 만들어온 훌륭한 사람들을 떠올린다. 수많은 과학자, 의사, 간호사, 공직자가 이 땅의 어린이들의 복지를 위해 헌신하며 이전에는 불가능해 보였던 일을 이루어냈다.

하지만 여전히 커다란 과제가 남아 있다. 해마다 다섯 살 이하의 어린이 약 200만 명 중 대부분이 개발도상국에서 폐렴, 설사병, 말라리아, 신생아 패혈증으로 여전히 목숨을 잃는다는 짐이다.[40] 우리는 이 아이들을 살릴 수 있는 도구와 시식을 이미 갖추고 있다. 하지만 빈곤과 무관심, 정부의 기능 마비와 사회적 분열은 감염만큼이나 유아 사망의 가장 큰 원인으로 작용한다.

그래서 특히 빈곤한 나라에서 더 나은 예방 프로그램과 치료법을 찾기 위해 노력해야 한다. 소아 감염병 전문가 피터 호테즈 박사는 이렇게 말했다. "우리는 새로운 기술을 얼마나 빠르게 개발할 수 있는지와 기후 변화를 비롯한 다른 사회적·환경적 혼란 때문에 질병이 얼마나 빠르게 증가하는지를 두고 일종의 서사적 전쟁을 벌이고 있습니다."[41]

이 전쟁 중에서도 모기 매개 질환과 벌이는 전쟁이 가장 치열한 격전지로 떠오르게 된 이유가 있다. 인류 역사에서 어느 위협적인 존재도 모기만큼 어린 생명을 많이 앗아가지 않았다. 그리고 모기로 인한 질병을 예방하는 백신은 최근까지도 손에 꼽을 정도로 적다.

가장 위험한 동물

다라의 아빠는 자신의 인생을 완전히 바꿔놓게 될 모기 한 마리에 대해 그다지 신경 쓰지 않았다. 그냥 손을 휘휘 저어 쫓아낸 다음에 평소처럼 생활했을 뿐이다. 그때는 이 조그맣고 연약한 여린 곤충 하나가 그의 가족에게 얼마나 큰 피해를 끼치게 될지 전혀 알지 못했다. 그의 아내와 딸은 매년 모기가 옮기는 병원체 때문에 병에 걸리는 전 세계 7억 명의 사람들 중 하나가 되었다.[42]

모기의 다른 피해자들은 지구 곳곳에 퍼져 있었고 그가 알기에는 너무 많은 인원이었다. 나는 병원에 오는 부모들에게 아이의 몸에 모기 퇴치 스프레이를 반드시 뿌려주라고 말하지만 그 말을 들으면서도 모기 때문에 큰 병에 걸릴 것이라고 생각하는 이들은 별로 없다. 모기에게 물려 몸을 긁는 일은 어린 시절 여름마다 겪는 의식일 뿐이라고 여긴다.

물론 대체로 그들의 생각이 옳을 수도 있다. 웨스트나일 바이러스◆가 가끔 발견되는 것을 제외하면 이 사막 고지대에서는 모기 매개 질병을 거의 볼 일이 없기도 하다. 하지만 우리가 모기에 마음을 놓을 수 있는 것은 이 시대와 장소가 허락한 사치이기도 하다. 우리는 보잘것없고 하찮은 모기를 쉽게 욕하고 손바닥으로 내리친 다음 금방 잊어버리지만, 알고 보면 모기야말로 인류의 가장 오래된 강적이며 어떤 원인보다도 더 많은 질병과 죽음을 일으키는 주범이다. 모기가 옮기는 병원체는 지금까지 520억 명을 사망에 이르게 한 것으로 추정되는데 이는 지금까지 살아온 인류의 거의 절반에 해당한다.[43] 그리고 희생자 대부분은 영유아다.[44]

다시 말해서 모기만큼 많은 아이들의 생명을 빼앗은 존재는 없다. 전쟁이나 기근도 아니고, 소아마비나 니프네리아노 아니며, 천연두나 콜레라나 흑사병도 아니다. 물론 모기 방역 프로그램이 모기로 인한 피해를 크게 줄여오고 있지만 여전히 전 세계에서는 매년 거의 백만 명이 모기 매개 질환으로 사망한다.[45] 지구상의 어떤 생물도 인간에게 이렇게 무거운 고난을 지

◆ 주로 모기를 통해 감염되어 뇌에 치명적인 손상을 입히는 바이러스. 1937년 우간다 웨스트나일 지역에서 처음으로 발생했다.

우지 않았다.

오늘날 모기로 인해 사망하는 사람들 가운데 대략 절반은 말라리아로 숨지는 다섯 살 이하의 아동들이다.[46] 현미경으로만 보이는 작은 동물성 기생충이 일으키는 병인 말라리아는 인류 역사상 가장 많은 사망자를 낳은 질환이기도 하다.[47] 하지만 모기는 말라리아뿐 아니라 여러 다른 병원체도 옮긴다. 모기는 지카 바이러스 외에도 열두 가지가 넘는 바이러스를 퍼뜨리고 사상충이라는 실 모양의 기생충을 전파해 사상충증filariasis을 일으킨다. 이는 림프계를 손상시켜 팔다리의 부종을 일으키는 열대성 질환이다. 이 기생충과 바이러스는 첫 번째 숙주의 따뜻한 몸에서 모기의 몸속으로 옮겨진다. 그러다 모기가 우리의 피부를 쉽게 뚫고 들어갈 수 있는 바늘같이 생긴 주둥이인 **흡혈침**을 통해 다음 숙주의 몸으로 옮겨가게 된다.

그러나 아무 모기나 이 일을 하는 것은 아니다. 3500여 종에 달하는 모기 가운데 극히 일부만이 병원체를 옮기고 각 병원체는 자신이 선호하는 특정 '항공사'가 있다. 말라리아는 아노펠레스속Anopheles 모기를 통해 이동하고 숲모기속Aedes 모기는 지카 바이러스, 뎅기, 치쿤구니야, 황열을 옮긴다. 웨스트나일 바이러스는 큘렉스속Culex 모기와 함께 퍼진다. 이 세 모기속은 모두 미국에 살지만 각기 선호하는 서식지와 기후가 조금씩 다르다. 그 차이에 따라 어디에서 발견될지가, 즉 어디에서 질병이 발생할 수 있는지가 결정된다.[48]

많은 감염병과 마찬가지로 모기 매개 질환도 20세기에 들어서면서 급격히 감소했다. 사하라 이남 아프리카를 제외한 지역에서 말라리아 사망률은 90퍼센트나 감소했고 이는 방충망, 살충제, 모기 기피제, 번식지 제거, 항말라리아제 덕분이었다.[49] 지금도 미국의 많은 카운티에서 모기 방제 사업을 벌여 모기 개체 수를 억제하고 병원체를 추적하므로 모기가 더는 큰 위협이 되지는 않고 있다. 그러나 세 가지 인수 공통 모기 매개 감염병—웨스트나일 바이러스, 지카 바이러스, 치쿤구니야 바이러스—은 비교적 최근 들어 미국에 상륙했고 이 중 지카 바이러스와 치쿤구니야 바이러스는 불과 지난 10년 사이에 등장했다. 이런 점에서 모기 방역을 위해 한층 더 노력해야 할 시기가 되었다. 모기 매개 질환의 위험이 여러 지역에서 다시 커지고 있어서다.

모기 매개 질병의 위험이 커지는 이유 중 하나는 기후 때문이다. 겨울은 더 온화해지고 여름은 더 뜨거워졌으며, 강수량이 극단적으로 변하고 바람의 방향도 바뀌면서 곤충의 활동 범위가 변하고 있다. 세계의 일부 지역은 특정 모기 종에게 너무 덥거나 너무 건조해지고 있으며 모든 종에는 버틸 수 있는 한계가 있다.[50] 하지만 지금 현재 적도 주변의 '열대 질환 지대'가 넓어지고 있는데 점점 고지대로 올라가고 북부 지방으로도 뻗어가고 있다.[51] 이전에는 열대 모기가 살기엔 너무 서늘하다고 알고 있었던 지역의 문이 모기에게 활짝 열리고 있다. 플로리다

에서만 2000년 이후 외래 침입종 모기 10종이 확인되었다.[52]

비터 박사가 말했듯이 가장 중요한 질병 매개 종 중 하나인 이집트숲모기는 매우 빠르게 영역을 확대하여 현재 미국 26개 주에서 발견된다.[53] 우리가 적절한 백신과 모기 방제 프로그램 같은 해결책을 찾아 적용하고, 나아가 대중이 그런 해결책을 받아들이도록 만들지 못한다면 다음 번 지카 바이러스의 물결은 이전까지 한 번도 가닿지 않았던 지역까지 닿을 수도 있다.

물론 숲모기속이 불러오는 질병 중에 지카 바이러스만 있는 것은 아니다.

뎅기열

어린 소녀는 사진으로 보아도 너무 아파 보였다. 눈은 초점이 풀려 있었고 사지는 축 늘어져서 병원의 어린이 침대에 누운 채 팔에 링거를 꽂고 있었다. 처음에는 나도 아이를 알아보지 못할 정도였다. "많이 아프겠네요. 그런데 언제 돌아오셨다고 하셨죠?" 아이의 아빠에게 물었다.

"이틀 전에 왔습니다." 아이의 아빠는 사진을 보여주기 위해 내게 주었던 휴대전화를 돌려받아 화면을 내렸다. "다른 가족들은 괜찮은데 이 애만 아팠어요. 그런데 소아 병원에는 남은 입원실이 없더라고요. 이 사진 좀 보세요."

그가 내민 휴대전화 화면에는 불이 환하게 켜진 채 침대가 빽빽하게 늘어선 병원 복도가 보였다. 침대마다 아이가 누워 있었고 어떤 아이 곁에는 부모가 옆에 꼭 붙어 있었다. 병원 벽에 누군가 그려놓은 엘모 인형 그림이 아이들을 조금이나마 위로하려는 것 같았다. 아이의 아빠가 휴대전화 화면을 넘겼다. 짙은 색 머리에 초록색 수술복을 입은 젊은 여성이 환하게 웃는 사진이었다. "우리 애 담당 의사 선생님이에요." 그가 말했다.

그는 한 번 더 화면을 넘겼다. "그리고 여기가 우리 아이가 있던 병실입니다." 긴 병실에 모기장이 쳐진 침대가 두 줄로 나란히 놓여 있었다. 모기장 사이 통로에는 지친 얼굴의 간호사가 산소통을 들고 서 있었다. 정말 미국의 병원이 맞을까? 과거 사진을 제외하고 나는 미국의 아동 병원에서 이렇게 군대 막사 같은 병실을 본 적은 없었다. 그리고 내가 진료했던 병원 중에 모기장이 필요했던 곳은 없었다.

모기장 하나 사이로 흐릿한 얼굴이 보였다. 에마는 침대 위에 일어서서 카메라를 바라보고 있었다. 나는 휴대전화 화면에서 눈을 떼고 에마를 내려다보았다. 아이는 아빠의 무릎보다 조금 더 높이 올 정도로 키가 작았다. 기저귀 위에 노란 면 원피스를 입었고 양손으로 작은 플라스틱 기린 장난감을 붙잡고 있었다. 에마는 좁은 진료실 안에서 뜬금없이 술래잡기를 시작한 두 오빠를 바라보았다. "얘들아. 여기서 잡기 놀이 하는 거 아니야. 의자에 앉아." 아빠가 말하자 아이들은 자리에 앉았다.

이 가족은 온두라스에 있는 할머니 댁에 다녀왔다. 매년 한 번씩 가는 여행이었다. 에마는 만 세 살이 되어가고 있었고 나는 에마가 태어날 때부터 줄곧 알고 지냈다. 내가 알기론 에마는 항상 건강한 편이었다. 하지만 여행 둘째 주부터 고열에 시달리더니 식욕을 잃었다. 아이가 아파 신음하면서 걷지도 못하고 물도 거부하자 부모는 급하게 지역 병원으로 데려갔다. 그 병원에서 혈액 검사를 했고 에마는 뎅기열 확진 판정을 받았다.

에마만 아픈 것은 아니었다. 지카 바이러스 사태가 지나간 지 얼마 되지 않은 2019년에 모기 매개의 바이러스 질환이 아메리카 대륙에 확산되고 있었다. 그해 말까지 전 대륙에서 300만 명 이상이 뎅기열에 걸렸고 그중에서도 온두라스가 심각한 피해를 입었다.[54] 이 작은 나라는 50년 만에 최악의 뎅기열 대유행을 겪으며 전국의 진료소와 응급실이 환자들로 마비될 지경이었다.[55] 에마가 뎅기열을 진단받을 무렵 입원 환자의 가장 큰 비중을 차지한 이들은 영유아였다.

소아과 병동에 도착했을 때 에마는 탈수 상태였고 머리와 배가 아프다며 울었다. 뎅기열은 심한 근육통을 동반하여 '뼈마디가 부서지는 열병'이라고도 불린다. 아이의 아빠는 당시 고통스러워하던 아이를 생각하며 가슴이 아파서 얼굴을 저절로 찌푸렸다. 아빠는 깊이 자책하기도 했다. 아무것도 모르는 아이들을 유행병이 창궐하는 지역으로 괜히 데려간 것이 아닌가. 하지

만 그는 이 유행병이 이미 그들을 향해 다가오고 있었다는 사
실까지는 몰랐다.

† † †

모기가 옮기는 모든 질병 가운데서도 뎅기열은 기후 변화
에 가장 확연하게 반응한다. 지난 반세기 동안 세계적으로 뎅기
열 발생률은 30배가 증가했으며 뎅기열 환자가 발생한 국가는
원래 아홉 개국에 불과했으나 백여 개국 이상으로 늘어났다.[56]
현재 매년 4억 명 이상이 뎅기열 바이러스에 감염되고 이 중
약 4만 명이 과다 출혈이나 장기 부전으로 사망한다. 바이러스
와 싸우는 과정에서 혈관이 '새면서' 뎅기 쇼크 증후군에 걸리기
도 한다.[57] 역사적으로 전체 뎅기열 환자의 약 95퍼센트는 영유
아와 어린이였고 어린이 뎅기열 환자는 성인보다 사망 위험이
15배나 높았다.[58]

뎅기열은 새로운 질병은 아니지만 몇백 년간 열대 지역을
괴롭혀온 전염병이다. 이 바이러스는 1940년대 대규모 모기 박
멸 정책 덕분에 한때 아메리카 대륙에서 거의 사라졌지만 방
역이 점차 느슨해지자 1970년대에 다시 돌아왔다.[59] 미국에서
발생하는 대부분의 사례는 여행과 관련되어 있다. 2010년부터
2017년 사이 5000명이 넘는 해외 여행객이 뎅기열을 미국으
로 들여왔고, 이는 라틴 아메리카와 아시아에서 귀국한 미국인

에게서 가장 흔히 발견되는 발열 원인이었다.[60] 여행객이 숲모기가 많은 지역 사회로 돌아오면 바로 그곳에서 유행이 시작될 수 있다. 실제로 지난 10년간 하와이, 플로리다, 텍사스, 뉴욕에서 뎅기열 집단 발생 사태가 일어났다.[61] 지카 바이러스와 마찬가지로 2019년의 뎅기열 유행은 결국 마이애미까지 이르러 플로리다 주민 400명 이상을 감염시킨 후에야 물러났다.[62]

앞으로 뎅기열이 영향을 미치는 미국의 주와 뎅기열 환자 수는 계속 증가할 것으로 예측된다. 과학자들에 따르면 기후 변화와 도시화가 뎅기열에 미치는 영향을 모델화한 결과 2080년까지 전 세계 인구의 60퍼센트가 이 병의 위험에 노출될 가능성이 있다.[63] 이는 특히 어린이에게는 매우 중대한 의미를 지니는 암울한 시나리오다.

뎅기열에는 1형부터 4형까지, 즉 네 가지 혈청형serotypes이 있다. 한 혈청형에 감염되었다가 회복한 사람이 또 다른 혈청형에 감염되면 중증으로 진행될 가능성이 훨씬 높은 것으로 알려져 있다. 특히 영유아와 어린이가 중증으로 이어질 위험이 크다. 그 신호는 보통 코나 입, 장기에서 출혈이 있거나 혈압이 급격하게 떨어지는 증세로 나타난다.

임신부도 뎅기열에 감염되면 굉장히 취약해질 수 있다. 뎅기열에 감염된 임신부는 사산 위험이 높아지고 임신부 본인의 사망률도 증가한다.[64] 출산 시점에 바이러스에 감염되면 신생아도 태어난 지 며칠 만에 중증 뎅기열을 앓게 될 수 있다.[65]

치쿤구니야 바이러스도 출산 과정에서 감염될 위험이 있다. 숲모기가 옮기는 또 다른 바이러스인 치쿤구니야는 2013년 지카 바이러스가 등장한 시기와 거의 동일한 시기에 아메리카 대륙에 상륙했고 지금은 전 세계 열대 지역에 폭발적으로 퍼지고 있다. 출산 과정에서 이 바이러스에 감염된 신생아의 절반가량은 뇌 감염, 즉 뇌염을 일으킨다.[66]

이런 위험이 있기 때문에 모기가 옮기는 질병이 흔한 지역에 살거나 그곳을 여행하는 모든 임신부와 어린이는 모기 기피제를 사용하면 좋다. 생후 2개월 이상이면 사용할 수 있고 효과와 안전성이 입증되었으며 디에틸톨루아미드나 피카리딘을 함유한 제품이다. 하지만 이런 제품들은 가격이 비싸거나 접근성이 낮고 일상적으로 사용하기엔 적절하지 않은 경우가 있어서 전 세계 저소득층을 실질적으로 보호해주지는 못한다.

그래서 지금 우리가 가장 의지할 수 있는 것은 모기 박멸 정책과 예방 백신 연구다. 과학자들은 수십 년 동안 뎅기열 백신을 개발하기 위해 노력했지만 질병의 파악이 까다롭고 우리의 면역 체계 반응이 복잡하기 때문에 오랫동안 난관에 부딪혀왔다. 그러나 2021년 중반, 미국질병통제예방센터가 처음으로 뎅기열 백신을 권고하면서 새로운 돌파구가 생겼다.[67] 뎅그박시아Dengvaxia라고 불리는 이 백신은 바이러스가 흔한 지역에 사는 9세부터 16세까지의 어린이에게 투여할 수 있지만, 반드시 이전에 뎅기열에 감염된 이력이 있어야 효과가 있다. 아직은

에마처럼 처음 뎅기열에 감염된 영유아를 위한 백신은 없다.[68]

에마의 아버지가 보여준 병동 풍경은 앞으로 몇 년 후에 더욱 흔해질 것이다. 숲모기의 활동 범위가 확대되고 있기 때문만이 아니다. 모기와 그 안에서 살아가는 병원체의 삶의 방식 자체가 질병 확산을 강화하는 방향으로 변화하고 있기 때문이다. 이런 사실을 더 분명하게 보여주는 사례가 지카 바이러스의 이야기와 그 바이러스가 다라에게 이르기까지의 여정이다.

클라우디아의 문 앞까지, 모기의 여정

지카 바이러스는 브라질 북동부에서 그 나라 역사상 최악의 가뭄 중 하나가 진행되던 시기에 폭발적으로 확산되었다.[69] 언뜻 보면 앞뒤가 안 맞아 보인다. 모기가 왕성하게 번식하려면 물이 필요하고, 대체로 여름 장마 후에 모기가 급격히 불어난다는 사실은 누구나 알고 있다. 그런데 왜 지카 바이러스는 비정상적으로 건조한 지역에서 창궐했을까?

이 수수께끼의 원인은 브라질의 북동부 대서양 연안에 위치한 페르남부쿠에서 찾을 수 있다. 2015년 10월에 그 지역의 보건 당국은 석 달도 되지 않는 기간 동안 병원에서 선천성 소두증 신생아가 스물여섯 명이나 태어났다고 세계보건기구에 보고했다. 이는 평년보다 훨씬 높은 발병률이었다.[70]

원인을 알 수 없던 조사단은 즉시 발병률이 가장 높은 지역으로 가서 이 현상의 뿌리를 추적했다. 그들은 많은 소두증 아기들이 깨끗한 물이 부족한 빈곤 지역 출신이라는 사실을 발견했다.[71] 주민들은 물을 확보하기 위해 커다란 개방형 용기에 물을 저장했다. 가뭄이 계속되어 연못과 개울이 말라버리자 모기들은 수많은 집과 마당에 하나씩 놓인 물통과 대야에 집중적으로 몰려들었다.

가뭄과 빈곤은 모기를 따뜻한 인간의 몸이 밀집해 있고 창문 방충망이 거의 없는 환경으로 모이게 만든다. 그리고 이런 조건에 가장 잘 적응해 번성한 도시형 모기가 바로 이집트숲모기다. 이 모기는 뎅기열과 황열을 옮기기 때문에 오랫동안 두려움의 대상이었으나 이제 새로운 치명적 무기를 품고 나타났다. 바로 지카 바이러스였다.

물론 뱃속에 병원체가 없을 때 모기는 그저 성가신 벌레일 뿐이나. 만약 몇 넌 선에 시카 바이러스가 브라실에 삼입할 경로를 찾지 못했다면 지카 바이러스의 유행도 그 자체로는 아메리카 대륙에서 수천 명의 아기를 해치지 못했을 것이고 다라가 엄마의 자궁 속에서 감염될 일도 없었을 것이다.

이후 바이러스 유전자를 분석해보니 지카 바이러스 병원체는 2013년 페르남부쿠에서 열린 국제 축구 행사에 참가했던 어떤 사람의 피에 저장되어 있었을 가능성이 가장 높았다.[72] 이 사람은 프랑스령 폴리네시아를 여행하고 돌아왔는데 그곳에서 비교적 약한 형태의 지카 바이러스가 보고된 적이 있었다. 브라질에 입성한 바이러스는 모기나 성 접촉을 통해 이에 대한 면역력이 전혀 없던 수백만 명의 사람들 사이로 빠르게 퍼져나가기 시작했다.

지카 바이러스가 새로운 지역에서 자리 잡을 기회는 무궁무진했다. 주변 환경에서 온통 바이러스와 모기가 좋아할 만한 변화가 계속 이어졌다. 먼저 기록적인 가뭄으로 모기와 사람이 가까워질 기회가 높아졌다. 지카 바이러스 대유행이 벌어진 몇 해 동안 라틴 아메리카와 전 세계는 비정상적으로 더웠고 2016년은 인류 역사상 평균 기온이 가장 높은 해였다.[73] 이 또한 바이러스와 바이러스를 품은 모기 번식에 최적의 조건이 되었다.

더 높은 기온에서 숲모기는 더 빨리 성충이 되었고 더 이르게 번식했으며 더 오래 살았다.[74] 개체 수는 순식간에 불어났다. 또한 모기는 과도할 정도로 활발해져 더 멀리 날고 더 적게 쉬고 더 많은 사람을 물고 다녔다.[75] 숲모기는 더 따뜻해진 세계에서 마치 불길에 기름을 끼얹은 것처럼 활활 타올랐다.

바이러스가 모기 몸속에 들어간 뒤에도 문제였다. 높은 온도로 인해 바이러스가 모기의 장에서 침샘으로 이동하는 시간이 단축되었고, 이는 모기가 다른 사람에게 바이러스를 옮길 수 있는 시간도 줄어들었다는 의미였다.[76] 지카 바이러스의 증식 속도가 빨라지면서 모기 몸속의 바이러스의 양이 증가해 물린 사람이 감염될 가능성은 더 높아졌다. 병원체가 복제될 때마다 오류가 발생할 가능성이 있기 때문에 복제가 빨라질수록 변이가 일어날 확률도 올라갔다. 그래서 지카 바이러스는 신경 세포를 파괴하는 존재로 변형되었고 결국 다라에게 돌이킬 수 없는 피해를 남긴 것이다.

이 모든 방식으로 열과 가뭄은 지카 바이러스 위기를 가속하고 확대했는데 어쩌면 직접적인 촉발 요인이라고도 할 수 있다. 지카 바이러스는 지구 온난화에 직접적인 영향을 받은 동시에 극단적인 엘니뇨 현상을 통해 간접적으로도 영향을 받았다.[77] 엘니뇨는 태평양의 해수면 온도가 비정상적으로 상승하며 전 세계의 수분과 열의 순환을 교란하는 현상을 가리킨다. 기후 변화로 인해 심각한 수준의 엘니뇨가 더 자주 나타나고 있다. 2015년에서 2016년에 지카 바이러스가 브라질을 휩쓴 직후에 엘니뇨는 전 세계 기온을 사상 최고치로 끌어올리며 브라질의 가뭄을 더욱 악화시켰다.[78]

그러나 또 하나의 요인이 있었다. 인간이 만들어낸 원인이자 기후 변화와 깊이 얽힌 이것은 위기를 더욱 가속화하고 있다.

† † †

지카 바이러스가 최초 발병 지역에서 서쪽으로 이동하려면 아마존 열대 우림을 통과해야 한다. 아무리 비행기로 여행하는 시대라고 해도 지구의 허파로 유명한, 숲이 빽빽하고 인구가 거의 없는 정글이 남아메리카 대륙의 40퍼센트를 덮고 서부 브라질 전체를 감싸고 있기에 바이러스의 확산이 늦춰져야 마땅했다. 실제로 1980년대에 뎅기열 바이러스가 브라질에 다시 들어왔을 때는 나라 전체로 퍼지는 데 30년이 걸렸다.[79] 하지만 지카 바이러스는 물수제비의 돌처럼 통통 뛰면서 벌채된 황무지를 딛고 아마존 숲을 생각보다 빠르게 통과했다. 아마존 열대 우림이 파괴된 지역마다 숲모기가 창궐했기 때문이다.

삼림 파괴는 지구 온난화의 주요 원인으로서 열대 우림의 손실은 전 세계 온실 가스 배출의 20퍼센트를 차지한다.[80] 그러나 삼림 파괴에는 이보다 덜 알려진 또 다른 결과가 있다. 1990년부터 2016년 사이에 전 세계의 인수 공통 감염병과 매개체 매개 감염병의 집단 발병이 몇 배로 증가했다.[81] 그런데 왜 숲의 나무를 벌채해 목장이나 농장이나 주거지로 개발하면 그 주변 지역에 사는 사람들이 병에 걸리는 걸까? 울창하며 생물 다양성이 높은 산림 생태계를 도시와 농경지로 대체하면 그 지역의 동물 구성이 설치류, 박쥐, 모기, 진드기처럼 인간의 질병을 옮기기 쉬운 종들로 바뀐다. 비터 박사가 말한 '기회주의자'인 이집트숲모기 같은 종이 늘어나는 것이다. 물론 사람과 가축이 바로 옆에서 지내니 감염은 더욱 쉬워진다.[82]

† † †

말하자면 기후 변화, 삼림 파괴, 빈곤 이 세 가지가 위험한 바이러스를 발 빠르게 움직이게 해 클라우디아의 문 앞까지 데리고 온 것이다. 2016년 2월에 온두라스는 국내의 여러 임신부가 지카 바이러스 양성 반응을 보였다고 발표했다.[83] 그와 같은 달 세계보건기구 조사관들의 자체 분석 결과를 통해 브라질 페르남부쿠에서 처음 시작되어 미주 대륙을 강타하고 있는 소두증 발생 원인이 지카 바이러스라는 결론을 내렸다.[84]

석 달 뒤 뉴저지에서 다라가 태어났을 때 담당 의사들이 브라질의 가뭄이나 삼림 파괴까지 생각했을 것 같지는 않다. 그렇지만 의사들이 보고 있는 아기는 아프리카와 폴리네시아, 남아메리카 열대 우림과 보이지 않은 거미줄로 촘촘히 연결되어 있다. 아마존의 수백 년 된 나무만큼 거대하고 혹은 모기처럼 작고 싱가시기도 한 생명들이 모두 나라의 생과 얽혀 있는 것이다. 의사들이 차트에 이런 단어들을 적지는 않았겠지만 이제야 보이는 분명한 사실이 있다. 다라의 뇌는, 적어도 일부는 인류가 스스로 불러낸 전 지구적 재앙에 의해 손상되었다.

캠런의 이야기

그 시절 캠런의 기억은 툭툭 끊겨 있고 몇 개의 장면만 간신히 떠오른다. 어느 날 아침에 일어나 엄마에게 몸이 안 좋다고 말했고 곧바로 구토를 했다. 엄마는 캠런의 이마에 손을 대 체온을 잰 뒤 다시 침대에 눕혔다. 캠런은 그 뒤로 닷새 동안 침대에서 한 발짝도 나오지 못하고 끙끙 앓았다. "너무 아파서 텔레비전도 못 봤어요." 아이가 내게 말했다.

캠런은 자기가 지금 제대로 말하고 있는지 확인하고 싶은지 양옆에 앉아 있는 부모를 번갈아 쳐다본다. 부모는 캠런이 태어난 이후 가장 아팠던 지난 봄, 아이가 일곱 살 때의 일을 가능하면 자세히 설명하려고 노력 중이다. "일어나서 몇 걸음은 걸어요. 그러다가 픽 쓰러져요. 그리고 그 자리에서 장소에 상관없이 잠이 드는 거예요. 거실에서도 방문 앞에서도요." 엄마 스테파니가 말한다. "다리가 흐느적흐느적했어요."

연한 갈색 머리카락을 가진 삐쩍 마른 초등학교 2학년 남자아이는 자기와 관련된 이야기가 나오자 귀를 쫑긋한다. "애 상태가 상당히 심각했어요." 아빠 케빈도 한마디 덧붙인다. "목소리도 안 나왔고요. 열과 두통도 심했고 또 눈이 빠질 것처럼 아프다고 하더라고요. 다른 증상보다도 그 점이 아이한테는 가장 힘들었던 것 같아요."

이 병은 코로나19 유행 초기인 2020년 5월에 이들을 찾아왔다. 아이의 부모는 증상이 보이자마자 아이오와주 소도시인 솔론에서 가장 가까운 소아과로 캠런을 데리고 갔다. 의사는 아이를 진찰하고 몇 가지 검사를 한 다음에 긍정적인 소식을 전했다. 다행히 코로나19는 아니니 잘 살펴보면서 수액을 맞자고 했다. 의사는 아마도 다른 바이러스 증상일 것이라고 했다.

몇 시간 뒤 케빈은 아들을 부축해 화장실로 데려가다가 아들의 허벅지 윗부분에서 둥그런 모양의 커다란 발진을 발견했다. "그 진드기를 저희가 보지는 못했죠." 아이의 엄마가 말한다.

† † †

이집트숲모기 같은 모기가 더 따뜻해진 세상에서 세를 넓히고 있는 유일한 흡혈 생물은 아니다. 진드기 역시 지구 온난화로 인해 번성하고 있다. 진드기는 곤충이 아니라 서비류와 같은 절지동물이다. 모기가 지구상에서 가장 중요한 매개체라면 미국을 지배하는 것은 진드기다. 진드기는 위험한 박테리아와 바이러스를 점점 더 다양한 지역으로 실어 나르고 있다. 미국에서 진드기가 위험도 최상위 자리를 차지하고 있는 이유는 따뜻해진 날씨와 토지 이용 방식의 변화로 인해 어떤 병이 증가하고 있기 때문이다. 바로 라임병이다.

1970년대 코네티컷의 라임이라는 마을에서 발견된 이후 같은 이름이 붙은 라임병은 현재 보험 청구 자료 기준에 따르면 매년 거의 50만 명의 미국인을 감염시키는 것으로 추정된다.[85] 일부 의사들은 혈액 검사보다는 증상에 근거해 라임병을 진단하기 때문에 정확한 발병 숫자를 알 수 없고, 실제로 검사실에서 확진되고 미국질병통제예방센터에 보고되는 사례는 전체 발병수의 10퍼센트도 안 될 것으로 보고 있다.

캠런은 그래도 공식적으로 보고된 사례 중에 하나였다. 아이의 상체에 지름 9센티미터의 소프트볼 크기만 한 붉은 반점이 더 생기자 가족은 아이를 다시 병원에 데려갔고 그날 진료 중이던 소아과 전문의인 하오 트란에게 보여주었다. 의사는 혈액 검사를 실시해 라임병을 일으키는 나선형의 박테리아인 보렐리아 부르그도르페리*Borrelia burgdorferi*에 대항하는 항체가 있는지 찾았다. 결과는 양성이었다.

아빠는 아들이 어디에서 진드기에 물렸는지 대략 짐작이 갔다. 캠런의 가족도 당시 많은 사람들처럼 코로나19 시기에 실내에 머물지 않고 가능하면 야외에서 많은 시간을 보냈다. 아빠 케빈은 어린 시절에 아이오와의 숲과 들판을 쏘다니며 자랐고 캠런의 옷을 어떻게 입혀야 할지 알았다. 그는 캠런에게 항상 긴 소매 셔츠를 입힌 다음 셔츠를 바지 안으로 넣게 했고 양말을 바지 위로 당겨 신게 했다. 가족은 산에 갈 때도 산책길로 조성된 등산로만 걸었는데 풀이 무성하게 자란 곳에 가면 진드기에 물릴 수 있다는 것을 잘 알았기 때문이었다. 또 산에 갈 때는 디에틸톨루아미드 성분이 포함된 벌레 기피제도 발랐다. 그런데도 옷핀의 머리만 한 작은 진드기가 그 틈을 비집고 들어와 아이를 문 것이다.

케빈이 아들과 같은 나이였을 때는 아무리 산이나 들로 쏘다녀도 라임병 진단을 받지는 않았을 것이다. 솔론이 속한 존슨 카운티는 최근 몇 년간 아이오와주에서 라임병이 가장 자주 발생한 지역이다.[86] 20년 전만 해도 이 지역에서는 라임병이 극히 드물었다. 그러나 2000년 이후 발병 건수는 20배 증가했고 이는 이 지역의 인구 증가 속도보다 훨씬 빠르다. 아이오와주 전체와 미국 전역에서도 같은 기간 동안 라임병 사례는 3배 증가했다.

지카 바이러스처럼 라임병 또한 인수 공통 감염병이자 매개체 매개 질병이며 비터 박사가 지적했듯 인간이 바꿔놓은 환경에서 번성하는 종들에 의해 확산되고 있다. 검은다리진드기 또는 사슴진드기라고 불리는 진드기는 여러 동물을 숙주로 삼는다. 하지만 보렐리아균을 얻는 유일한 동물은 하나뿐이다. 과도한 개발로 인해 '파편화된 숲'에서 잘 살아남는 것으로 유명한 흰발생쥐다.[87]

캐런에게 달라붙은 진드기는 보렐리아균이 잔뜩 실린 침을 피부에 주입했고 보렐리아균은 코르크 마개처럼 생긴 나선형 몸을 이용해 주변 피부 속으로 파고들었다. 대부분의 사람에게서 라임병의 초기 국소 단계는 물린 자리 주변에 독특한 과녁 모양의 발진이 나타나는 것으로 시작된다. 이를 유주성 홍반 *erythema migrans*이라고 하며 연못의 퍼지는 물결처럼 며칠에 걸쳐 천천히 발진 크기가 커지면서 주변부로 확산된다.

그래도 라임병 환자의 약 4분의 1 정도는 이 악명 높은 발진을 경험하지 않는다.[88] 캠런이 하오 트란 의사를 찾았을 때는 진드기에 물린 지 한 달에서 네 달 사이에 나타나는 전신 확산 단계에 접어든 뒤였다. 박테리아는 이미 캠런의 혈액 속으로 침투해 온몸을 여행하면서 발열과 통증을 일으키고 있었다. 아이의 몸 여기저기에 나타난 발진은 박테리아가 피부에 자리 잡은 결과였다. 아마 누군가 그 부위를 생검했더라면 보렐리아균을 발견했을 것이다.

트란 의사는 이 단계에서 박테리아가 감염된 장기에도 상당한 문제를 일으킬 수 있다는 것을 알고 있었다. 의사는 캠런의 심장 박동과 기능을 확인하기 위해 심전도 검사를 시행했고 다행히 결과는 정상이었다. 이어 팔다리의 근력 약화나 감각 이상, 안면 근육이 마비되는 벨 마비Bell's palsy, 그리고 뇌나 뇌막이 염증을 일으키는 뇌염이나 뇌수막염의 징후까지 살폈다. 다행히도 아이에게는 그 정도로 심각한 증상은 나타나지 않았다.

의사는 부모에게 또 하나의 희소식을 전했다. 라임병은 박테리아가 원인이기 때문에 항생제로 치료할 수 있다는 것이었다. 트란 박사는 독시사이클린을 처방했고 캠런의 발진과 통증은 신속히 완화되었다. 아이는 이후 몇 달 동안 자주 피로함을 호소하긴 했지만 그래도 어린이 라임병이 조기 진단되고 조기 치료된 사례가 그렇듯이 완전히 회복할 수 있었다.[89]

캠런은 운이 좋았다. 어떤 환자들은 발진이 전혀 없어 병이 상당히 진행된 뒤에야 라임병 진단을 받는데 이 후기 라임병은 심신이 전반적으로 크게 쇠약해질 수 있고 항생제 치료를 한 이후에도 증상이 지속될 수 있다. 후기 환자 중 일부는 가벼운 뇌병증을 겪어 기분 변화가 심해지고 기억력이 나빠지며 수면 문제를 겪어 사고력이 손상되기도 한다.

그러나 후기 라임병에서 가장 흔한 양상은 관절염인데 대략 60퍼센트 정도의 환자에게서 이 증상이 나타난다.[90] 무릎이 부어오르고 뜨겁게 달아오르는 것이 이 질환의 유일한 증상인 경우도 많다. 실제로 초기 환자들 중에 상당수는 바로 이런 양상 때문에 병원을 찾는다. 1977년에 최초로 발표된 라임병 관련 의학 논문에서는 라임병을 "코네티컷 동부에서 발생한 유행성 관절염의 한 형태"라고 실명했다.[91] 논문 서사들은 이 새로운 질병이 어린이들에게서 흔하게 발생한다는 점을 지적했는데 그 지역 부모들은 이미 이 사실을 알고 있었다. 라임병의 집단 발병은 한 어린이 환자의 어머니가 보건소에 전화를 걸면서 세상에 알려졌다. 엄마는 물었다. "주州에서는 올드 라임이라는 작은 농촌 마을에서 열두 명의 아이들이 소아 관절염 진단을 받았다는 사실을 알고 있나요?" 그 엄마는 이 현상을 누군가가 조사해야 한다고 생각했던 것이다.

†　†　†

　유행병학자들은 결국 인접한 세 마을인 라임, 올드 라임, 이스트 해덤에서 소아 관절염 환자 39명을 찾아냈다. 이는 성인 환자 수의 3배를 훨씬 넘는 수치였다. 특히 아이들 대부분이 학령기였고 특정한 시골 도로 옆에 있는 집에서 살았으며 진드기 개체 수가 가장 많은 기간이자 아이들의 여름 방학이었던 6월부터 초가을 사이에 아팠다.

　오늘날까지도 미국 전역에서 캐런처럼 다섯 살에서 아홉 살 사이의 어린이들이 가장 높은 라임병 발병률을 보인다. 이 연령대는 전체 환자의 4분의 1을 차지한다.[92] 라임병은 학령기 아동이 감염에 더 취약한 이유가 반드시 면역 체계 때문만은 아니라, 갓난아이나 유아와 비교해 면역력이 발달했더라도 이 나이대 아이들의 행동이 감염 위험을 높인다는 것을 보여주는 또 하나의 사례다. 소아마비도 이런 점에서 비슷했다. 오염된 물을 통해 퍼지는 장내 바이러스였던 소아마비는 따뜻한 날씨에 아이들이 호수와 시냇물에서 수영할 때 급증했다.

　현재 기후 변화와 토지 이용 변화로 인해 이러한 위험이 더 많은 어린이에게 확산되고 있다. 진드기와 흰발생쥐는 과거에는 이들이 살기에는 너무 기온이 낮았던 뉴잉글랜드 북부, 중서부, 캐나다 일부 지역에서도 나타나고 있다.[93] '진드기 시즌'의 정점은 더 이른 시기에 시작해 더 오래 지속된다.[94] 보렐리아균을 가장 많이 전파하는 미성숙 단계의 진드기인 약충*nymph*은 기온이 오를수록 더 적극적으로 숙주를 찾는다.[95] 이런 모든 요인으로 인해 라임병 증가가 계속되고 있으며 앞으로 더 악화될 가능성도 있다. 지구 평균 기온이 2도 상승하면 소아 라임병 사례가 30퍼센트 이상 증가할 것으로 예측된다.

라임병만이 우리가 걱정해야 할 진드기 매개 감염은 아니다. 참진드기속*Ixodes* 진드기는 희귀하지만 치명적인 포와산Powassan 바이러스도 옮기는데 이는 치명률이 최대 10퍼센트에 이르고 중증 생존자의 절반에게 영구적인 장애를 남길 수도 있다.[96] 이 밖에도 에를리히증ehrlichiois, 야토병tularemia, 로키산 홍반열Rocky Mountain spotted fever 같은 진드기 매개 질환은 2004년 이후 전체적으로 2배 이상 증가했다.[97]

인간은 라임병에 장기 면역이 생기지는 않는다.[98] 캠런은 또다시 라임병에 감염될 수도 있다. 다행히 현재 여러 라임병 백신이 연구 중이며 앞으로 상용 가능할 것으로 보인다.[99] 안전성과 효과를 인정받으면 학령기 아동용으로 승인될 수도 있고 일반 대중이 받아들인다면 캠런과 같은 사례를 예방할 수 있을 것이다.

다행스럽게도 또 하나의 새로운 백신 덕분에 아이들을 다른 매개체 질환으로부터 보호할 수 있었다. 인류 역사상 어떤 감염병보다 더 많은 생명을 앗아간 병이다.

몇십 년 만의 말라리아

악명 높은 플라스모디움Plasmodium 원충에 의해 생기는 기생충성 질환인 말라리아는 매년 약 2억 4700만 명을 감염시킨다.[100] 누구나 말라리아에 걸릴 수 있지만 전 세계 말라리아 사망자의 4분의 3은 5세 미만의 어린아이들이다.[101] 2019년 한 해에만 47만 5000명의 영유아가 말라리아로 사망했는데 대부분 아프리카 지역 어린이들이었다.[102] 계산해보면 말라리아는 대략 1분마다 아이 한 명의 목숨을 앗아간 꼴이다.

미국의 부모 대다수는 자신의 아이가 말라리아에 걸릴까 봐 노심초사하며 지내지는 않는다. 대다수의 서구권 사람들에게 말라리아는 비극적이지만 머나먼 나라의 재앙처럼 느껴진다. 하지만 미국에서도 매년 약 1500명이 말라리아로 입원하고 그중 일부는 사망하기도 한다.[103] 뎅기열과 마찬가지로 이들은 열대 지역을 방문했다가 플라스모디움에 감염된다. 뎅기열처럼 플라스모디움을 옮기는 모기는 미국에서도 서식이 가능하여 열대 지방을 여행했던 여행자가 귀국 후에 의도치 않게 미국 내에서 감염을 일으킬 수도 있다.

2023년 여름에 플로리다와 텍사스, 메릴랜드에서 지역 내 감염으로 추정되는 말라리아가 소규모로 발생해 전국적인 뉴스가 되기도 했다.[104] 보고된 사례는 총 아홉 건뿐이었지만 미국 공중 보건 관계자들을 공포에 떨게 만들기에는 충분했다. 몇

십 년 만에 미국 내에서 말라리아 감염이 발생한 것이다.

역사적 사실을 접해본 적이 있는 사람이라면 말라리아가 등장했다는 것이 어떤 의미인지 알 것이다. 지금으로선 상상하기 힘들겠지만 한때 말라리아는 오늘날 풍토병 지역과 비슷할 정도의 높은 비율로 미국 어린이들을 괴롭혔다.[105] 18세기에 캐롤라이나를 방문했던 한 사람은 모기와 말라리아가 이 지역을 '봄에는 천국, 여름에는 지옥, 가을에는 병원'으로 만든다고 풍자하기도 했다.[106] 말라리아는 제2차 세계 대전 이후까지 미국 남부를 한 번씩 휩쓸고 가는 계절성 유행병이었다.[107] 이후 모기 방역이 실시되고 주택에 창문 방충망이 설치되고 항말라리아제가 개발된 덕분에 서서히 퇴치되었다. 물론 미국 내 여러 지역에서 학질모기*Anopheles*가 발견되긴 하지만 이들에게는 원충이 없어 물렸다고 해서 말라리아에 감염되지는 않는다.

그런데 말라리아가 더 무시무시한 형태로 변해 미국 땅에 닿을 수도 있을까? 이미 수많은 사람들의 마음을 산산조각 내고 있는 아프리카에서 말라리아가 더 많은 아이들의 목숨을 앗아간다면 어떻게 될까? 감염병 전문가들은 이런 문제를 두고 오랫동안 고심하고 있다.

굉장히 복잡한 문제라 쉽게 답을 낼 수는 없다. 아프리카 일부 지역에서는 극심한 더위와 가뭄으로 학질 모기의 개체 수가 감소하고 있다.[108] 어떤 지역에서는 이전에는 서식하기 어려웠던 고지대나 새로운 지역에서도 학질 모기가 발견되거나 증가하고 있다. 전체적으로 보았을 때 현재까지 말라리아는 분명 지리적 범위를 확장하고 있다.

기후 변화로 인해 일부 말라리아 풍토 지역에서 말라리아로 인한 아동 사망률이 최대 20퍼센트까지 증가할 수 있다고 예측하는 전문가들도 있다.[109] 임신부가 말라리아에 걸릴 경우 중증 질환으로 진행되거나 조산하거나 저체중아를 출산할 위험도 크다. 세계보건기구는 말라리아 완전 퇴치를 목표로 삼고 있지만 기후 변화의 악영향을 상쇄하려면 공중 보건이 개입해야 그 목표에 근접할 수 있다.[110] 임신부와 영유아에게 살충 처리된 침대 모기장과 계절성 항말라리아제를 제공하는 방법도 있다. 기후는 우리가 원하는 곳과는 반대 방향으로 우리를 끌고 가려 하지만 과거의 경험으로 알 수 있는 것들이 있다. 우리에게는 생명을 살릴 수 있는 도구와 방법이 있다.

그렇기 때문에 말라리아의 비극이 더욱 가슴 아픈 것이다. 미국이 말라리아를 몰아낸 것처럼 말라리아는 충분히 예방과 치료가 가능하지만 지난 수십 년 동안 세계에서 가장 가난한 지역의 아이들 수백만 명이 이 병으로 사망했다. 매년 누적되는 사망자 수는 우리를 무뎌지게 하고 이 숫자들이 어떤 의미를 지니고 있는지 의식하지 못하게 한다. 하지만 나는 한때 말라리아 풍토병 지역에 산 적이 있다. 에콰도르에서 평화봉사단으로 일할 때였다. 그렇기에 이 숫자들이 단순히 숫자가 아니라 아이들 하나하나의 고통으로 다가온다.

† † †

그때 전남편과 내가 살았던 그 아마존 마을은 스무 채 남짓한 오두막이 있는 정글이었다. 뱀이 집에 들어오지 못하도록 말뚝 위에 지은 오두막이 정글 곳곳에 흩어져 있었다. 전기나 수도가 없는 것은 물론이고 창문이나 문도 갖춰져 있지 않았다. 판자로 된 벽들 사이에 난 틈이 문이었고 판자는 대체로 모자라서 지붕까지 덮지 못했다. 하루 종일 모기가 들끓었는데 밤에는 모기장 안에서 자고 가능할 때마다 몸에 기피제를 발랐지만 우리와 같이 지내던 케추아족[◆] 가족과 그 집의 아이들은 모기에게 일용할 양식이었다.

평화봉사단 활동에서 가장 중요한 임무는 말라리아의 정체를 파악하는 것이기도 했다. 나는 키토에 있는 한 교실에서 처음으로 플라스모디움의 복잡한 생애 주기에 대해 배웠다. 우리가 아마존 동부의 열대 우림 지역인 엘 오리엔테에 배치될 무렵에는 그 기생충이 사람의 몸속을 이동하는 경로를 줄줄 외울 수 있었다.

간단하게 설명해보자. 모기가 우리 마을에 사는 어떤 꼬마를 물면 모기의 기생원충은 가장 먼저 그 아이의 간세포로 들

[◆] 에콰도르, 페루, 볼리비아에 걸쳐 안데스 산지 고지대에 거주하는 남아메리카 원주민.

어간다. 기생충이 간세포 안에서 성장하고 증식하면 감염된 간세포는 부풀어 오른 풍선처럼 터져버린다. 그렇게 풀려난 기생충은 아이의 적혈구로 침투하고 이 안에서 다시 번식한 다음 적혈구마저 파열시킨다. 그 결과 더 많은 기생충이 방출되어 계속해서 새로운 적혈구를 감염시킨다.

적혈구 속에서 플라스모디움의 폭발 현상이 일어나며 말라리아의 유명한 반복적 증상 발현이 시작되는 것이다. 이미 파괴된 세포들이 새로운 감염을 품고 있는 씨앗들과 함께 독소를 방출하여 몸 전체에 염증을 일으키고 그때부터 열과 오한, 강한 구토와 복통이 반복적으로 나타난다.

한번은 양식장 프로젝트를 도우러 갔다가 정글 깊은 곳에 있는 한 오두막에서 이런 증상을 보이는 어떤 꼬마를 보았다. 한 엄마가 어린 딸의 검은색 앞머리를 젖히고 이마 위에 젖은 천을 얹고 있었다. 아이는 바닥에 깔린 돗자리 위에 누워 있었고 엄마는 아이에게 강에서 떠온 물을 한 모금씩 먹이고 있었다. 아이의 아빠가 말했다. "추크추(Chukchu)." 케추아족 말로 말라리아라는 뜻이다.[111] 나는 그 아빠에게 경구 수액을 주면서 사용법을 설명했다. 아마존의 높이 솟은 나무들의 그늘 아래 있는 그 집을 떠나면서 나중에라도 아이의 상태에 대해 전해 들었으면 좋겠다고 생각했다. 만약 아이가 말라리아에 걸렸다가 회복한다면 단기 면역력이 생겨 다음 번 감염에서는 중증으로 진행할 확률이 줄어든다. 다시 감염되었을 때 더 심각해지는 뎅기열과는 반대 양상이다.

하지만 말라리아 발작이 반복되어 적혈구가 감소하면 특히 어린이들에게는 생명을 위협하는 빈혈이 생길 수도 있다. 만약 아이의 증상이 심해지면 감염된 세포가 동맥 벽에 달라붙어 혈류를 차단할 것이다. 뇌에서 같은 일이 발생하면 뇌성 말라리아가 되고 보통은 사망에 이른다. 살아남는다 해도 운동 능력과 언어 능력, 시각과 청각에 평생 심각한 후유증이 남을 수 있다. 이런 방식으로 말라리아는 아이를 쫓아다니면서 괴롭히고 아이의 삶에서 희망과 활력을 앗아간다. 특히 사하라 이남 아프리카 지역에서는 평균적으로 아이 한 명이 1년에 여섯 번이나 재감염되는 사례가 적지 않다.[112]

만약 아이가 위중하다면 부모는 아이를 들쳐 업고 날이 넓은 마체테 칼로 우거진 초목을 베며 길을 내 정글을 달린 뒤 버스를 타고 먼지가 풀풀 날리는 길을 달려 몇 시간이나 걸리는 가장 가까운 병원에 도착할 것이다. 의사는 말라리아가 의심된다고 말하고 현미경으로 혈액 검사를 할 것이다. 만약 플라스모디움이 있다면 쉽게 발견했을 것이다. 어두운 형태의 이물질이 적혈구 안을 돌아다니고 있었을 것이다. 남아메리카 대륙에서 병을 일으키는 다섯 종의 플라스모디움 가운데 가장 흔한 것은 삼일열 말라리아 원충*P. vivax* 혹은 열대열 말라리아 원충*P. falciparum*이다.[113]

평화봉사단으로 파견된 미국의 20대 청년들이 으레 그렇듯이 나 또한 부의 격차가 전혀 다른 세상을 만든다는 것을 인식하고 있었다. 하지만 나는 에콰도르에 직접 살면서 현장을 경험하지 못했다면 몰랐을 세부 사항을 알게 되었다. 문짝도 없는 집에서는 부모가 아이들을 모기와 모기 매개 질병으로부터 지킬 수 없다. 그 마을에는 언제나 음식이 부족하고 단백질 섭취가 어려워 아이들이 한번 병을 앓으면 쉽게 허약해진다. 그런 마을이 외딴 지역에 있다면 부모가 가까스로 의사에게 데리고 가더라도 이미 치료 시기를 놓쳤을 수도 있다. 늦지 않게 병원에 간다 해도 의사에게 필요한 약과 장비와 보급품이 갖춰져 있으리라는 보장도 없다.

역설적이게도 우리와 함께 살았던 원주민들은 과거에는 말라리아를 스스로의 힘으로 치료할 수 있었다. 수 세기 동안 원주민들은 이 병의 증상을 키나quina 나무의 껍질에서 추출한 약으로 치료할 수 있다는 사실을 알고 있었다. 에콰도르의 국가 수목인 키나의 학명은 신코나 푸베스켄스*Cinchona pubescens*로 알려져 있다. 1630년경에 케추아족 조상들이 키나 껍질에서 얻는 약물인 '키니네quinine'의 효능을 한 에스파냐 신부에게 전했고 이후 이 재료는 전 세계에 말라리아의 특효약으로 알려졌다.[114] 1934년에는 합성 약물인 클로로퀸이 개발되어 미국 내 말라리아 박멸에 결정적 역할을 했다. 우리는 도움을 주겠답시고 이곳에 와 있지만 사실은 이곳 사람들이 우리보다 한참 전에 간접적으로나마 우리를 도와준 것이다.

케추아 사람들은 핵심적인 사실 하나를 밝혀냈다. 뎅기열의 바이러스와는 달리 말라리아를 일으키는 단세포 원충은 약물로 죽일 수 있다는 점이다. 심지어 말라리아 예방약을 먹으면 감염 자체가 되지 않을 수도 있다. 그래서 열대 지역을 여행하기 전에 영유아들도 예방약을 복용하고 나 또한 에콰도르에서 봉사할 때 예방약을 복용했다.

하지만 또 다른 문제가 생겼다. 수십 년 동안 클로로퀸이 널리 사용되면서 말라리아 원충 중에서도 치명적인 변종인 열대열 말라이아가 에콰도르를 포함해 세계 여러 지역에서 약에 대한 내성을 얻게 된 것이다.[115] 일부 국가에서는 이 종이 판시다르Fansidar와 말라론Malarone 같은 새로운 항말라리아제에도 내성을 얻게 되었다. 삼일열 말라리아 역시 일부 지역에서 클로로퀸에 대한 내성을 키워가고 있다.

늘 반복되는 이야기다. 우리가 어떤 미생물을 화학 약품으로 죽이려 해도 그 종 안에는 유전적으로 살짝 다른 개체들이 있고 이들은 살아남는다. 시간이 지나 취약한 개체들이 죽고 나면 그때부터는 내성 균주들의 숫자가 많아져 우위를 점한다. 의사들은 이제까지 의존하던 무기들을 잃어버리고 또다시 새로운 싸움에 돌입해야 한다.

말라리아 치료제에 대한 플라스모디움의 내성 증가가 더 복잡한 이유는 모기들이 점차 살충제에도 내성을 얻고 있기 때문이다.[116] 분명히 짚고 넘어가자면 약물과 살충제는 인체와 환경에 부정적인 영향을 주기 때문에 이상적인 해결책이라 할 수 는 없다.[117] 그럼에도 이 두 가지는 모기와의 전쟁에서 가장 믿을 만한 무기다. 이 약들의 효과가 점차 떨어져 말라리아 통제가 위협받는 시점에 기후 변화라는 적이 막강한 영향력을 펼치고 있다.

상황이 이렇게 시급하고 말라리아가 워낙에 끔찍한 고통과 사망률을 초래하기에 지난 반세기 동안 열대열 말라리아에 대항하는 백신 개발은 감염병 의학계에서는 성배로 여겨져왔다. 기생충의 복잡한 생애 주기와 탁월한 변이 능력은 이 과제를 더욱 복잡하게 만들었다. 사실 어떤 기생충이든—바이러스나 세균과는 달리—기생충을 표적으로 삼은 백신 개발은 너무 어려워 성공한 적이 없었다. 그러나 드디어 2021년에 세계 최초로 세계보건기구가 모스퀴릭스Mosquirix라는 백신을 승인하고 말라리아 부담이 큰 지역에서 사용을 권고했다.[118] 이 백신은 생후 5개월에서 3세까지 총 네 차례 접종하며 중증 말라리아 발병률을 절반으로 낮춘다. 이외에도 더 높은 효과를 기대할 수 있는 백신이 현재 몇몇 아프리카 국가에서 시험 단계에 있다.

세계보건기구의 결정은 매우 중요한 순간에 이루어졌다. 2000년 아프리카 지도자들이 머리를 맞대고 말라리아와 전면전을 약속하면서 말라리아와의 전쟁은 큰 진전을 보였다. 우선 기존에 갖고 있던 모기장, 살충제, 약물을 더욱 철저히 사용하고 미국과 다른 선진국들의 재정 지원도 확보했다. 그 결과 아프리카 대륙의 아동 사망률은 44퍼센트 감소해 700만 명 이상의 생명을 구할 수 있었다.[119] 하지만 최근 몇 년 사이 진전이 더뎌지고 있다. 기후 변화 때문이다. 또한 코로나19와 약물 및 살충제 내성 증가 등의 이유도 있다.[120] 그래도 지쳐 있던 병사들 위로 지원 폭격기가 나타나듯이 백신 개발은 이 싸움에 다시 희망과 에너지를 불어넣고 있다.

† † †

지금도 에콰도르에서 함께 지냈던 가족과 가끔 연락을 주고받는다. 우리와 함께 지냈던 가족의 엄마인 마리아는 다른 케추아족 여성들과 함께 조산사 돌봄 서비스를 설립했다. 이들은 임신부와 아기들을 주의 깊게 지켜보면서 말라리아나 뎅기열, 혹은 지카 바이러스나 치쿤구니야 바이러스의 징후가 있는지 살핀다. 그들은 기후 변화로 인해 정글이 점점 더 뜨거워지고 있으며 그에 따라 조산과 저체중아 출생 위험이 높아진다는 것을 안다. 약하게 태어난 아기들은 각종 감염에 훨씬 취약할 수밖에 없다는 사실도 잘 안다.

마지막 통화에서 마리아와 나눈 대화를 통해 화석 연료가 그들의 공동체를 또 다른 방식으로도 해치고 있다는 것을 알 수 있었다. 에스파냐 사람들이 키나 나무껍질에서 키니네를 얻는 법을 배운 지 수백 년 후 에콰도르 우림에서 원유가 발견되었다. 마리아의 마을에서 북쪽으로 160킬로미터 정도 떨어진 곳에서 셰브론의 자회사는 약 1만 제곱킬로미터 면적의 열대 우림을 파괴한 뒤 독성 폐기물이 가득한 웅덩이를 수백 개 이상 남겼다.[121] 셰브론은 텍사스 아동 병원에 기부 명판이 붙은 바로 그 기업이다. 그들이 남기고 간 독성 폐기물은 원주민들이 마시고 목욕하는 강으로 흘러든다. 지난 몇십 년 동안 그 지역의 부모들은 폐기물 오염 때문에 아프고 죽어가는 아이들을 위해 대기업과 법정 싸움을 벌여왔다. 그러나 지금 그들은 마지막 일격을 한 방 맞았다. 바로 자신들의 땅 아마존에서 끌어 올린 그 연료가 세계를 데우면서 견딜 수 없는 무더위와 모기 매개 감염병을 그들의 아기들에게 남긴 것이다.

† † †

그래도 나는 말라리아 백신 개발 소식을 들으며 더 밝은 미래를 기대하게 된 수백만 명의 아이들을 생각한다. 이 질병과 싸우기 위해 얼마나 많은 이들이 수만 시간을 바쳤을지를 생각하며 새삼 감동하기도 하고 인류의 박애주의가 아직 살아 있다고 느끼기도 한다. 하지만 말라리아가 남긴 막대한 인명 피해나 특히 개발도상국 국민들이 기후 변화로 인해 겪는 고초를 보고 나면 우리 사회가 가난한 아이의 삶에 얼마나 무관심한지를 돌아보지 않을 수 없다. 정글에 사는 한 어린 소녀를 최소한 석유

한 배럴만큼이나 중요하게 여길 수는 없는 걸까? 그렇게 되면 우리는 완전히 다른 세상에서 살고 있지 않을까?

삼켜진 지역

다라는 생후 몇 주 동안 신생아 집중 치료실에서 지냈다. 아기를 취재하기 위해 몰려든 기자들은 아기의 이름조차 듣지 못했다. 나중에 클라우디아는 그중 한 기자에게 이렇게 말했던 것이 생각났다. "아기 예뻐요. 제 눈에는 평범해 보여요. 머리가 약간 작긴 하지만 그 외에는 이상할 건 하나도 없어 보여요. 저도 크게 놀라거나 하지 않았습니다."[122]

다라는 한 달 일찍 태어난 데다 두뇌 발달이 지연된 상태라 생후에는 젖이나 우유병을 빠는 가장 기본적인 동작조차 힘거워했다. 사실 신생아 집중 치료실에 있는 대부분의 소산아늘이 그렇지만 빨고 삼키기 위해서는 협응력과 기력이 필요하다. 하지만 기력이 조금 부족한 점을 제외하면 다라의 전반적인 건강 상태는 생각보다 좋은 편이라서 다라의 생존을 확신하지 못했던 담당 의사들까지 깜짝 놀랄 정도였다.

다라는 집으로 돌아갈 수 있을 정도로 수유를 잘하게 되자 퇴원했고 엄마 클라우디아와 가족은 온두라스로 돌아갔다. 그러나 이 가족은 1년이 채 되지 않아 미국으로 돌아와야 했다.

다라에게 발작 증세가 일어났고 온두라스의 담당 의사는 치료
할 수가 없었다. 다라의 부모는 다라에게 있을 잠재력을 최대한
키워주고 싶었고 그들의 고향을 떠나 클라우디아의 이모가 사
는 뉴저지 북부로 이주하기로 결심했다. 뉴저지에서라면 다라
는 뉴욕과 필라델피아의 전문의들을 정기적으로 만날 수 있을
것이었다.

　나는 2021년 초에 다라의 가족과 만나 이야기를 나누었고
그때에도 미국으로 이주한 일은 현명한 선택으로 여겨졌다. 그
들의 아파트에 있는 다라의 전용 치료실에서 다라는 언어 치료
와 물리 치료와 작업 치료를 받았다. 다라는 정기적으로 담당 소
아과 의사와 전문 의료진을 만날 수 있었고 그중 한 신경과 전문
의는 다라의 발작을 성공적으로 치료해주기도 했다.

　돌이켜보니 미국으로 건너와 다행이라고 생각할 만한 이
유가 또 있었다. 2020년 11월 온두라스에 과거에는 상상조차
할 수 없었던 규모의 자연 재해가 닥쳤다.[123] 4등급 허리케인인
에타와 이오타가 불과 2주 간격을 두고 중앙아메리카를 강타
했다. 두 허리케인 모두 가난한 나라 위에 꼼짝 앉고 서서 사상
최악의 폭우를 쏟아 부었다. 허리케인 하비와 동급 규모라고 할
수 있었으나 그 피해가 2배라는 점이 달랐다. 연달아 들이닥친
초대형 폭풍이 이미 폐허가 된 지역을 또다시 덮쳤다. 마치 바
다가 몸을 일으켜 땅 위로 쏟아져 내린 것만 같았다. 물렁해진
지반은 비탈을 따라 무너져 내렸고 집과 도로와 송전선은 진흙

더미에 파묻혔다.

구호 단체인 프로젝트 호프Project HOPE에서 일하는 한 의사는 NPR 라디오 방송에 출연해 자신이 수십 년간 전 세계의 재난 현장을 다녔지만 이처럼 참혹한 광경은 처음이라고 말하기도 했다.[124]

† † †

허리케인이 지나간 난폭하고 무자비한 파괴 현장과 수많은 인명 피해가 가장 두드러지지만 새로운 위기가 조용히 일어나고 있었다. 일부 도시에서는 정수 처리 시설이 붕괴되었다. 농촌 지역에서는 홍수가 재래식 변소와 오수 도랑을 휩쓸고 지나가 그 내용물을 사방으로 퍼뜨렸다. 부모와 아이들은 안전한 땅에 닿기 위해서나 나중에 집으로 돌아와 쓸 만한 물건을 찾기 위해서 오수가 흥진한 길을 길어야 했다. 그때 이들의 피부에 오염된 물이 닿았고 입속으로도 들어갔다. 정전으로 미지근해진 냉장고 속 음식은 상했다. 부엌과 식당과 상점들은 오물 섞인 질퍽한 진흙에 파묻히거나 홍수로 산산이 부서졌고 도로가 뒤틀리고 침수되면서 트럭은 구호품을 배달하지 못했다. 부모들은 아기 분유에 쓸 깨끗한 물이나 아이들에게 먹일 음식을 구하지 못했다. 굶주린 아이들은 기력이 크게 떨어졌고 한번 감염이 되면 악화되기만 했다.

부모가 기를 쓰고 음식과 물을 구해온다 해도 대체로 오염되어 있었고 그 물과 음식을 먹은 아이들은 급성 위장염에 걸렸다. 특히 피해가 극심했던 산간 지역의 한 의사는 허리케인 발생 2주 후 소아 설사 환자가 최소 7배 이상 증가했다고 보고했다.[125] 아이들의 증상이 심각해 탈수 상태가 되어도 진료소가 파손되거나 정상 운영이 불가능해 수액을 맞을 수 없었다. 이미 영양 실조였던 아이들이 장까지 감염되자 본격적으로 악순환이 시작되었다. 그리고 이 모든 일의 배경에는 또 다른 비극인 코로나19 팬데믹이 있었다. 이재민들이 구조선과 임시 보호소에 몰리면서 감염 통제는 사실상 불가능했다. 자연 재해가 남긴 이 아수라장 속에서 코로나19 감염의 위험은 폭발적으로 치솟았다.

가족들은 음식과 깨끗한 물과 머물 곳을 찾아 북쪽으로 이동했다. 기록적인 폭우가 지나간 뒤 그 이듬해에는 더 더워진 날씨가 이들을 찾아왔고 부모들은 아이들 곁에 몰려드는 윙윙거리는 모기떼를 손으로 쫓아내느라 애를 먹었다. 모기 개체 수가 급증한 것이다.

미래의 지카 바이러스

2016년부터 2018년 사이에 미국의 22개 주와 미국령 해외영토에 사는 수천 명의 임신부가 지카 바이러스에 감염되었다.

출생까지 간 아기들 가운데 약 5퍼센트에서 분명한 뇌 발달 문제와 눈 기형이 나타났다.[126] 이후 몇 년 동안 미국질병통제예방센터는 미국에서 지카 바이러스와 연관된 기형을 갖고 태어난 아기가 3300명 이상이라고 집계했다. 클라우디아의 경우처럼 임신 초기 감염 사례는 소두증과 가장 깊이 연관되었다.

남아메리카에서 진행된 연구에 따르면 감염된 임신부의 4분의 1이 바이러스를 태아에게 전파했고, 그중 3분의 1은 유산과 사산 또는 심각한 선천적 기형으로 이어졌다.[127] 그러나 지카 바이러스는 출생 직후에는 드러나지 않는 더 미묘한 신경학적 손상도 초래한다는 사실이 밝혀졌다.[128] 자궁 내에서 지카 바이러스에 노출된 아기가 생후 두 돌 무렵이 되면 이 중 10퍼센트가 시각·청각 장애를 겪거나 발작이 일어났다. 삼키거나 활동하는 데 곤란을 겪고 학습 능력이 평균 이하로 떨어지거나 언어 발달 지연을 보였다. 생후 감염 또한 신생아에게 해를 끼칠 수 있다는 새로운 우려가 제기되었다.[129] 생후 몇 주 동안 지카 바이러스에 노출된 유인원에게 행동 문제가 나타났고 뇌 손상 징후가 발견되었기 때문이다.

지카 바이러스의 유행은 2016년에 정점을 찍었다. 이후 이 바이러스는 갑자기 수그러들었는데 아마도 집단 면역 효과 때문이었을 것이다. 미주 지역 전역에서 유병률은 최대 70퍼센트까지 감소했고 2019년에는 미국 내 확진자가 한 명도 발생하지 않았다.

그러나 지카 바이러스가 잠잠했던 시기에 벌어진 일은 경고성이었을지도 모른다. 2021년 인도에서 지카 바이러스가 다시 확산되었고[130] 2022년에는 라틴 아메리카에서 수만 건의 감염 사례가 보고되었다.[131] 아직은 지카 바이러스보다 뎅기열이 훨씬 흔하지만 머지않아 지카 바이러스도 세계 어딘가에서 다시 크게 유행할 가능성이 있다. 지구가 온실 가스 배출을 신속히 줄이지 않는다면 2050년까지 지카 바이러스에 한 번도 노출된 적 없는 13억 명 이상이 감염될 수 있다는 전망도 나온다.[132]

지카 바이러스가 다시 유행병으로 돌아오면 백신이 비교적 빠르게 보급될 수도 있다.[133] 현재 과학자들은 이미 열심히 후보 백신을 연구하고 있다. 백신 외에도 모기 매개 질병을 막기 위한 새로운 방법들을 찾고 있기도 하다. 2021년에는 플로리다 키스 지역에서 유전자 변형을 거친 이집트숲모기를 방출하기도 했다.[134] 모두 수컷인 이 모기들이 자연 상태의 암컷과 교미할 경우 암컷에게 치명적인 유전자를 전달한다. 피를 빠는 개체는 암컷뿐이므로 이 방식으로 모기 개체 수를 줄이거나 암컷 모기들의 질병 전파 능력을 악화시킬 수도 있다.

이 밖에도 전 세계 의료 보건계에서 다양한 수단들을 시도하거나 연구하고 있다.[135] 연구진과 방역 기관은 모기에 박테리아를 감염시켜 모기가 죽거나 알이 부화하지 못하거나 바이러스를 전파하지 못하게 하는 방법을 시험하고 있다. 미국항공우주국의 위성은 잠재적 모기 서식지와 경로를 추적하고 미국질병통제예방센터는 각종 소프트웨어와 애플리케이션을 제공해 공중 보건 기관들이 모기 매개 바이러스를 감시할 수 있도록 한다.

인류는 감염성 생물들과 끝없는 전쟁을 치러왔고 위에서 언급된 것들은 우리가 사용할 수 있는 최신 무기이다. 현재 기후 변화와 삼림 파괴와 그 밖의 인간의 활동이 우리의 미시적인 적들을 이롭게 하는 환경을 만들어주는 한 우리는 모든 화력을 동원해 싸워야 한다.

어쩌면 가장 위험한 동물은 우리가 여름마다 손바닥으로 내리치는, 다리가 여섯 개 달린 그 성가신 곤충이 아닐지 모른다. 정말 위험한 것은 아이도 살고 모기도 살아가는 생명의 그물망을 자꾸만 찢어버리려는 존재일 것이다.

† † †

최근에 조지는 5세 정기 건강 검진을 받으러 우리 병원에 왔다. 여름 방학에 있었던 일을 신이 나서 재잘댔다. 자기 아빠 그림을 그려서 나에게 보여주기도 하고 모양과 색깔을 말하고 알파벳도 외웠다. 가을에 유치원에 입학하게 되어 잔뜩 기대 중인 것 같았다.

다라는 조지와 똑같은 나이다. 하지만 다라는 말하지 못하고 걷지도 못한다. 지카 바이러스에 감염된 많은 아동이 그렇듯 다라의 눈은 바이러스에 손상되어 빛과 그림자만 구분한다. 일부 관절은 뻣뻣하고 두 손은 주먹 모양으로 고정되어 있다.

이 두 아이 사이에는 무엇이 놓여 있을까? 거기에는 행운과 지리의 이야기가 있다. 온두라스처럼 이미 충분히 살기 힘든데도 자신이 거의 기여하지도 않은 문제들로 가장 먼저 크게 타격을 받는 나라의 이야기가 있다. 열대 기후에서 감염병과 싸워야 하는 지난한 현실이 있다. 그리고 그 기후는 북쪽으로 서서히 영역을 넓히고 있다.

다라의 엄마 클라우디아는 매일 다라의 주먹을 살살 펴서 마사지를 해준다. 그녀는 온몸과 마음을 어린 딸에게 바치고 있다. 치료사와 의사를 만나고 실험적 치료법을 찾아보고 아이의 두뇌를 자극하는 방법을 시도한다.

누군가는 이런 노력이 무의미하다면서 결국 절망에 빠질 거라고 말할지 모른다. 하지만 아이를 향한 클라우디아의 사랑은 결코 흔들리지 않는다. "이 아이 덕분에 우리 부부는 더 성숙한 인간이 되었다고 생각해요……. 저희는 이 아이를 조건 없이 사랑하고, 소중하게 키우고 있습니다."

클라우디아가 딸을 안아주면 다라는 얼굴에 한가득 미소를 짓고 온몸으로 반응한다. 의사는 다라가 감정을 느끼지 못할 거라고 말했다. 다라의 세상은 밝아지지 않을 거라고 말했다. 변화하리라는 희망은 없을 것이라고도 했다.

하지만 클라우디아는 의사의 말을 믿지 않는다.

5장

가능한 세계

2021년에 애나를 다시 만났다.

그날 환자가 중복으로 예약되어 있었고 소아과 병동은 무질서 그 자체였다. 아기들은 울고 떼를 쓰고, 아이들은 뛰어다니며 떠들고, 엄마들은 아이들을 혼내고, 전화기는 계속 울려서 모두가 혼이 쏙 빠질 지경이었다. 몇 분에 한 번씩 이 소음 속에서 대기실에 있는 가족들을 데리고 오면서 질문하고 안내하는 의료 보조원의 목소리가 들려왔다. 점심시간이 지나 진료실 밖으로 나가니 복도에 시력 검사를 받는 열 살짜리 아이가 있었다. 아이는 한쪽 눈을 가린 채 얼굴을 찡그리고 벽을 바라보고 있었다. 나는 그 아이 옆을 지나 유아차를 피해 걸어가 차트를 하나 내려놓고 다른 차트를 꺼냈다. N95 마스크를 고쳐 쓰고는 다음 진료실 문을 두드렸다.

그날 나는 평소보다 훨씬 더 빠르게 여러 명의 환자를 돌보고 있었다. 하지만 진료실에 들어가 침대 위에 앉아 있는 애나를 본 순간 속도를 조금 늦추기로 했다. 애나 옆에는 아빠가 걱정스러운 얼굴을 한 채 서 있었고 창밖으로는 잿빛 하늘이 낮게 드리워져 있었다.

우리는 다시 같은 곳에 와 있었다. 연기로 숨 막히는 도시와 기침하는 아이들로 가득한 소아과 진료실 안에. 애나가 림 화재 때 엄마와 함께 우리 병원을 찾은 지도 벌써 8년 전이다. 그때 갓난아이였던 애나를 보면서 기후 변화가 나의 어린 환자들을 아프게 하고 있다는 사실을 처음으로 절실하게 실감했다. 애나는 태어난 후부터 지금까지 인류 역사상 가장 더운 해들을 살아왔다.

그 뒤로도 정기 검진이나 그 밖의 문제로 내원한 애나를 여러 번 보아왔다. 애나는 연기가 자주 나는 철만 되면 천식이 악화되었고 그때마나 부모의 한숨이 싶어셨다. "오늘은 무슨 일 때문에 왔을까?" 나는 문을 닫으며 물었다. 애나는 마스크 위 커다란 눈으로 나를 빤히 쳐다보았다.

애나는 전체적으로 말랐고 올리브빛 피부는 창백했다. 애나는 불이 들어오는, 여기저기가 헤진 운동화를 신고 있었고 팔꿈치에는 긁힌 상처가 있었는데 운동장에서 활발하게 뛰노는 아이라는 표시였다. 하지만 진료실 안에서는 손가락 하나 움직이지 않고 조용히 나를 주시했다. 여전히 어떤 판결을 내려야 하는지 본인도 모르는, 작은 심판관처럼.

애나는 아빠를 흘끗 올려다보았고 아빠가 내 쪽으로 고개를 끄덕이며 말했다. "네가 직접 말씀드려." 애나는 한쪽 팔을 들어 창문을 가리켰다. 애나의 호흡은 평소보다 더 빨랐다.

애나는 자기가 어디가 아프고 왜 병원에 왔는지 말하기 전에 먼저 이렇게 말했다. "저 더 나아질 거예요. 그쵸?"

어린아이는 기대에 가득 찬 눈으로 나를 바라본다. 아이는 뭐가 나아질 거라고 말하는 걸까? 자기의 천식이 나아진다고? 산불이 나아진다고? 아니면 세상이 나아질 거라고? 몇 주째 산불 연기가 계속되고 코로나19 델타 변이도 확산되고 있었다. 나는 머리가 멍했다. 그때 아이의 손가락을 따라가 창밖을 바라보았다. 한낮인데도 도시는 저녁처럼 어두컴컴했다.

진료실에서 북서쪽으로 불과 80킬로미터 떨어진 곳에서 딕시 산불이 숲과 마을을 집어삼키고 있었다. 남서쪽 방향으로 130킬로미터 떨어진 근방에서는 칼도르 산불이 번져 사우스 레이크타호를 위협하고 있었다. 두 산불에서 뿜어져 나온 짙은 연기는 두 개의 강줄기가 하나가 되듯 리노에서 합쳐져 독성 강한 물질들을 쏟아붓고 있었다. 앞으로 적어도 7월 중순부터 9월 중순까지 이 화재의 공기가 원래의 공기를 대체할 것이고, 10월 들어서도 몇 주간은 바람의 방향에 따라서 파도처럼 간간이 밀려들 터였다.

애나가 우리 병원에 온 그날 내원 환자들 중에서 집이나 학교가 화재 피해를 입은 이들이 있었다. 내가 아는 또 다른 가족들은 여러 번 대피해야 했다. 어떤 아이는 산불 최전선에서 일하는 아빠가 걱정된다고 했고 또 다른 아이는 엄마가 화재 진압제를 실은 헬기를 몬다고 했다. 거의 매일 한 명 이상의 부모가 같은 말을 했다. 올해가 정말이지 마지막 한계라며 연기 때문에 아이들이 도저히 살 수가 없어 이사를 가야겠다고 했다. 우리 주변의 익숙하고 아름다웠던 풍경은 숯검정 색의 들판으로 변했고 그 위에는 무너져내린 건물과 불에 탄 나무가 검은 해골처럼 흩뿌려져 있었다.

나는 애나를 바라보며 약속했다. "그래. 애나 말이 맞아. 나아질 거야. 원래 연기는 걷히는 거야."

가장 더운 해들을 살아갈

아이를 돌본다는 것은 끊임없이 시간을 상기하는 일이다. 여덟 살 애나의 폐에서 나는 소리를 들으면서 림 화재 이후 아이가 얼마나 자랐는지, 그리고 그 사이에 무슨 일들이 벌어졌는지 생각하며 새삼스럽게 놀란다. 지구 온난화로 인해 애나의 세계는 더 뜨겁고 더 위험해졌다. 이 책에 등장하는 아이들 모두 제각각 형태는 다르지만 자신이 사는 장소에 따른 결과를 받아들이며 살아가고 있다.

하지만 애나의 성장은 단순히 세월이 흘렀다는 표시만은 아니었다. 그것은 앞으로 다가올 시간의 신호이기도 했다. 애나에게는 앞으로 수십 년이 넘는 세월이 남아 있고 애나의 부모와 나의 역할은 애나가 맞이할 미래의 잠재력을 지키는 일이다. 여기서 해야 할 질문은 지난 10년 동안 기후 변화가 얼마나 악화되었는지라든가 얼마나 많은 아이들이 이미 피해를 입었는지가 아니다. 나와 모든 이들이 앞으로 10년 동안 무엇을 할지가 가장 중요하다.

애나는 열여덟 살이 되면 소아과 진료 대상에서 벗어난다. 애나가 열여덟 살이 되는 2030년은 기후 과학자들의 달력에서 굉장히 중요한 시점이다. 그해까지 인류가 이산화탄소 배출량을 2010년 대비 45퍼센트(또는 2020년 대비 약 50퍼센트)까지 줄여야만 지구 평균 기온 상승의 최종 정점을 1.5도로 유지할 수 있다.[1] 달리 말해서 애나의 남은 어린 시절인 이 10년이 애나의 미래를 결정할 것이다. 이 시간이 어떤 세계가 가능할지를 결정지을 것이다.

"2030년까지 45퍼센트 감축"이라는 목표는 2018년 유엔 기후변화에관한정부간협의체IPCC의 보고서에서 제시되었다.[2] 보고서가 발표될 때 뉴스 헤드라인은 다음과 같았다. "우리에겐 세상을 구할 시간이 12년밖에 남지 않았다." 관련 전문가들은 이렇게 강력한 언어로 위기의 긴급함을 알리고 해결책도 명확히 제시하면 전 세계가 즉각적으로 대응할 것이라 생각했다.

하지만 안타깝게도 세계는 그와는 반대 방향으로 움직였다. 2010년과 대비해 이산화탄소 배출량을 45퍼센트까지 감축하려면 2030년까지 연간 이산화탄소 배출량을 179억 미터톤(1기가톤은 10억 미터톤이므로 17기가톤)으로 줄여야 한다.[3] 그러나 2023년 전 세계 이산화탄소 배출량은 사상 최고치인 40.9기가톤에 이르렀고, 그 대부분은 앞으로 수 세기 동안 대기 중에 머물 것이다.[4] 두 번째로 중요한 온실 가스인 메탄 또한 증가했다.[5]

이 잘못된 흐름은 우리가 지구의 '탄소 예산carbon budget'을 예상보다 빠르게 소진하고 있음을 의미한다.[6] 2020년 IPCC의 예산에 따르면 지구 평균 기온 상승을 1.5도 이내로 억제할 확률을 반반으로 유지하려면 "초과 상승이 없거나 매우 제한적인 초과"만 있어야 한다. 대기 중에 이미 이산화탄소 양이 상당하기 때문에 여기에 500기가톤 이상을 추가할 수는 없다. 그러나 2023년까지 우리는 탄소 예산의 최소 4분의 1을 이미 사용해버렸다.[7] 다만 희망은 있으니, 전 세계 이산화탄소 배출량이 2025년에 정점에 다다른 뒤 급격히 감소하기만 한다면 1.5도 상승이라는 목표에 필요한 탄소 예산 안에 머물 수는 있다.

미국의 목표는 조금 다르다. 미국은 역사적으로 그 어떤 나라보다 많은 이산화탄소를 대기 중에 배출해왔지만 연간 배출량은 2005년 6기가톤을 정점으로 하여 조금씩 감소해왔다.[8] 이는 석탄 화력 발전소를 천연 가스 발전으로 대체하고 풍력과 태양광을 확대했기 때문이다. 미국의 목표는 2030년까지 2005년 대비 50퍼센트로 감축하는 것이다.[9] 이 목표 달성을 염두에 두고 설계된 인플레이션 감축법Inflation Reduction Act, IRA이 2022년 8월에 통과되었다.[10] 이 법을 준수한다면 미국은 향후 10년 동안 이산화탄소 배출량을 2005년 대비 약 40퍼센트 줄일 것으로 예상된다.

물론 이 정도로는 충분하지 않다. 특히 현재 연간 이산화탄소 배출량이 미국을 크게 앞지른 중국을 비롯해 다른 국가들도 공격적인 감축 일정에 발맞춰야 한다.[11] 긍정적인 조짐도 보인다. 태양력과 풍력 에너지와 함께 배터리 가격이 급락하면서 화석 연료보다 오염을 유발하지 않는 전력 시스템이 대체로 더 저렴한 상황에 이르렀다.[12] 중국은 놀라운 속도로 친환경 에너지를 확충하고 있으며 목표도 예상한 날짜보다 더 빨리 달성하고 있다. 비록 2023년에는 세계 이산화탄소 배출량이 사상 최고치를 기록했으나 그와 함께 재생 에너지의 생산도 사상 최고치를 기록하면서 그 어느 때보다 큰 비중을 차지했다.[13] 미국에서는 이미 전력의 22퍼센트를 재생 에너지가 공급하고 있기도 하다.

요약하면 다음과 같다. 전 세계적으로 온실 가스 배출은 높은 수준으로 계속 증가하고 있다. 대기 중 오염 물질 농도 역시 사상 최고치이며 이산화탄소 농도는 약 420ppm으로 지난 400만 년 중 그 어떤 시점보다 높다.[14] 과학자들은 지구가 2도

이하의 온도 상승을 유지할 확률은 이제 5퍼센트에 불과하다고 추정한다.[15] 우리가 처한 비상 상황은 아무리 호들갑스럽게 떠들어도 지나치지 않지만, 위기의 정도에 비해 전 세계의 반응은 너무도 담담하기만 하다.

그러나 더 개선되고 저렴한 재생 에너지 기술이 발전하고, 전 세계의 활동가들이 일어서고, 미국을 비롯한 여러 나라에서 정부 정책을 내놓으면서 전 지구적 에너지 전환에 대한 가능성이 그려지고 있다. 이는 지금까지 우리가 가져본 적 없는 가장 현실적인 희망이다. 이 땅 위 수백만 명의 아이들, 그리고 애나의 삶은 이 전환이 얼마나 빠른 속도로 이루어지느냐에 달려 있다.

1.5도와 애나의 미래

10년 안에 이산화탄소의 배출량을 절반으로 줄인다는 목표는 불가능해 보일 수 있다. 하지만 2022년 스탠퍼드대학 연구팀은 세계 대부분의 국가가 그 목표를 오히려 넘어설 수도 있으며 2030년까지는 현재 화석 연료를 기반으로 한 에너지의 80퍼센트를 공인된 저비용 재생 에너지로 대체할 수 있다고 분석했다.[16] 완전한 녹색 에너지로의 전환을 통해 각국이 수조 달러를 절약할 수 있고 수백만 개의 일자리를 창출할 수도 있다고 덧붙였다. 이 분석이 분명히 보여준 것은 명확하다. 문제는 해결책의 부족에 있는 것이 아니라 정치적 의지의 부족에 있다.

그렇다면 우리가 정치적 의지를 발휘해 "2030년까지 이산화탄소 배출량 45퍼센트 감축"이라는 목표를 실제 궤도에 올려놓는다면 애나의 미래는 어떤 모습일까? IPCC는 최근에 그 '가능한 세계'에서 우리가 기대할 수 있는 온도 변화의 그래프를 공개했다.[17]

그래프에 따르면 최선의 시나리오에서도 지구의 평균 기온은 향후 수십 년 동안 10년에 약 0.1도씩 오르게 되어 있고 애나는 과거 그 어떤 세대보다 더 따뜻해진 지구에서 살아가게 된다. 애나가 고등학교를 졸업할 무렵에는 지구 온난화가 여전히 계속되어 현재의 1.2도에서 약간 상승한 1.3도 이상이 될 것이다. 애나가 28세 생일을 맞을 때는 어쩌면 결혼을 하고 아이가 생길지도 모를 텐데 이때의 기온 상승은 약 1.4도에 이른다.

2050년에 애나는 38세가 된다. 2050년은 과학자들이 말하는, 인류가 반드시 '순배출 제로net zero'✦를 달성해야 하는 바로 그해다. 그 시점에 우리가 목표를 달성한다면 인간의 활동은 더는 대기 중 이산화탄소 농도를 늘리지 않는다. 즉 우리가 배출하는 온실 가스의 양과 바다와 숲과 토양이 흡수할 수 있는 양이 균형을 이루는 탄소 중립 상태가 된다.

✦ 온실 가스 배출량과 흡수량을 같게 하여 순배출량을 '0(제로)'로 만드는 것. 2015년 파리협정의 1.5도 목표 달성을 위한 핵심 전략으로 꼽힌다.

이 이상적인 경로를 따라가면 지구의 온도 상승은 애나가 48세가 되는 2060년쯤 1.5도에 이른다. 2075년 애나가 은퇴를 준비하고 손주를 볼 준비를 할 즈음에 지구 평균 기온은 마침내 아주 서서히 떨어지기 시작한다.

좀 더 객관적으로 살펴보자. 이 시나리오는 전 세계 평균 기온의 추세선trend line에 기반을 둔 것이다. 2023년에 보았듯이 엘니뇨 현상이 지구 온난화와 겹치면서 기록적인 폭염이 나타나는 해도 있을 것이다.[18] 그런 해에는 1년간 상승 기온이 1.5도에 근접하거나 이를 잠시 넘어설 수도 있다. 그러나 앞으로는 그 수준보다 낮게 상승하는 해도 있을 수 있다. 중요한 것은 전체적인 추세다. 우리가 탄소 배출량을 더 속도를 내어 줄인다면 추세선은 시간별 평균 이동 추세를 나타내기 때문에 수십 년 동안 1.5도 임계값에 닿지 않을 것이라고 IPCC는 말한다. 반대로 화석 연료 감축을 서두르지 않는다면 추세선은 훨씬 빨리, 아마도 2030년대에 1.5도를 넘게 될 것이다.[19]

여기에는 중요한 주의 사항이 하나 있다. 최신 기후 과학에 따르면 우리가 대기 중 탄소 배출을 완전히 멈추기만 한다면 지구 온난화는 3년에서 5년 안에 멈춘다고 한다.[20] 지구가 즉시 식는 것은 아니겠지만 지구 온난화가 일시적으로 중단된다면 우리는 해수면 상승이나 극한 기후에 적응할 시간을 벌 수 있다. 이 목표를 현재 예측보다 더 빨리 달성할 수 있다면 지구의 최종 최고 기온은 더 낮아질 것이고 더 많은 생명과 생태계를 보호하고 인공 구조물도 지킬 수 있다. 간단히 말해 화석 연료를 더 빨리 퇴출할수록 아이들의 미래는 더 나아진다.

† † †

최선의 시나리오에서 애나가 성인이 되었을 때 애나를 둘러싼 세상은 지금과는 모습도 냄새도 소리도 완전히 달라져 있을 것이다. 애나가 집 현관문을 나가 거리를 걸을 때 지나가는 자동차와 트럭은 더는 매연을 내뿜지 않을 것이고 시끄러운 엔진의 진동 소리도 들리지 않을 것이다. 모든 차량이 전기차이자 자율 주행 차량으로 바뀌어 경쾌하고 조용하게, 도로에 자국 하나 남기지 않고 지나갈 것이다. 공항의 비행기들 역시 배터리로 움직이거나 새로운 탄소 중립 바이오 연료를 사용해 큰 소음 없이 이륙하거나 착륙할 것이다.

전기차들은 지금처럼 집이나 직장, 도로변 충전소에서 충전된다. 하지만 지금과는 달리 자동차가 충전하는 전기는 물론이고 세상의 모든 전기는 100퍼센트 태양광, 풍력, 수력, 지열 등 완전한 청정 에너지로 만들어진다. 전력 공급 기업들의 대규모 설비들은 거대한 배터리 시스템을 갖추어 날씨와 시간에 무관하게 안정적으로 전력 공급을 유지한다. 일부 지역에서는 배터리와 태양광 패널로 마이크로그리드microgrid라는 소규모 전력망을 설치해 여러 가구에 전력을 공급한다. 어떤 집들은 아예 전력망에서 독립해 지붕의 태양광 패널과 차고 벽에 설치된 저장 배터리만으로 전력을 자급자족한다.

애나가 출근하는 회사나 귀가하는 주택의 건축물에서는 난방기나 에어컨 대신 전기 히트 펌프로 냉난방이 조절된다. 에어컨이 여전히 쓰이고 있다면 오늘날처럼 장기간 잔류하여 강력한 온실 가스를 내뿜는 위험한 냉매를 더는 사용하지 않을 것이다.[21] 애나가 가족을 위해 음식을 만들 때는 자기 유도 가열 방식인 인덕션 전기레인지에서 요리할 것이고 아이들이 샤워할 때는 전기로 데운 물을 사용할 것이다.

요약하면 전기는 모두 무공해 에너지에서 생산되며 현재 석유와 가스로 작동하는 모든 기계는 플러그를 사용하는 기계로 대체된다.

도시는 더 뜨거워진 세상을 자체적으로 식히기 위해 여러 방편을 마련해놓았다. 공원과 정원, 거리에는 짙은 녹음과 가로수가 느리워져 사람들의 마음과 기온을 함께 식혀주고 과거에 배출되었던 이산화탄소를 흡수한다. 일부 건물은 덩굴과 이끼로 덮여 있을 것이고 여러 건물들에 옥상 정원이 설치되어 있다. 도심 곳곳에 조성된 차 없는 구역에서 사람들이 걷거나 이야기를 나눈다. 놀이터는 목재로 제작되고 천막형 그늘막으로 덮여 있다. 도로는 밝은 회색으로 칠해져 열을 덜 흡수한다. 어떤 도로는 무선 충전 기능이 있어 이 도로 위를 지나가는 전기차를 자동으로 충전해준다. 신규 건축물에 쓰이는 자재는 열을 덜 흡수한다. 태양광 패널이 주차장과 자전거 도로와 관개 수로 위에 설치되어 그늘을 만들고 수로의 증발도 막는다.

애나의 식생활도 달라질 가능성이 크다. 채소와 식물성 식품의 비중이 높아져 비만과 당뇨병과 심혈관 질환 위험이 줄어든다.[22] 애나의 가족은 더 많은 이산화탄소를 흡수하는 방식으로 토양을 관리하고 윤작을 실천하는 농부, 그리고 지속 가능한 방식으로 가축을 기르는 목축업자에게서 식재료를 구매할 것이다. 육류 섭취가 줄어들면 세계 식량 부족 문제 완화에 도움이 되고 좁은 공간에 동물을 밀집시키는 '공장식 축산'에서 발생하는 인수 공통 감염병의 위험도 낮아진다.[23] 이는 축산업, 소 방목 사육과 관련된 온실 가스 배출과 산림 파괴를 줄이는 데도 도움이 된다.[24] 현재 가공 식품 전반에 널리 쓰이는 팜유는 열대 우림을 파괴하지 않는 대체 성분으로 교체된다. 저녁 식사 후 애나의 아이들은 음식물 쓰레기를 뒷마당의 가정용 퇴비통에 넣어 이 쓰레기가 매립지에서 메탄을 내뿜지 않게 할 것이다.

서부의 거대한 산맥에는 아직 가뭄과 산불로 인한 흉터가 남아 있을 것이다. 하지만 초대형 산불은 드물게 일어날 것이다. 태양광으로 구동되는 마이크로그리드와 산악 지역 마을의 전선 지중화 때문에 머리 위에서 불꽃을 튀기며 화재를 부르는 전신주와 전선이 사라져서다. 번개로 발생하는 불은 비디오와 위성 감시 시스템이 조기에 포착해 즉시 진압할 수 있다. 한

편 캘리포니아는 기후 변화가 산불의 주원인임을 인정하고 여러 세대에 걸친 산불 진압 정책 덕분에 숲바닥에 쌓여온 덤불이 재난을 더 악화시켰다는 사실을 인지하고 수십억 달러를 들여 산림 관리 체계를 개선할 것이다. 기후 변화 때문에 나무가 죽고 말라서 불쏘시개가 되어버리기 때문이다.

이 가능한 세계에서 스모그는 도시 전설과도 같다. 도시의 공기는 시골과 별 차이가 없을 정도로 맑다. 애나는 교통량이 많은 동네에 살지만 천식이나 발달 지연된 폐를 가진 아이들이 거의 없다. 자동차가 더는 공기를 오염시키지 않기 때문이다. 독성 연기를 내뿜던 석탄과 가스 발전소와 메탄을 생산하는 파이프라인도 사라져 있다. 어느 날 애나는 아이들에게 자신이 알던 세계의 사진을 보여준다. 탁한 갈색의 공기가 도시를 담요처럼 덮고 있는 사진이다. 죽은 물고기와 새가 널려 있는 기름으로 뒤덮인 해변 사진도 있다. 매년 수백만 명이 대기 오염으로 죽어가넌 시대다. 아이들은 누가 대체 왜 그런 세상을 지키겠다고 전력을 다해 싸웠는지 모르겠다고, 도무지 이해할 수 없다고 말한다.

왜냐하면 지금 이 세계와 지금 이 경로를 그대로 따라가면 애나와 리엄, 루비, 코디, 루커스, 샤니, 다라 같은 아이들이 희생을 해야만 하기 때문이다. 고작 수명이 다한 산업을 지키겠다고 이 아이들에게 정신적 외상과 질병과 장애를 떠안기고 심지어 죽음까지 요구해야 한다. 이제는 그 산업을 떠나보내야만 한다.

처방전 너머의 염려

소아과 의사가 왜 나서서 전기와 자동차와 농장과 쓰레기 매립지 이야기를 하는 것일까? 의사들은 사회 기반 시설이나 농업에 대한 처방전을 써주는 사람들이 아니다. 하지만 내가 환경 이야기를 반복하는 이유는 내가 매일 만나는 환자들의 건강과 복지 문제에서 카시트 사용과 약 복용이나 혈액 검사와 백신만큼이나 녹색 에너지와 지속 가능한 생활이 중요해서다. 재차 말하지만 아이들의 신체와 정신은 그들이 사는 세상의 공기와 분리할 수 없다. 대기의 건강과 아이들의 건강이 하나처럼 맞물려 있다. 독성 물질을 대기로 배출하는 행위를 이제는 멈춰야 한다고 결심하고 난 뒤 우리가 취하는 조치는 향후 아이들의 삶에 막대한 영향을 미친다.

내가 상상하는 실현 가능한 세계에서 사람들은 지구의 공기를 우리 몸처럼 아끼고 돌보는 일이 몸에 배어 있다. 너무 현실성이 떨어지는 이야기처럼 들린다면 인류가 과거에 겪은 위기 하나를 떠올려보자. 19세기에 콜레라 유행이 발발하면서 미국의 일부 도시에서는 전체 인구의 5퍼센트에서 10퍼센트가 사망했다.[25] 현대인들은 상상하기 어렵겠지만 이렇게 병이 삽시간에 퍼진 이유는 당시까지만 해도 음용수로 사용하는 강물에 생활 오수가 흘러들어가지 못하게 막아야 한다는 것을 사람들이 이해하지 못해서다. 그래서 눈에 보이지 않는 유기체인 콜레라균*Vibrio cholerae*이 그렇게나 많은 사람들을 병들게 한 것이다.

미래의 역사학자들은 인간이 같은 교훈을 깨닫기까지 왜 이렇게 오랜 시간이 걸렸는지 놀랄지도 모른다. 공기도 식수와 똑같은 이치다. 오늘날의 녹색 에너지 기술은 선진국에서 콜레라와 다른 수인성 질환을 막아주었던 상하수도 시설과 동급의 혁명이라고 할 수 있다. 상하수도 시스템 구축은 역사상 가장 위대한 보건상의 성취이지만 재생 에너지의 혜택은 그보다 더 영향력이 클 것으로 보인다. 실제로 한 권위 있는 의학 저널은 기후 위기를 "가장 큰 전 지구적 위기"이자 "21세기 최대의 전 지구적 보건 기회"라 일컬었는데 '녹색 혁명'이 가져올 건강상의 파급 효과가 매우 크리라 기대되기 때문이다.[26] 화석 연료가 기후 재앙까지는 초래하지 않는다고 해도 화석 연료 사용을 다른 에너지로 대체하는 과정에서 우리 인간의 폐와 심장과 뇌에 헤아릴 수 없는 이익을 가져다줄 것이다. 2100년까지 미국에서만 대기 오염 관련 사망자 450만 명을 예방할 수 있을 것으로 예상된다.[27]

우리는 이미 그 전환을 이루기 위해 필요한 기술과 지식을 보유하고 있다. 애나가 살아갈 미래를 그리며 내가 제시한 세계를 만들기 위해서 갑자기 하늘에서 뚝 떨어진 신기술이 필요한 것은 아니다. 우리 발밑에 있는 지각판이 서서히 이동하는 것처럼 이 나라는 이미 수년간 그 방향으로 움직여왔다. 그리고 이제 큰 지진이 다가오고 있다.

최근 통과된 인플레이션 감축법이 그 이유가 될 수도 있다.[28] 과거 기후 입법 실패의 교훈을 바탕으로 만들어진 인플레이션 감축법은 '채찍'이 아닌 '당근'에 의존한다. 명령, 규제, 처벌이 아닌 세금 공제와 인센티브를 제공해 기업이 스스로 녹색 기술을 채택하도록 유도하는 것이다. 풍력 터빈, 태양광 패널, 전력 저장용 배터리의 제조와 설치를 촉진하고 미국을 친환경 에너지 혁명 산업 중심지로 만들기 위해 수십억 달러가 투입된다. 이 법안은 가정 탈탄소화 프로그램을 지원해 각 가정의 가스레인지나 가스보일러 같은 기기를 인덕션 같은 전기식 대안으로 교체할 수 있도록 돕는다. 전기차 구매에 보조금을 지원하고 전기차 충전 시설도 확충한다. 또한 이 법안은 거의 1세기 전 대공황기에 농부들이 더스트볼Dust Bowl♦을 극복하도록 했던 뉴딜 정책의 정신을 계승하여 농업 분야의 자발적인 보전 프로그램을 지원한다.[29] 이 프로그램의 목표는 농업에서 배출되는 온실 가스를 줄이고 작물과 나무와 토양의 탄소 흡수를 늘리는 것이다.

이러한 프로그램 중 일부는 지난 10여 년 동안 민간 산업이 닦아놓은 기반이 없었다면 실행되기가 어려웠을 것이다. 우리 병원에서 동쪽으로 몇 킬로미터 가면 나오는 사막 지대에

♦ 1930년대 오랜 가뭄이 지속되자 미국 중서부와 대평원을 휩쓸었던 모래 먼지 폭풍을 가리킨다. 토양을 침식시켜 농작물에 심각한 피해를 입혔다.

서도 인상적인 진전이 일어나고 있다. 2016년 그 지역에 테슬라가 파나소닉과 협력해 자사의 차량용 배터리를 생산하는 초대형 기가팩토리를 세웠다.[30] 나의 환자의 부모들 중 상당수가 그 공장에서 일하고 있으며 공장은 수요를 감당하기 위해 하루 24시간 가동 중이다.

테슬라의 성공에 대응해 GM과 포드와 폭스바겐 같은 주요 자동차 제조사는 향후 수십 년 안에 자사 차량을 전기화하겠다는 계획을 발표했고 저렴한 전기차 모델도 개발 중이다.[31] 한편 네바다를 비롯해 열 개가 넘는 주가 '친환경 자동차' 규제를 채택해 전기차 보급을 장려했고 미국환경보호청EPA도 비슷한 조치를 취했다.[32] 2023년 전기차는 전 세계 자동차 판매의 16퍼센트에 불과할 것으로 예상되지만 이는 2019년에 비하면 6배에 달하는 수치이며 앞으로도 확실히 증가할 것이다.[33] 2016년 이후 테슬라의 가파른 확장은 앞으로 10년 동안 무엇이 가능한지에 대한 희망을 보여준다.

한편 많은 지역의 전력 회사는 고객이 사용하는 전력의 전부 혹은 일부를 청정 에너지로 대체해 구매할 수 있도록 허용하고 있다.[34] 마우스 클릭 몇 번이면 가입할 수 있고 집의 구조를 변경하거나 새 시설을 설치할 필요도 없다. 다만 소액의 추가 요금이 붙을 수는 있다(네바다에 있는 우리 집의 경우 한 달에 1.5달러도 되지 않는다). 이미 미국인 중 일부는 전기차를 사용하면서 1인당 온실 가스 배출량을 절반 이상으로 줄이고 있다. 전력 회사나 지붕에 설치한 태양광 패널에서 공급받은 청정 에너지로 전기차를 충전하기 때문이다. 이러한 조치들이 아직 많은 사람들에게 재정적으로 부담을 주는 것은 사실이지만 인플레이션 감축법이 제공하는 각종 인센티브 덕분에 재정적으로 감당할 수 있는 수준으로 바뀌고 있다.[35]

아이가 있는 사람들이 지금 바로 시도할 수 있는 방법도 있다. 자녀와 함께 미국의 환경 운동가 폴 호컨이 엮은 책『플랜 드로다운』을 읽거나 관련 웹사이트(drawdown.org)를 찾아보는 것이다.[36] 또한 미국의 작가 메리 데머커의『기후 혁명을 위한 학부모 가이드 The Parents' Guide to Climate Revolution』같은 책에서 아이들과 함께할 수 있는 기후 행동 프로젝트를 알아볼 수 있다.[37] 일부 기후 활동가들은 이러한 개인적 실천 중심의 접근에 반대하기도 한다. 물론 우리가 더 큰 규모의 변화를 가져올 수 있는 기업에게 책임을 물어야 한다는 의견도 타당하다. 실제로 온실 가스의 약 4분의 3이 단 100개의 기업에서 배출된다.[38] 1988년 미국항공우주국의 과학자 제임스 핸슨이 의회에서 기후 변화를 경고했으나 그간 화석 연료 기업은 의도적으로 개인의 '탄소 발자국 carbon footprint'♦ 개념을 홍보하여 기업의 책임을 회피하려는 시도를 거듭해왔다.

♦ 사람이 활동하거나 상품을 생산하고 소비하는 과정에서 직간접적으로 발생하는 이산화탄소 총량.

하지만 환경 운동 문제에서 여러 선택지 중 하나를 더 강조할 필요는 없다. 개인과 공공 기관과 기업의 행동은 서로 경쟁 관계에 있지 않고 반복된 시행착오를 통해 개선되는 선순환 구조를 이룬다. 개인 소비자들이 친환경 전력과 상품을 선호하고 선택했기 때문에 관련 회사들이 친환경 사업을 확대할 수 있었다. 인플레이션 감축법의 성과를 보면 알 수 있듯이 우리 손으로 선출한 정부가 관련 산업의 시동을 걸고 방향을 잡아주는 역할을 한다.[39]

개인의 행동이 중요한 이유는 그 행동이 우리의 마음을 변화시키기 때문이다. 행동하면서 절망과 무력감을 깨고 나올 수 있다. 행동은 우리에게 힘이 있다는 감각을 주어 이 거대한 전 지구적인 위기에 지지 않겠다고 생각하게 한다. 나에게 힘이 있고 희망이 있다는 감각에는 전염성이 있다. 이 감각은 바닷물을 퍼내는 숟가락 하나를 양동이로, 나아가 수많은 사람들의 연대로 바꾸어놓을 수 있다.

지구는 인간의 사정과 타협하지 않는다

개인의 힘을 가장 뚜렷하게 증명해 보인 이들은 청소년 기후 활동가들이다. 수천 명의 청소년들이 2021년 스코틀랜드 글래스고에서 열린 제26차 유엔 기후변화협약 당사국 총회에 모였고 그 광경을 본 많은 사람들이 그들의 운동이 처음에 어떻게 시작되었는지를 떠올렸다. 스웨덴의 한 십 대 소녀가 일주일에 한 번씩 의사당 앞에 앉아 손수 만든 팻말을 들고 서 있었다. 그레타 툰베리의 '미래를 위한 금요일Fridays for Future'과, '선라이즈 무브먼트Sunrise Movement' 같은 다른 청소년 기후 단체들은 내가 만나는 환자들에게서 보았던 '기후 슬픔climate grief'이 투쟁과 시위를 통해서 가벼워질 수 있음을 보여주었다. 분노 또한 희망과 마찬가지로 사람을 움직이게 하는 감정이다.[40] 아이들과 청소년은 자본도 없고 투표권도 없지만 도덕적 힘 하나로 정당하지 않은 세상과 맞서 싸우고 있다.

젊은 세대는 법정에서도 급진적인 목소리를 냈다. 가장 대표적이고 상징적인 사례가 줄리아나 대 미국Juliana v. United States 소송이다.[41] 원고인 청소년들은 연방 정부가 기후 변화를 악화시키는 정책을 지속하며 "헌법에서 보장된 기본권인 생명권, 자유권, 재산권 등을 침해했다"고 주장했다. 이외에도 미국의 다른 주와 세계 각국에서 비슷한 기후 소송이 제기되었고 사회적 쟁점이 되었지만 최근까지만 해도 이러한 시도는 대부분 법원에서 가로막혔다.[42] 줄리아나 사건에서도 제9연방순회항소법원은 놀랍게도 원고인 청소년들의 주장에는 법적 근거가 없다며 최종 기각 판결을 내렸다.[43]

그러나 2023년 8월 중대한 돌파구가 열렸다. 몬태나의 한 판사가 화석 연료 개발 허가를 검토할 때 기후 변화를 고려하

지 않은 것은 위헌이라며 주 정부를 상대로 소송을 제기한 청
소년들의 손을 들어준 것이다.[44] 법원은 몬태나주 헌법에 명시
된 "깨끗하고 건강한 환경을 누릴 권리"가 침해되었다고 판결
했다. 청소년들은 악화되는 대기 오염과 산불과 폭염이 건강을
해쳤다고 증언했고 소아과 의사 로리 바이런 박사가 이들을 주
장을 뒷받침할 증인으로 나섰다.[45] 현재 항소 절차가 진행 중이
지만 많은 기후 활동가들은 헬드 대 몬태나Held v. Montana 소송이
앞으로의 기후 변화 소송에 중요한 영향을 미칠 판례가 되기를
희망하고 있다.◆

같은 달 에콰도르의 청소년들과 원주민 활동가들은 또 하
나의 주목할 만한 성과를 이끌어냈다.[46] 10년에 걸친 캠페인 끝
에 에콰도르 국민은 국민 투표를 실시하여 야수니 국립공원에
서 신규 석유 채굴을 금지하기로 결정했다. 아마존에 속하는 야
수니는 지구상에서 생물 다양성이 가장 풍부한 곳 중 하나이며
외부와 접촉하기를 거부하는 최후의 원주민 공동체가 거주하
는 지역이기도 하다. 기존의 유전 개발은 계속되겠지만 작고 가
난한 나라인 에콰도르는 국민이 직접 투표를 통해 석유를 땅속
에 그대로 두기로 선택한 최초의 나라가 되었다.

연례 유엔 기후변화협약 당사국 총회는 그보다는 덜 고무

◆　2024년 12월 몬태나주 대법원은 6대 1의 의견으로 원고들이 승소한 하급심
의 판결을 그대로 확정했다.

적이었다. 청소년 단체들이 분명한 존재감을 보여주었으나 글래스고 회의 자체의 결과를 두고는 평가가 엇갈렸고 많은 활동가들이 깊은 실망감을 표했다. 청소년들은 거리 시위를 이어갔지만 석유와 가스와 석탄 업계를 대표하는 회의장 안 500명의 인사들은 어느 단일 국가 대표단보다 많은 숫자였다. 이들은 조용하고 은밀하게 움직이며 결국 이들의 산업을 떠맡게 될 미래 세대의 요구를 또 한 번 무시했다.[47]

2023년 두바이에서 제28차 유엔 기후변화협약 당사국 총회가 열렸을 때는 화석 연료 로비스트의 수가 거의 2500명으로 불어났다.[48] 회의는 세계 유수의 산유국 중 하나에서 개최되었고 그 회의를 주재한 사람은 아랍 에미리트의 국영 석유 회사를 운영하는 술탄 아흐마드 알 자베르였다. 회의의 합의문에 기후 위기의 주된 원인으로 화석 연료가 언급되었고 이는 30년 만에 처음으로 나타난 변화로서 일부 찬사를 받았다.[49] 그러나 화석 연료의 완전한 전환에 대해서는 모호하게 넘어가 지금 이 순간 긴급한 조치가 실행되어야 함을 이해하는 사람들은 참담함을 금치 못했다. 전 세계가 제2차 세계 대전 수준으로 힘을 총동원하여 노력해야 10년 안에 탄소 배출량을 절반으로 줄일 수 있다. 제21차 유엔 기후변화협약 당사국 총회의 파리협정에서 전 세계가 최대 1.5도의 목표를 지키기로 약속한 지 여러 해가 지났지만 화석 연료 기업들은 여전히 그 목표를 실현하는 과정을 가로막고 있다.

기후 과학자 마이클 만과 작가 수전 조이 해술은 다음과 같이 지적한다. "청소년들은 불안과 절망과 정당한 분노를 느낄 수밖에 없다. 진전은 너무 느리고 충분하지 않으며 악의적인 행위자들이 방해물들을 창조하고 있다."[50] 위기가 심화되는 와중에 기후 변화에 민감할 수밖에 없는 청소년과 젊은 세대는 권력자와 결정권자 들이 현실과 타협하는 모습을 지켜보고 있다. 여전히 많은 사람들이 간과하는 사실이 있다. 지구의 대기는 선거의 결과나 대기업 주주의 이익에는 관심이 없으며, 물리 법칙은 결코 인간의 사정과 타협하지 않는다는 점이다.

"친애하는 친구들에게"

어떤 아이들은 다른 방식으로 목소리를 높인다.

릴리언 포르투나는 얼 살 때 처음 그레타 툰베리의 잭 『변화를 만들기에 너무 작은 사람은 없다No One Is Too Small to Make a Difference』를 읽었다.[51] "정말이지 머리에 크게 한 방을 맞은 것 같은 느낌이었어요. 너무나 생생한 현실이었어요." 그 책을 읽은 지 2년이 지난 지금 릴리언은 나에게 말한다. "선생님. 저는 그 책을 읽고 약간 인간이 싫어졌었어요. 어떻게 지구에 그런 짓을 할 수가 있을까요? 너무너무 슬펐고 화도 났어요."

2020년 봄은 뉴욕시에서 코로나19가 처음 대규모로 확산되던 시기였다. 릴리언과 가족은 브루클린의 아파트를 떠나 뉴욕 북부의 외딴 농가에서 임시 거주하던 상태였고 고립된 환경에서 홀로 환경 책을 읽으며 지내던 초등학생 4학년 아이는 세상의 무게를 짊어지기 시작했다. "저는 그냥 집에 앉아서 기후 변화에 대한 책만 읽고, 일어나는 일을 보고만 있잖아요. 제가 할 수 있는 일이 하나도 없다고 느꼈어요."

이제 중학교 1학년인 12살의 릴리언은 다시 브루클린으로 돌아왔고 엄마 옆에 앉아 나와 원격 화상 통화로 이야기하고 있다. 릴리언은 체조 유망주이고 외모 또한 그렇게 보인다. 몸집이 작고 탄탄하며 헐렁한 파란 티셔츠를 입고 빨간 생머리를 하나로 단정하게 넘겨 묶었다. "아이가 그때 많이 우울해했어요." 엄마 밀라가 말한다. 밀라는 딸에게 많은 어른과 아이 들이 기후 위기에 대해 똑같이 느끼고 있다고 말했다. 무언가 도움이 되고 싶지만 어떻게 도와야 할지 모른다는 것이다. 밀라는 릴리언에게 매달 친구와 가족에게 편지를 써서 보내보자고 제안했다. 편지 한 통마다 사람들이 생활에서 실천할 수 있는 단 한 가지 행동만이라도 적어보는 것이다. "뭐라도 하니 훨씬 낫더라고요. 아이가 느끼는 절망에 대한 가장 좋은 해독제는 행동이었어요." 엄마 밀라는 말한다. "릴리언은 사람들도 무심하지 않다는 것, 관심을 보이고 있다는 것을 알아야 할 필요가 있었죠."

릴리언은 기후 변화에 대해 검색하고 공부한 후에 첫 번째 편지에서는 기후 변화 자체가 아니라 기후 변화와 관련된 자신의 관심사를 써보기로 했다. 동물이 처한 곤경에 대해서였다. "친애하는 친구들에게"라고 시작하는 릴리언의 편지는 먼저 동남아시아에서 코코넛 따기 강제 노동을 당하는 원숭이들의 학대 실태를 설명했다. "원숭이들이 감정을 못 느끼는 게 아닙니다. 이 일을 당하면서 아주 강한 분노를 느껴요." 릴리언은 원숭이 중에 한 마리가 멀리 있는 감독관에게 코코넛을 던져 그를 죽이기까지 했다고 썼다. 그리고 독자들에게 원숭이 노동 착취 기업을 보이콧하자고 호소했다. 편지는 이렇게 끝냈다. "진심을 담아, 릴리언이 보냄."

첫 편지가 친구들의 긍정적인 반응을 얻자 릴리언은 기운이 났다. 그 이후 릴리언은 "친애하는 친구들에게"라고 시작하는 편지를 70여 통 작성했다. 매번 새로운 종류의 동물과 환경 문제를 다루었고 상당수는 기후 변화에 초점을 맞추었다. 릴리언은 더 많은 독자층 확보를 위해 웹사이트(madplanet.org)도 만들어 편지를 게시한다.

그러나 릴리언이 시도했던 가장 영향력 있는 프로젝트는 또 다른 세계적인 재난 이후에 시작되었다. 2022년 초에 발생한 러시아의 우크라이나 침공이었다. 침공이 시작된 지 사흘 뒤에 릴리언은 기후 활동가 빌 매키벤의 글을 읽었다.[52] 매키벤은 당시 조 바이든 대통령이 한 가지 조치만으로 기후 위기와 우크라이나 위기를 동시에 해결할 수 있다고 주장했다. 국방물자 생산법 Defense Production Act, DPA◆을 발동해 유럽에 보낼 수백만 대의 히트 펌프를 제조하는 것이었다. 난방 시스템 난로나 보일러를 대체하는 고효율 전기 기기인 히트 펌프는 태양력이나 풍력 같은 재생 에너지로 가동될 수 있다. 유럽이 신속히 히트 펌프로 전환하면 동시에 세 가지 이익을 얻을 수 있었다. 러시아산 석유와 가스에 대한 의존도를 줄이고 러시아 군대의 주요 자금줄을 끊고 전 세계를 위협하는 온실 가스 배출까지 줄일 수 있었다.

릴리언은 크게 고무되었다. 먼저 웹사이트(change.org)에 청원을 올려 대통령이 매키벤의 조언을 따르도록 촉구하기로 했다. "히트 펌프를 유럽에 보내 푸틴을 멈춥시다"라는 제목의 청원이었다. 이 소식을 접한 매키벤과 작가 리베카 솔닛이 청원에 서명했고 이후 매키벤은 릴리언을 인터뷰한 짧은 동영상을 온라인에 게시했다. 몇 주 만에 3000명 이상이 서명했고 마침내 이 제안은 대통령의 책상 위까지 올라갔다.[53]

"리베카 솔닛과 빌 매키벤이 우리 아이에게 직접 연락을 주었다는 게 믿기지 않았어요. 딸이 영웅처럼 존경하는 어른들이 이렇게 말해준 거잖아요. '우리는 너를 보고 있어, 우리 함께 해보자, 다음엔 뭘 같이 하면 좋을까?' 정말이지 선한 영향력이었죠."

♦ 전쟁·비상사태 시 국가 안보에 필요한 물자와 서비스를 신속히 확보하기 위해 연방 정부의 권한을 확대할 수 있는 법.

이후 더 놀라운 일이 일어났다. 2022년 6월 바이든 대통령은 실제로 국방물자생산법을 발동해 히트 펌프와 태양광 패널 같은 녹색 기술의 제조 확충을 지시했다.[54] 그해 10월에 릴리언은 대통령으로부터 개인 서신을 받았다. "릴리언 같은 청소년이 이와 같은 문제에 대해 계속 목소리를 내는 것이 중요합니다. 항상 기억하세요. 여러분이 일어나 말을 하면 어른들은 듣습니다."

"정말로 멋지지 않아요?" 릴리언은 환하게 웃는다.

† † †

릴리언에게 매키벤과 솔닛의 응원이 얼마나 큰 의미였는지를 듣고 난 다음 나는 두 작가에게 연락해서 그들의 생각을 묻고 싶어졌다. 이 어린 소녀의 청원과 활동은 그들에게 어떤 영향을 수었을까? "아이의 신심이 통했나고 생각합니나. 그 진지함이 많은 사람들을 행복하게 했어요." 매키벤은 그렇게 답했다.[55] 그는 자신이 창립한, 60세 이상 어른들이 기후 행동에 참여하도록 돕는 단체인 '세 번째 행동Third Act'을 통해 릴리언과 이야기를 나눌 기회가 있었다고 말했다.[56] 그들의 활동 중 많은 부분이 '세대 간 협력'에 비중을 두며, 릴리언 같은 청소년들과 함께 일하기 위해 더 노력한다고 했다.

솔닛은 더 넓은 시각에서 릴리언을 칭찬했다.[57] "양가감정이 들지요. 아이들이 이렇게 거대하고 위협적인 문제를 고민해야 한다는 게 마음이 아프면서도 그 아이들이 자신만의 방식으로 행동하며 나아가는 길을 찾는 것을 보면서 기쁘죠. 행동은 더 큰 맥락에서 실제로 중요하기도 하고 무력감과 좌절을 치유하는 데도 엄청난 힘을 지니고 있기 때문이죠." 그런 관점에서 솔닛은 릴리언의 사례가 자신을 포함한 많은 사람들에게 큰 영감을 주었다고 말했다.

† † †

최근 릴리언의 활동은 더 가까운 일상을 중심으로 돌아가고 있다. 우크라이나 청원이 성공한 뒤 릴리언의 엄마는 55세대 규모의 브루클린협동주택이사회를 설득해 건물의 낡은 보일러를 교체하기 전에 히트 펌프 설치가 가능한지 검토해보자고 했다. "뉴욕의 많은 노후 건물이 이 방법을 탐색하고 있어요." 밀라는 뉴욕시의 건물 탈탄소화 정책을 언급했다.[58] "쉬운 절차도 아니고 벽도 높아요. 하지만 우리가 설치할 방법을 찾으면 다른 건물들도 따라 하게 될 수 있어요." 밀라는 옆에 앉은 딸을 존중과 사랑을 담은 눈으로 바라본다. "당연히 열심히 문을 두드리고 시도해야죠." 이사회는 여름철 열 흡수를 줄이기 위해 건물 옥상에 반사 페인트로 코팅하는 것을 계획 중이며 히트 펌프로 전력을 공급받는 온수기 설치도 알아보고 있다. 태양광 패널 설치도 검토하고 있다고 했다.

"제가 어떤 것들에 대해 배우고 알리잖아요. 그러면 실제로 사람들이 행동에 나서요. 그 모습을 보면 굉장히 벅차요." 릴리언이 씩 웃으며 말한다. "우리 부모님만 제 말을 들어주셔도 기쁜걸요." 릴리언의 아빠 역시 동참했다. 자신이 다니는 회사의 경영진에게 화석 연료 개발 사업에 자금을 대는 은행으로부터 자본을 회수해야 한다고 설득하고 있다. 이것이 릴리언의 최근 관심사다. 금융 기관이 우리의 돈을 화석 연료 개발 산업에 어떻게 사용하고 있는지 알아보고 우리가 왜 그런 은행에서 다른 은행으로 계좌를 옮겨야 하는지 생각해보는 것이다. 물론 친애하는 친구들에게 보내는 편지를 앞으로도 계속 작성할 계획이다.

† † †

밝고 당차고 똑똑한 아이인 릴리언과 대화를 나누면 즐겁다. 아이는 매우 진지하지만 유머 감각도 있다. 2019년 뉴욕시에서 열린 기후 파업에 엄마와 함께 갔던 이야기를 전하며 깔깔 웃는다.[59] 그때 자기는 그레타 툰베리가 누구인지도 몰라 툰베리가 앞에서 연설을 하고 있는데도 레모네이드를 사러 가자고 엄마에게 떼를 썼다고 했다.

지금 이 소녀는 자신이 존경하는 유명한 활동가를 닮아가고 있다. 나는 한 어린 사람이 시작한 변화의 파문이 점점 퍼져서 다른 파도를 만나고 더 커지기를 바라게 된다. 나는 물었다. 혹시 너처럼 행동하고 싶은 사람들에게 해줄 조언이 있다면? "누구든 기후 변화에 대해 배우기만 하면 돼요. 그리고 자기가 알게 된 사실을 다른 사람들에게 전하는 거예요. 그것만으로도 도움이 되는 것 같아요." 긍정적인 마음을 유지하는 것이 중요하다는 말도 덧붙였다. "저는 사람들이 알았으면 좋겠어요. 아직 문제를 풀어갈 방법이 많고 끝난 게 아니라는 걸요."

통화를 마치기 전에 물었다. 만약 엑손모빌이나 셰브론의 최고 경영자에게 말할 기회가 생긴다면 무슨 말을 하고 싶을까? "그들이 지금 어떤 해를 끼치고 있는지, 우리에게 남은 시간이 실제로 얼마인지 알려주려고 노력할 거예요. 왜냐하면 지금은 정말 심각하니까요. 그 어른들이 이해를 못했을지도 몰라요. 그래서 지금 하던 대로 계속 하는 건 아닐까요?"

당연하면서도 순진한 말이었다. 힘 있는 사람들이 기후 변화를 릴리언처럼 이해하고 있다면 왜 릴리언을 비롯한 어리고 젊은 사람들, 릴리언이 사랑하는 동물과 자연을 보호하기 위해 행동하지 않는 걸까?

다행히도 대부분의 어른들은 석유 기업 임원들만큼 냉정하지 않다. 릴리언도 이 싸움을 혼자 하고 있지는 않다. 아이들을 아끼는 어른들 역시 함께 전쟁에 나서고 있다. 저항하는 것이 최선의 대처 방법이기 때문만이 아니다. 승리하기 위한 유일한 방법이기 때문이다.

어렵더라도, 절망보다는

2022년에 기후 활동가들은 맞서 싸우는 것이 중요하다는 점을 여러 차례 증명해 보였다. 마침내 수년간의 노력이 몇 차례의 귀한 승리로 이어졌다. 그중 가장 중요한 것이 인플레이션 감축법의 발효다. 이 법안이 통과된 지 한 달 뒤에 미국 상원은 수소불화탄소의 단계적 감축을 수용하기 위한 국제 조약인 키갈리 개정안Kigali Amendment도 비준했다.[60] 주로 냉장고와 에어컨에 쓰이는 냉매인 수소불화탄소는 매우 강력한 온실 가스의 주범이다. 키갈리 개정안으로 수소불화탄소는 좀 더 친환경적인 대체 물질로 교체될 것이며 2100년까지 지구 평균 기온 상승은 최대 약 0.5도 억제 가능하다.

미국 내 일부 주들은 이산화탄소와 메탄 오염을 줄이기 위한 새로운 조치들도 도입했는데 그 중심에는 캘리포니아가 있다. 단일 주로서 세계 최대급의 경제 규모를 지닌 캘리포니아는 머지않아 화석 연료를 사용하는 승용차, 난방기, 온수기 판매를 금지하겠다고 발표했으며 이 결정은 미국 전역에 큰 파장을 일으킬 것으로 보인다.[61]

이런 움직임은 전 세계적 동향을 바꾸고 있다. 『디 애틀랜틱』은 평한다. "오랜 시간 기후 문제에서 거의 손을 놓고 있던 미국은 현재 기후 정책의 작은 황금기에 들어선 듯하다."[62] 그러나 앞으로의 길은 여전히 험난할 것이고 음험한 이해 관계자들은 여전히 강력한 의지로 싸움에 임하고 있으며 결과도 단언할 수 없다. 앞으로 인류에게 어떤 일이 일어날지는 결국 우리 모두에게 달려 있다.

인류는 지금도 지구 온난화를 1.5도로 억제할 수 있는 도구를 갖추고 있지만 현재의 궤도만을 살펴보면 그 목표 지점을 벗어날 것으로 보인다. 각국이 약속한 국제적 감축 계획을 모두 지킨다고 해도 2100년의 지구에는 산업화 이전 대비 2.5도에서 2.9도가 상승하는 온난화가 닥칠 것으로 예상된다.[63] 몇 년 전에 비해서는 나아진 전망이지만 이 미래는 여전히 두렵고 용납할 수 없다.[64] 기후 과학자 캐서린 헤이호는 다음과 같이 말한다. "사람들은 지금 벌어지고 있는 일의 규모를 이해하지 못합니다. 과거 우리가 본 어느 것보다 클 것입니다. 전례가 없을 정도고 지구 위 살아 있는 모든 존재가 영향을 받을 것입니다."[65]

애나 같은 어린 세대들은 다른 세계를 물려받게 될 수도 있다. 막강한 이익 집단이 자신들의 이익을 챙기고 그 비용을 다른 모든 이들에게 떠넘기는 세계, 비옥했던 토지의 많은 부분

◆ 하지만 2025년 1월 미국 대통령 취임 직후 도널드 트럼프는 2015년 제21차 유엔 기후변화협약 당사국 총회에서 채택된 파리협정에서 탈퇴하는 행정 명령을 내리고 유엔에 보내는 통보 서한에 서명했다.

이 사람이 살 수 없는 황무지로 변하고 그에 따라 기근과 폭력과 이주를 피할 수 없는 세계, 생태계가 파괴되고 무수한 동식물이 사라진 세계, 해수면 상승 속도가 너무 빨라 해안 도시들이 적응할 시간을 얻지 못한 채 내륙으로 이동한 세계, 수많은 아이들이 다치고 아프고 잠재력이 꺾여버리는 세계가 올지도 모른다.

우리는 이미 그런 세계의 도입부에 살고 있다고 할 수 있다. 지금까지 일어난 지구 온난화는 되돌릴 수 없다. 지금 이 순간에도 우리의 환경과 사회를 뒤흔들고 있는 변화에 대해서 손을 쓸 수가 없다. 그 영향은 인간의 건강에도 나타나고 있으며 나는 이 변화를 매일 병원에서 피부로 느낀다.

그러나 우리가 아이들에게 물려줄 세계에서는 탄소 단 1킬로그램, 기온 0.1도, 한 달의 시간만으로도 큰 차이를 만들 수 있다. 아이들의 미래를 파괴하려는 흐름에 협조하지 않겠다고 단호하게 결심해야 한다. 우리의 목소리와 소중한 투표권과 지갑을 사용해 친환경 에너지를 하루빨리 도입하고 석유와 가스와 석탄의 종식을 앞당길 수 있어야 한다. 지금 아이들은 응급실에 가야 하는 상황에 직면해 있지만 화석 연료 산업이 구급차를 가로막고 서 있다. 한발 늦은 치료는 아무 도움이 되지 않는다. 예방이야말로 최고의 치료다.

그래서 나는 환자의 부모들이 무엇을 할 수 있겠냐고 물으면 이렇게 대답한다. 먼저 자신의 집과 아파트와 동네와 일터와 도시와 지역을 돌아보며 질문을 던지라고 한다. 우리 집에 가스가 필요한 기기들이 있는가? 전기 사용 제품으로 대체하면서 정부 정책의 혜택을 받을 수 있지 않을까? 휴대전화를 충전하거나 전자레인지로 음식을 데울 때 우리 집의 전기는 어디에서 오는가? 우리 지역의 발전소는 어디에 있으며 그 발전소에서는 무엇을 태우고 있는가? 내가 전력을 공급받는 기관은 화석 연료 사용을 중단하고 재생 에너지로 전환하려는 계획이 있는가? 전력 발전소에서 우리 집에 이르기까지 전기는 어떤 경로로 이동하는가? 그 전력망은 지역 사회의 필요를 충족하고 있는가?

전력 회사와 시 의회와 주 의회는 에너지와 도시 계획에 관한 회의를 수시로 열고 그 자리에서 시민들의 의견을 요청하는 경우가 많다. 이곳에서 우리는 청정 에너지와 녹지 공간의 확대를 지지하는 목소리를 낼 수 있고 이런 방향으로 전환하는 것이 우리 아이들의 건강에 어떤 의미가 있는지 설명할 수도 있다. 또한 내가 사는 도시나 지역이 매년 얼마나 많은 탄소를 배출하고 있고 그 배출원이 무엇인지 알아볼 수도 있다. 교통량인가? 발전소인가? 산업이나 쓰레기 매립지나 건물이나 농업인가? 지역 정부 또는 주 정부는 이 각각의 범주에서 탄소 배출을 줄이기 위해 어떤 노력을 기울이고 있는가?

많은 주와 지방 자치 단체는 목록별로 탄소 배출량의 자료를 구축한 '기후 행동 계획climate action plans'과 온실 가스 인벤토리GHG inventories를 작성해두었다.[66] 만약 내가 사는 주에 이 자료가 없다면 그것을 만들도록 요구할 수 있다. 이미 있다면 현재 배출량과 그 배출원의 그래프나 표를 찾아보고 2030년 목표와 2050년 목표를 이룰 수 있는지 알아보자. 나의 지역 사회가 목표 달성까지 가기 위한 올바른 궤도에 있는가? 그렇지 않다면 무엇을 더 해야 하는가?

나와 다른 부모들이 이러한 목표를 근거로 삼고 공공 기관과 지역 사회가 올바른 방향으로 움직이도록 압박할 수 있다. 내가 사용하는 전력 회사는 재생 에너지 옵션을 제공하는가? 제공하지 않는다면 그 이유는 무엇인가? 나의 집주인이나 직장 상사는 그 옵션에 가입했는가? 내가 사는 주택의 주차장에 전기차 충전용 콘센트가 설치되어 있는가? 시 의회나 주 의회는 '순배출 제로'를 신속히 달성하기 위해 신축 주택에서 천연 가스 사용을 금지하는 조치를 취하고 있는가? 시나 구에서 폭염, 산불, 가뭄, 폭우, 태풍 발생에 어떤 대비를 하고 있는가? 특히 이런 지연 재해에 가장 취약한 서소득층을 위해 어떤 준비를 하고 있는가?

만약 운 좋게도 은행에 저축을 하거나 투자를 할 여유가 있다면 나의 돈이 어디서 어떻게 사용되고 있는지 꼼꼼히 살펴볼 필요가 있다. 미국의 주요 대형 은행들인 체이스, 시티뱅크, 웰스파고, 뱅크오브아메리카 등은 여전히 화석 연료 개발 계획을 지원하고 있다.[67] 만약 이런 은행의 신용 카드나 예금 계좌를 갖고 있다면 그것이 당신 개인의 탄소 발자국에 가장 큰 비중을 차지하고 있을 수 있다. 나의 직장 연금이나 국가 연금은 화석 연료 투자를 중단했는가? 대체로 화석 연료에 기반을 두는 전력에 의존해 막대한 에너지를 소비하는 암호 화폐 투자를 하고 있는가?[68] 내가 졸업한 대학의 발전 기금은 어디에 사용되고 있는가?

우리 아이들이 다니는 학교 역시 기후 변화를 대비하고 아이의 건강 개선에 앞장설 수 있는 훌륭한 장소다. 학교가 난방기와 에어컨을 히트 펌프와 태양광 패널로 교체하도록 요구할 수 있고 아이가 이 운동에 참여하거나 주도할 수도 있다. 미국 전역에서 학교의 탈탄소화와 자연 친화적 놀이터 조성을 목표로 하는 운동이 확대되고 있다.[69] 여러 주에서 디젤 스쿨버스를 전기 버스로 전환하는 중이며 새로운 연방 예산은 50억 달러를 지원해 전기 버스 전환을 유도하고 있다.[70] 또한 뉴빌딩스연구소New Buildings Institute와 세계자원연구소World Resources Institute 같은 비영리 단체들은 이러한 조치를 취하고자 하는 학군을 위한 로드맵을 제작했다. 이 로드맵의 정책은 대기 오염으로부터 아이들을 보호하는 동시에 장기적으로 학교의 비용도 절감한다.[71]

직장에서도 기후 변화 운동을 실천할 기회는 많다. 어떤 일을 하며 생계를 유지하든 동료들과 함께 직장에서 기후 친화적 정책과 관행을 추진할 수 있다. 나 같은 경우 기후 문제에 관심이 있는 소아과 의사 단체에 속해 있는데 한 달에 한 번 원격 화상 회의를 통해 기후와 관련한 최신 연구와 환자 교육 자료 등을 공유하고 각 주에서 벌어지는 기후 관련 입법과 옹호 활동 소식도 나눈다. 헬스케어위드아웃함Health Care Without Harm이라는 의사 단체는 병원과 진료소에서 배출되는 온실 가스와 폐기물을 줄이는 활동을 하고 있다. 어떤 의사는 신문에 칼럼을 쓰고 공청회에서 증언하고 학회에서 강연하며 더 많은 동료가 이 싸움에 동참하도록 독려하고 있다.

나무를 심거나 베어질 위기에 처한 나무를 지키는 방법으로 환경 보호에 참여할 수도 있다. 화석 연료 보조금을 끊겠다고 약속하는 지도자에게 투표하자.[72] 이 보조금은 연간 전 세계적으로 수조 달러에 달하며 석유와 가스 산업에 유리한 방향으로 시장을 왜곡한다. 열대 우림 파괴의 주요 원인인 팜유가 들어간 제품 구매를 거부하자.[73] 내가 사는 시에서 친환경 건축 기준을 마련하는 캠페인을 벌일 수도 있다. 플라스틱과 다른 석유 화학 제품의 사용을 줄이도록 노력하고 나의 소비 습관과 구매가 실제로 어떤 대가를 초래하는지 제품을 사기 전에 한 번 더 생각해보자. 내가 아는 것을 다른 사람들에게 이야기하자. 캐서린 헤이호는 말한다. "가만히 앉아 절망에 굴복할 수 없습니다. 일어나 나가서 우리를 행동하게 만드는 희망을 찾아야 해요. 어쩌면 그 희망은 바로 오늘 내가 나누는 대화에서 시작될지도 모릅니다."[74]

물론 이 과정에서 좌절할 수도 있다. 이미 너무 늦었고, 비용이 너무 많이 들고, 너무 어렵다는 거짓말을 듣게 될 수도 있다. 아이들을 최악의 상황에서 지켜낼 수 없다는 기운 빠지는 말을 듣거나 태양광, 풍력, 전기차가 화석 연료만큼이나 환경에 나쁘다는 잘못된 정보를 들을 수도 있다. 우리가 화석 연료를 포기하면 사람들이 얼어 죽거나 굶어 죽는다는 이야기를 듣게 될 수도 있다. 사실은 화석 연료를 계속 태우는 것이 수십억 명의 목숨을 위협한다. 그 이야기들 뒤에 숨은 손을 기억하자. 미국의 기후학자 마이클 만이 『기후 전쟁The New Climate War』 에서 자세히 설명했듯이 화석 연료 기업과 그들의 동맹인 사우디아라비아나 러시아 같은 권위주의적 산유국들은 우리가 희망을 잃고 포기하고 무관심해지기를 원한다.[75] 온라인에 각종 가짜 계정과 조작과 선전을 퍼트려 우리가 그들이 선택한 운명에 굴복하도록 애쓴다. 우리는 그들에게서 운전대를 빼앗아 방향을 바꿔야 한다.

✝ ✝ ✝

마지막으로 나는 우리가 작지만 의미 있는 일을 함께하기를 바란다. 아이들의 도시락을 싸주거나 숙제를 도와주거나 아이들의 이마에 입을 맞출 때 우리가 주변의 공기를 의식했으면 좋겠다. 숨을 깊이 들이마셔보자. 그 숨을 몸속 세포까지 채워 넣어보자. 그때의 느낌을 알아차려보자. 아이들에게도 따라

해보라고 권해보자. 아이들을 스크린에서 떼어내어 밖으로 데리고 나가자. 아이들과 내가 신체 접촉으로 연결되고 아이들도 자신과 주변의 물리적 실체를 느끼게 하자. 아이들이 이 거대한 직조물 속에서 자기가 어떤 자리를 차지하고 있는지 말이 아니라 몸으로 알아차리게 하자. 아이들은 대기의 일부이며 대기에 살아 있는 모든 생명의 일부이다. 그들이 들이마시는 모든 숨이 유일하고 소중한 행성이자 그들의 집인 지구와 연결된다.

재에서 꽃으로

얼마 전 나의 환자인 다섯 살짜리 남자아이의 엄마가 동영상을 하나 보내왔다. 아이가 계단의 난간을 잡지 않고 혼자서 위층까지 뛰어 올라가고 있었다. 그 엄마는 내가 꼭 그 영상을 보길 바랐다.

누구에게는 평범하고 흔한 장면처럼 보일 수도 있다. 그러나 아이의 부모에게 이 장면은 기적이었다. 그 아이는 듀시엔형 근이영양증Duchenne muscular dystrophy을 앓고 있다. 이 영상을 찍기 1년 전만 해도 아이는 계단을 오르지 못했다.

듀시엔형 근이영양증은 근육이 점진적으로 악화되는 유전 질환이다. 과거에는 이 병을 앓는 남자아이가 성인기까지 살아남은 경우가 드물었다.[76] 그런데 2021년 내가 진료하던 그 아이는 결함 있는 유전자를 교정할 수 있도록 개발된 실험적 약물을 투여받았다. 불과 5주 뒤 바닥에서 일어나기도 힘들어하던 아이가 이제는 계단에서 누나와 달리기를 하여 이기고 있다.

나는 그 동영상을 보면서 아이의 작지만 엄청난 행동이 얼마나 많은 역사적 가닥의 끝에서 나온 것인지 생각했다. 부모, 의사, 과학자, 그 밖의 수많은 사람들이 공통의 목적을 위해 모여 이루어낸 성취이기도 하다. 그리고 이러한 발전이 가능하도록 사회적 인프라를 제공한 민주적 사회의 뒷받침이 있었다.

그리고 나 역시 한 가지 이상의 방식으로 그 역사적 가닥의 일부임을 알고 있다. 아이의 엄마에게 감격스럽고 기쁘다는 답장을 보내고 난 뒤 나는 유치원 때부터 내 팔에 남아 있는 둥글고 움푹 팬 흉터를 바라본다. 인류가 천연두와 싸운 흔적이 나에게도 있다. 한때 천연두는 "가장 공포스러운 죽음의 사신"이었다.[77] 이 병은 20세기 동안에만 3억 명의 생명을 앗아갔지만 백신 개발을 통해 완전히 소멸되었다.[78] 나는 백신을 맞은 마지막 세대에 속한다.

우리는 세대와 세대를 잇는 하나의 사슬로 연결되어 있으며 과거와 미래 모두에 책임이 있다. 기후 변화에 맞서는 일은 앞에서 언급한 다섯 살 소년이나 애나나 내가 알고 있는 모든 아이들을 위한 것만이 아니다. 그들의 부모, 조부모와 증조부모를 위한 것이기도 하다. 우리는 태산처럼 보이던 위기들을 하나씩 이겨낸 윗세대의 투쟁과 성취에 마땅히 보답해야 한다. 물려

받은 유산을 잃어버리게 두어서는 안 된다.

우리는 빚을 지고 있다. 사막과 산과 국경을 넘으면서까지 아이들에게 더 나은 삶을 물려주고자 했던 부모들에게. 허리케인으로부터 우리를 보호하고 우리가 지구를 어떻게 바꾸고 있는지 경고하기 위해 위성을 만든 과학자들에게. 백신과 약을 개발하여 수백만 명의 목숨을 살린 의사와 연구자들에게 빚을 졌다.

그 모두에게 우리는 가능한 세계로 보답해야 한다.

† † †

터브스 화재 이후 산타로사에서 샤니와 가족을 만났고 나는 공원 벤치에 앉아 샤니와 오빠가 노는 모습을 지켜보았다. 샤니는 나와 엄마에게 잔디 위에서 재주넘기 하는 모습을 봐달라고 했다. 몇 번 실패하더니 아이는 발 옆에 피어 있던 민들레 두 송이를 꺾어 우리에게 다가와 한 송이씩 주었다. "선생님, 제 그림 보실래요?" 아이가 내 허벅지에 몸을 붙이며 말했다.

"그럼. 보여줘." 내가 대답했다.

샤니는 엄마의 가방을 달라고 하더니 그림 한 장을 꺼냈다. 그림의 맨 아래에는 무시무시한 주황색 불길이 있었다. 그 위로는 검은색과 회색이 뒤섞인 층을 진하게 그렸는데 크레파스의 거친 질감이 그대로 나타났다. 그리고 그 위로 꽃과 초록색 잔디와 해를 그려 넣었다.

"이게 우리한테 일어난 일이에요. 불이 났잖아요." 샤니는 사나운 불길을 가리키며 말했다. 그리고 까맣게 색칠한 부분을 가리켰다. "이건 재인데요. 모든 게 사라졌을 때의 제 기분을 그린 거예요. 그리고요, 여기는 미래예요." 아이는 종이의 윗부분에 그린 밝은 그림을 가리켰다.

우리 중 누구도 샤니의 미래를 알 수 없다. 다만 우리는 그 미래의 일부이고 그 뒤에 이어질 모든 것의 일부다. 재 위에서 생명이 꽃을 피울지 그렇지 않을지도 우리에게 달려 있다.

† † †

그해 말 나는 어린 시절 내가 자란 고향 마을에 가서 당시에 놀던 늪지의 가장자리에 서보았다. 한 블록 옆에 내가 졸업한 초등학교가 있었고 조기로 게양된 성조기가 바람에 펄럭이며 깃대의 금속 고리들이 부딪혀 소리를 냈다. 어린이들이 지나갔고 나는 한때 집이라고 불렀던 늪지 주변의 주택가로 걸어갔다. 제 몸집만 한 가방을 멘 작은 여자아이는 연석 위에서 평균대 놀이를 하려고 했지만 바람 때문에 자꾸 밀려났다. 아이의 가슴팍에는 스티커 하나가 삐뚜름하게 붙어 있었다. 우리에게 한계는 없다 The sky's the limit!

아이는 지나치며 잠깐 나를 바라보았다. 나는 아이가 모퉁이를 돌아 내가 어린 시절에 살았던 바로 그 거리로 들어서는 모습을 지켜보았다.

그 아이가 가는 길의 왼쪽에 있을 작은 단층집에서 나는 아버지와 함께 텔레비전을 보다가 잠들곤 했다. 그날 밤 인간이 처음으로 달 위를 걸었고 나는 아버지의 리클라이너 아래 누워 있었다. 미국이 달 착륙 목표를 세우고 10년도 되지 않았을 때였다. 지구의 모든 사람이 한때는 불가능해 보이던 일이 이루어질 수 있다는 것을 깨달은 밤이었다.

나는 내가 본 그 여자아이가 다시 늪지로 돌아와 소금쟁이와 게와 올챙이를 찾아보았으면 좋겠다는 생각이 들었다. 아이도 나처럼 이 늪지의 일부를 느끼길 바랐다. 그러다 문득 내가 몇 분 전에 뽑아서 손에 들고 있던 늪지의 풀 하나를 내려다보았다. 그 풀에는 최근에 불에 타서 전소된 작은 도시 패러다이스가 남긴 재가 희미하게 내려앉아 있었다.

'저 아이는 내가 일던 세계를 모르겠지.' 나는 그 풀의 윗부분을 손으로 쓰다듬어서 털어보았다. 먼지를 털어내니 선명한 초록색이 나타났고 회색 먼지는 바람에 날려 한순간에 흩어져 버렸다.

늪지 옆에 길게 뻗어 있는 시냇물에 커다란 푸른 왜가리가 목을 쭉 빼고 물고기를 사냥하고 있었다. 왜가리는 내가 보고 있는 것을 알아차리고 고개를 한쪽으로 갸웃했다. 마치 나를 나무라는 것 같았다. "다 사라진 건 아니에요. 아직 지켜야 할 게 여기 있잖아요."

차에 올라 캘리포니아 너머의 동쪽, 도너 패스 건너편에 있는 나의 집으로 향했다. 몇 시간 뒤 고개를 넘자마자 차창 앞으로 네바다의 광활한 하늘이 펼쳐졌다. 하늘은 맑고 푸르고 드넓었다.

우리가 내는 목소리는 소리 이상의 무언가를 만들어낸다. 우리의 과학은 우리의 종말을 기록하는 데서 멈추지 않고 그 이상을 해낼 것이다.

기후 변화에는 얼굴이 있고, 그것은 우리 아이들의 얼굴이다.

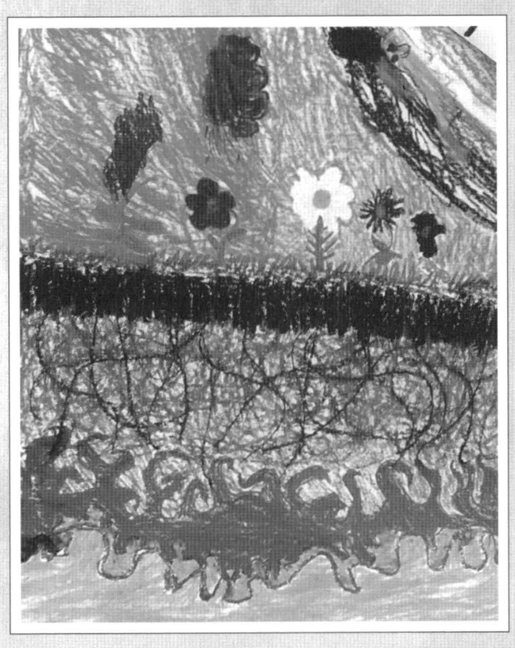

샤니의 그림

감사의 말

이 책의 자료를 조사하고 집필하는 몇 년 동안 나를 지지해주고 격려해주고 이야기를 들어준 많은 소중한 친구들과 가족과 동료들에게 깊은 감사를 드린다. 그중에서도 가장 먼저 언급해야 할 사람은 '캘리포니아 산불·산림 회복력 강화 전담 기구 Governor's Wildfire and Forest Resilience Task Force'의 책임자이자 나의 친구인 패트릭 라이트다. 그는 이 원고의 첫 독자였고 여러 차례 수정을 거치는 동안 그 누구보다 원고를 여러 번 읽고 정성 어린 검토를 해주었다. 그의 첫 반응과 조언, 비판, 편집, 독려, 전문적 식견이 없었다면 이 책은 세상에 나오지 못했을 것이다.

친구 바버라 콜렌버그에게도 무척 감사하다. 그녀는 초고의 일부를 네바다대학 리노 캠퍼스의 저널리즘 교수이자 작가인 앨런 도이치먼에게 보내보라고 제안했다. 당시 나는 원고를 잡지에 칼럼으로 발표하는 정도만 생각했는데, 그 뒤 동네 커피숍에서 여러 번 만나며 나의 친구이자 멘토가 되어준 앨런은 이 원고를 마침 그 대학을 방문했던 작가 캐서린 부에게 보냈다. 그리고 캐서린은 내 원고를 자신의 에이전트 아만다 "빙키" 어번에게 전달했다. 빙키에게도 큰 빚을 졌다. 그녀는 나에게 원고를 더 길게 써보라고 말했고, 내 아이디어를 한 권의 책으로 만드는 데 큰 도움을 주었으며, 나를 계약서에 서명하게 하고 이 프로젝트가 끝까지 나아가도록 이끌어주었다. 출판사 사이먼 앤 슈스터의 편집자들에게도 감사드린다. 편집자 프리실라 페인턴의 인내와 세심한 지도는 큰 힘이 되었고 집요함과 열정을 쏟아 책의 완성까지 애를 써준 하나 박에게도 감사드린다. 제작 담당 편집자 모건 하트와 그의 팀에게도 감사의 뜻을 전한다. 세부 사항에 꼼꼼한 주의를 기울여주고 문체와 스타일과 관련한 여러 문제에도 유연하게 대응해주어 이 책의 완성도에 크게 기여했다.

나의 멋진 자매들인 스테이시 헨드릭슨과 데브라 그라나토에게 사랑과 감사를 보낸다. 소중한 친구들인 엘리자베스 기퍼드, 제니퍼 월츠, 스티븐 그레이바, 린 스타인, 도신 쿡, 도나 험프리스, 캐럴 그린필드에게도 같은 감사와 사랑을 보낸다. 이모 샤론 놀스와 아버지가 떠나신 뒤 두 번째 아버지가 되어준 로버트 레비에게도 깊이 감사드린다. 이 모든 분들은 내가 이 주제에 대해 하는 말을 지칠 정도로 들으면서도 언제나 변함없는 지지를 보여주었다.

오랫동안 함께 일해온 비즈니스 파트너이자 직장 동료이

자 친구들에게 감사한다. 셰릴 코언, 캐슬린 크리스토퍼슨, 조엘 스페이커, 그리고 최근 새로운 파트너가 된 제니퍼 에만과 제시카 본에게도 감사드린다. 나는 병원에서 진료를 하면서 책을 집필했고 동료들의 유연함과 이해와 응원에 크게 의지했다. 일정을 조정해주고 환자 진료에 필요한 일들을 챙겨준 우리 병원의 훌륭한 직원들에게도 고마움을 전한다.

버지니아의 소아과 의사이자 '기후 행동을 위한 버지니아 임상의 모임Virginia Clinicians for Climate Action'의 창립 회원이며 미국 소아과학회의 기후 변화 정책 성명을 집필한 친구 서맨사 아두트에게 진심으로 감사드린다. 내게 베푼 끝없는 친절과 관대함을 잊지 못할 것이다. 또한 몬태나의 소아과 의사이자 미국소아과학회 지역 지부 기후 단체 네트워크의 책임자인 로리 바이런에게도 감사드린다. 지치지 않고 나를 이끌고 언제나 격려를 보내주었다. 내게 많은 지지를 보내준 미국소아과학회 네바다 지부의 사무총장 리앤 디도메니코 맥앨리스터와 '기후 행동을 위한 네바다 임상의 모임Nevada Clinicians for Climate Action'의 대표 조앤 리오비에게도 감사드린다. 연구 조교 메리 데이터는 의과 대학의 도서관을 수차례 오가며 참고 문헌을 정리하는 데 도움을 주었다.

이 책에 이름을 올린 과학자, 연구자들에게도 감사드린다. 제니퍼 바노스, 데이비드 혼둘라, 낸시 셀로버, 줄리 캐플로로는 기꺼이 시간을 내어 전문 지식을 나눠주었으며, 몇몇은 내가 과학적 사실을 제대로 이해하고 썼는지 확인하기 위해 초고를 읽어주기도 했다. 사막연구소Desert Research Institute의 대니엘 키저와 윌리엄 "짐" 메트칼프, 마리코파 카운티 공중 보건국의 비율차 베리샤와 그의 열 질환 팀, 텍사스 아동 병원 응급 관리 의료 감독 브렌트 카지니, 텍사스 아동 병원 신장 센터의 마이클 브라운, 헬렌 커리어와 직원들, 세이브더칠드런의 데이비드 맥클렌던과 애나 하드웨이, 마이애미대학 밀러 의과 대학의 이반 곤살레스와 크리스틴 커리, 캘리포니아대학 데이비스 아동 병원의 딘 블룸버그, 아이오와에서 캠런을 진료했던 소아과 의사 하오 트란, 라스베이거스의 미국폐협회 담당자 멀리사 라모스에게도 감사를 전한다. 특히 피닉스의 구급대원들에게 깊이 감사드린다. 그들은 법적 제약 때문에 익명을 조건으로 하고 아동 구조 현장에서 겪은 의료적 세부 사항과 개인적 고통을 솔직하게 들려주었다. 여덟 살에 히로시마 원폭 참사를 겪은 오구라 게이코와 나눈 대화도 잊을 수 없다. 재난이 아이들에게 남기는 영향을 함께 이야기하며 많은 것을 배웠다.

특히 이 책을 위해 인터뷰를 해주고 자신의 삶을 소개하도록 허락해준 가족들에게 무한한 감사를 드린다. 그중에는 나의 환자들과 부모님들도 많다. 어떤 경우, 그들이 공유해준 경험이 그들에게 일어난 최악의 일이었다. 쉽게 꺼내기 힘든 이야기인데도 이들은 사건의 타임라인을 알려주고 세부 사항과 사진까지 제공하며 도움을 주려고 애썼다. 나를 믿고 자신의 자녀에 관한 이야기를 해주어 나로서는 무척이나 영광이며 매번 감동했다. 취재 과정에서 이토록 사려 깊고 따스한 분들을 만나 인연을 나누게 된 것은 큰 축복이었다.

마지막으로 나의 부모 찰스 헨드릭슨과 샌드라 헨드릭슨에게 감사드린다. 이분들 덕분에 나는 아름다운 야생의 자연 속에서 생명이라는 거대한 직조물의 일부라 느끼며 자랐다. 나의 세 아이에게도 감사한다. 아이들이 어렸을 때 소아과에 관심이 생겨 지금의 일을 하게 될 수 있었다. 우리의 사랑은 여전히 내 삶에서 가장 소중하다. 이 아이들과 그들의 아이들을 위해 나는 가능한 세계를 꿈꾸며 일하려 한다.

자료 출처와 설명은
PDF 파일로 확인할 수 있습니다.

THE AIR THEY
BREATHE

아이들이 쉬는 숨

초판 1쇄 인쇄 2026년 3월 17일
초판 1쇄 발행 2026년 3월 23일

지은이 데브라 헨드릭슨
옮긴이 노지양
펴낸이 유정연

이사 김귀분
책임편집 유리슬아 **기획편집** 신성식 조현주 이지은 황서연 유자영 정유진 **디자인** 안수진
마케팅 반지영 박중혁 하유정 **제작** 임정호 **경영지원** 박소영

펴낸곳 흐름출판(주) **출판등록** 제313-2003-199호(2003년 5월 28일)
주소 서울시 마포구 월드컵북로5길 48-9(서교동)
전화 (02)325-4944 **팩스** (02)325-4945 **이메일** book@hbooks.co.kr
홈페이지 hbooks.co.kr **인스타그램** instagram.com/nextwave_pub
출력·인쇄·제본 (주)삼광프린팅 **용지** 월드페이퍼(주) **후가공** (주)이지앤비(특허 제10-1081185호)

ISBN 978-89-6596-808-5 03330

- 이 책 내용의 전부 또는 일부를 사용하려면 반드시 저작권자와 흐름출판의 서면 동의를 받아야 합니다.
- 흐름출판은 독자 여러분의 투고를 기다리고 있습니다. 원고가 있으신 분은 book@hbooks.co.kr로
  간단한 개요와 취지, 연락처 등을 보내주세요. 머뭇거리지 말고 문을 두드리세요.
- 파손된 책은 구입하신 서점에서 교환해드리며 책값은 뒤표지에 있습니다.